Andi Saitenhieb

GARANTIERT BLUESGITARRE LERNEN

Mit Moderations-CD
Noten & Tabulatur

Der ultimative Einsteigerkurs
für Akustik- und E-Gitarre

Riffs & Grooves im Stile von Eric Clapton /
BB King / John Lee Hooker / Muddy Waters /
Freddie King / Otis Rush / The Beatles /
ZZ Top / Gary Moore u.v.m.

Blues-Schemata / Blues-Stile /
Spieltechniken Diskografie /
Gitarren- & Verstärkertypen u.v.m.

Impressum

Danke! Zu Beginn möchte ich mich ganz ausdrücklich bei einigen Menschen bedanken, die mir sehr bei der Arbeit an diesem Buch geholfen haben: Bei meiner Seelengefährtin Anja, die mir den Rücken öfter freihält (hallo Nico, Lisa und Felix ☺) als ich es verdiene. Für Korrekturlesen, konstruktiv kritisches „Hast du deine Komma-Kenntnisse vom Discounter?" und langjährige Freundschaft: Ino Hillert – „Titan" rules!

Für den Glauben an meine Lehrmethode und unzählige (!!!) Korrektur-Durchgänge: Thomas Petzold. Nicht nur für 'ne kölsche Jung bist du echt in Ordnung! Ich lad dich mal auf ein Altbier ein... ☺ (Brrrr!!!, *die Red.*)

Meinen Schülern und Workshop-Teilnehmern, weil ich von euch mindestens genau so viel lerne wie ihr von mir. Danke, dass ihr es mir ermöglicht, meinen Traumberuf auszuüben!

All den Musikern, mit denen ich im Laufe der letzten knapp 20 Jahre zusammenspielen durfte und von denen ich so viel lernen konnte. Mein besonderer Dank für Inspiration und dafür, dass sie mir gezeigt haben, was ich mit meinem Leben anfangen will:

All den großartigen Musikern vor mir, inbesondere Freddie King, Muddy Waters, Robert Johnson und Big Bill Broonzy.

Übrigens: Alle genannten Künstler, Instrumente, Verstärker und Händler empfehle ich aus Überzeugung, nicht aufgrund von Sponsoring-Verträgen ☺.

Der Umwelt zuliebe wurde dieses Buch gedruckt auf:
Cyclus Offset aus 100% Recyclingpapier zertifiziert nach RAL UZ-14-Blauer Engel.

Autor und Verlag bestätigen, dass das vorliegende Buch sorgfältig erarbeitet und einer mehrmaligen, gewissenhaften Kontrolle unterzogen worden ist. Sollten Sie dennoch einen Fehler entdecken, würden wir uns über eine kurze Nachricht freuen.

Alfred Music Publishing
LEARN • TEACH • PLAY

© 2012 by **Alfred** Music Publishing GmbH
info@alfredverlag.de
alfredverlag.de

Alle Rechte vorbehalten!
Printed in Germany

Covergestaltung: Anne Bissels, Düsseldorf
Notensatz: Helge Kuhnert
Produktionsleitung: Thomas Petzold
Art.-Nr.: 20173G (Buch / MP3-CD)
ISBN 978-3-943638-05-9

CD-Produktion: Andi Saitenhieb
Fotonachweis:
Martina Koch-Gröninger
(Coverfoto, S. 160 Mitte & unten, 168)
Martin Ingenhoven (Back-Cover)
Armin Weisshaar (S. 149)
www.fender.com (S. 150/151)
www2.gibson.com (S. 151)
Marshall (S. 154)
Andreas Huthansl
(S. 152, 153, 154, 159, 160 oben, 162)
Andi Saitenhieb (S. 64, 170)

Über den Autor

Andi Saitenhieb ist Gitarrist, Bassist, Sänger, Songwriter, Bandleader und Spezialist für Blues und Bluesrock.

Ausbildung

Nach dem Studium am MGI Köln folgte das EDM-Studium bei Felix Schell.

Gelernt hat Andi Saitenhieb außerdem durch regelmäßigen Unterricht oder Workshops unter anderem bei Philip Caillat und Michael Sagmeister. Als seine wichtigste Schule betrachtet er aber das Raushören von CDs und das Spielen mit anderen Musikern.

Credits

Er hat in diversen Bands mitgespielt, unter anderem bei der „Good Time Blues Band" (Deutscher Rock & Pop Preis 2004 in der Kategorie „Rhythm & Blues") und bei Cowboy23 (EMERGENZA Hessen-Sieger 2003) und ist seit einigen Jahren Bandleader seiner eigenen Band, die Blues & Bluesrock mit deutschen Texten spielt.

Besondere Momente in seiner Karriere waren unter anderem die Konzerte in der Batschkapp (Frankfurt Main), auf der Musikmesse Frankfurt, bei der John-Lennon-Award Friendship-Tour 2006 und im legendären Topos (Leverkusen).

Bei Sessions und im Studio hat Andi unter anderem mit T.M. Stevens, Paul Gilbert (Racer X, Mr. Big) und Marcel Römer (Juli) gespielt.

Sonstiges

Andi Saitenhieb gibt regelmäßig Workshops (die jeweils aktuellen Termine finden sich auf seiner Website), hat zwei Lehr-Videos zum Thema Bluesgitarre gemacht und leitet erfolgreich seine eigene Musikschule (Musikschule Saitenhieb in Friedberg Ockstadt (Hessen, Nähe Frankfurt/Main)). Er ist immer auf der Suche nach Ideen, wie man noch effektiver lehren kann. Daraus entstanden unter anderem seine Ideen, Gitarren-Lehrvideos aus der Sicht des Gitarristen zu filmen und die moderierte CD. Dieses Buch ist das erste aus einer Reihe über die verschiedenen Seiten der Blues-Gitarre.

Neben seiner umfangreichen CD-Sammlung besitzt Andi auch eine der größten Lehrmaterial-Sammlungen zum Thema „Blues" und „Gitarre", da er an keinem Buch vorbeigehen kann, das diese beiden Worte im Titel hat. Ähnliches gilt für DVDs zum selben Thema und für Lehrmaterial zum Thema Bluesbass, Bluesharp, Blues Drums und Blues Piano ...

Infos zu Unterricht, Workshops und Auftritten findet man auf Andis Website www.AndiSaitenhieb.de.

Andi Saitenhieb ist Autor für::

 www.gitarrebass.de und  www.releasetime.de

und Endorser für:

www.klemm-music.de/notation/guitarpro   www.klemm-music.de/lernen/earmaster

Hinweis:
Der beiliegende Tonträger ist eine CD im MP3-Format. Das bedeutet, dass er sich NUR auf MP3-kompatiblen Abspielgeräten wie Computer • iPod • iPad • MP3 Player u.ä. abspielen lässt, NICHT aber auf herkömmlichen Audio CD-Playern! Unsachgemäße Handhabung kann den Defekt eines nicht kompatiblen Abspielgerätes zur Folge haben! Eine Haftung des Herstellers ist ausgeschlossen!

Vorwort

Hallo und Herzlich Willkommen zu „Garantiert Bluesgitarre lernen"!

Dieses Buch ist das Ergebnis von meiner Arbeit mit unzähligen Workshop-Teilnehmern, die mich gefragt haben: „In welchem Buch steht das alles? In keinem? Warum schreibst du dann nicht eins?" Hm, ja, warum eigentlich nicht?

Für wen ist diese Gitarrenschule geeignet?

- *Gitarren-Einsteiger*
- Gitarristen, die schon Gitarre spielen, jetzt aber den Blues lernen wollen.
- Gitarristen, die schon Erfahrung mit dem Blues haben, aber Ihre Kenntnisse systematisieren und vertiefen wollen.
- Gitarrenlehrer, die Wert auf gut strukturiertes und motivierendes Material legen.

Keine Lücken, keine Füller!

Das Motto dieser Lehr-Methode ist: Keine Lücken, keine Füller!

„Keine Lücken" heißt: Es gibt keine Sprünge im Schwierigkeitsgrad. Jedes Beispiel baut direkt auf dem vorhergehenden auf und ist nur minimal schwieriger. Deshalb solltest du jeweils erst mit dem nächsten Beispiel beginnen, wenn du das aktuelle sicher spielen kannst.

„Keine Füller" heißt: Es wird von Anfang an Musik gemacht. Langweilige Übungen vermeide ich soweit irgendwie möglich. Zu fast jedem Beispiel nenne ich mehrere bekannte Aufnahmen, auf dem die gezeigte Gitarrenspur zu hören ist.

Play-alongs

Die Play-alongs dieser CD sollen einen größtmöglichen Lerneffekt erzielen. Auf der einen Seite sollen die Beispiele möglichst authentisch klingen, damit sie zum Mitspielen motivieren und auf das Zusammenspiel mit anderen Musikern vorbereiten. Auf der anderen Seite soll die Begleitband aber auch nicht zu sehr von der eigenen Gitarre ablenken. Ich habe mich deshalb dafür entschieden, dass die Begleitband aus folgenden Instrumenten besteht: Schlagzeug, Bass und entweder eine zweite Gitarre oder eine Hammond-Orgel. Bei den ersten Beispielen spielt der Bass dasselbe wie die Gitarrenstimme, die gerade besprochen wird.

Die Aufnahmen weisen zwei Besonderheiten auf:

1. Es gibt zu vielen Beispielen im Buch **nicht nur einen Audio-Track**, sondern mehrere.

Der **erste Track** enthält dann jeweils ausführliche Erläuterungen, wie das jeweilige Riff zu spielen ist. Zum Beispiel: Mit welchem Finger greift man an welchem Bund oder worauf ist besonders zu achten? Dazu spiele ich die Töne ganz langsam und ohne Begleitband vor.

Insbesondere am Anfang des Buches gibt es sehr häufig noch ein Playback mit Begleitband. Zusätzlich zähle ich den Rhythmus mit, weise auf Akkordwechsel hin oder nenne noch mal den Fingersatz.

Diese Aufteilung auf mehrere Tracks hat den Vorteil, dass man den entsprechenden Audio-Track auf Wiederholung stellen kann und nicht bei jedem Durchgang die vorherigen Erläuterungen abwarten muss.

2. Die Aufteilung im **Stereo-Panorama**:

Die Spielhinweise und die zu lernende Gitarre befinden sich auf dem **linken Kanal**, die anderen Instrumente auf dem **rechten Kanal**.

Gitarren-Einsteiger
Die Zweiteilung in Hauptteil und Anhänge ermöglicht, dass dieses Buch tatsächlich sowohl für absolute Neueinsteiger als auch für fortgeschrittenere Gitarristen geeignet ist: Der Anfänger kann bei jeder aufkommenden Frage im Anhang nachschlagen und wird wahrscheinlich eine Antwort finden, der Fortgeschrittene wird aber nicht mit für ihn vielleicht völlig uninteressanten Themen wie „Gitarre stimmen" aufgehalten. Ich hole also jeden dort ab, wo er sich gerade auf seiner musikalischen Entdeckungsreise befindet.

Play-alongs
Für alle Riffs ohne spezielle Play-along-Kennzeichnung findest du auf *CD-Track 234* ein neutrales Playback. Erläuterungen dazu findest du auf *CD-Track 233*.

Vorwort

Die moderierte CD

Das Konzept der moderierten CD hat mehrere Vorteile:

1. Sie ist zeitsparend! Man kann sie sich im Auto auf dem Weg zur Arbeit oder mit dem MP3-Player auf dem Weg zur Schule anhören. Da sie nicht nur die Tonbeispiele enthält, sondern auch die Erläuterungen, kann man in der meist knapp bemessenen Übezeit gleich losspielen und muss nicht erst noch seitenlange Anweisungen lesen.

2. Es schleichen sich keine Fehler ein, da man beim Spielen die Anweisungen nochmal hört. Außerdem prägen sich die Spieltipps so besser ein, als wenn man sie liest.

3. Man kann selbst entscheiden, wann man die Anweisungen nicht mehr braucht und sie dann ausblenden.

Unabhängig von der CD gibt es im Buch natürlich noch weiterführende Erklärungen. Man muss aber nicht gleich beim ersten Hören und Ausprobieren alles wissen! Es ist viel effektiver, sich immer nur auf eine Sache zu konzentrieren. Wenn durch die kurzen „Appetithäppchen" auf der CD die Neugierde auf die Feinheiten (Rhythmik, Dynamik, Anschlagshand, Greifhand, Dämpftechnik ...) geweckt wurde, kommen diese dann schrittweise nach dem Durchlesen des entsprechenden Anhangs dazu. Und wer gerne Noten sehen möchte oder mit Textmarkern arbeitet, *kann* auch das Buch zur Hand nehmen. Man *muss* es aber nicht jedesmal beim Üben benutzen!

Vorgehensweise / Tipps zum Üben

Ich empfehle beim Üben folgende Vorgehensweise:

Zuerst mehrmals beide Kanäle zusammen anhören. So bekommt man schon mal ein Gefühl dafür, wie es nachher klingen soll. Dann zu beiden Kanälen mitspielen. Sollte etwas unklar sein, kann man sich nur den linken Kanal anhören. Da dort nur Stimme und Gitarre platziert sind, kann man alle Details deutlich hören. Wenn du dich sicher fühlst, blendest du den linken Kanal aus und spielst die Gitarre selbstständig zur Begleitband. Man kann den linken Kanal natürlich auch erst mal nur etwas leiser machen und ihn dann nach und nach immer weiter ausblenden.

Wenn das klappt, kannst du zu den bekannten Blues-Songs mitspielen, die ich jeweils direkt unter den Noten angebe. Dort steht neben dem Songnamen auch der Musiker bzw. die Band, die diesen Song so gespielt hat und auf welcher CD er drauf ist. Die Tonart bzw. die Kapodaster-Angabe verraten, am wievielten Bund der *Kapodaster* befestigt werden muss, um in derselben Tonart wie die CD zu spielen. Der Lerneffekt ist übrigens deutlich größer, wenn man die alten Beispiele immer mal wieder durchspielt. Es macht Sinn, sich die Übungszeit in zwei etwa gleich große Teile einzuteilen. Im ersten Teil spielt man die bekannten Sachen noch mal durch und im zweiten Teil lernt man darauf aufbauende neue Sachen.

Kapodaster, vgl. S. 160

Zur CD mitspielen!

Man sollte möglichst bald zur CD mitspielen! Erst zu der beiliegenden CD, und dann zu den bekannten Hits. Durch dieses Mitspielen wird das Rhythmusgefühl trainiert und man lernt, während des Spielens auf andere Musiker zu hören.

Sollte das Tempo der Aufnahmen zu hoch sein, gibt es für wenig Geld eine wundervolle Software namens *„Transcribe!"*, mit der man die Geschwindigkeit und die Tonhöhe eines Audiofiles unabhängig voneinander verändern kann. Näheres dazu in dem Kapitel *„Software zum langsameren Abspielen von Audio-Files"*.

Software Transcribe!, vgl. S. 15

Vorwort

CD-Track

Gitarrentypen
vgl. S. 152ff

Stimmen
vgl. S. 164ff

Kapodaster
vgl. S. 160
CD-Empfehlungen
vgl. S. 191ff

Wie übe ich richtig?
vgl. S. 177

Zum Anhang

Solltest du noch keine Gitarre haben, schau doch mal in den Anhang „*Gitarrentypen*", dort stelle ich die verschiedenen Gitarrentypen und ihre Besonderheiten vor.

Für diejenigen, die die Gitarre noch nicht stimmen können, werden im Kapitel „*Stimmen*" verschiedene Arten des Gitarrestimmens vorgestellt. Natürlich gibt es dazu auch Hörbeispiele auf der CD.

Zum Umgang mit dem *Kapodaster* gibt es auch einen eigenen Anhang.

Überhaupt lohnt sich ein Blick in die Anhänge auch für fortgeschrittenere Gitarristen, da es dort auch *CD-Empfehlungen*, Tipps zum richtigen Üben (*Wie übe ich richtig?*) usw. gibt.

Meine sehr verehrten Damen und Herrinnen

Noch ein Wort zu der neuen Sitte, immer auch die weibliche Form mit anzugeben:

Ich habe zu Gunsten der Lesbarkeit des Textes darauf verzichtet. Natürlich sind auch immer die Mädchen und Frauen angesprochen, wenn ich von Gitarrist oder Gitarristen rede.

You can say you to me

Außerdem käme es mir sehr gestelzt vor, den geneigten Leser zu „siezen". Unter uns Musikern ist das Du üblich, und auch wenn du gerade erst deine erste Gitarre gekauft hast, zähle ich dich trotzdem schon zum Kreis der Musiker dazu. Denn wenn nicht schon der Wunsch, Musik zu machen, einen zum Musiker macht, was dann? Wenn man den ersten Akkord greifen kann? Wenn man den ersten Song spielen kann? Ich glaube nicht, dass es einen besseren Zeitpunkt gibt, sich zum Musiker zu erklären, als direkt am Anfang. Also, lieber Musiker-Kollege: Ich biete dir hiermit das Du an.

Internet-Unterstützung

Die „Garantiert lernen"-Reihe von Alfred Music bietet den einzigartigen Service, über eine spezielle Internet-Unterstützung auf www.garantiert-bluesgitarre.de dich mit deinen Fragen direkt an den Autor zu wenden. Außerdem stehen dort weitere nützliche Informationen und Downloads für dich bereit.

Jetzt aber genug der Vorrede! Wenn die Gitarre gestimmt ist, kann es losgehen ...

Die deutsche und internationale Schreibweise (Ton B)

*In Deutschland wird der **Ton B** oft auch **H** genannt.*
*Ich verwende in diesem Buch die **international übliche Bezeichnung B**.*
In Deutschland gibt es auch einen Ton „B", dieser ist einen Halbton tiefer als das deutsche „H", bzw. als das internationale „B". Das internationale Bb [engl. „Bi flät"] entspricht dem deutschen "B".
Praxistipp: *Wenn man von „H" oder „Bb" spricht, gibt es keine Verwechslungen, da nur die Bezeichnung „B" doppeldeutig ist.*

Inhalt

Vorwort 3

Zeichenerklärung 10

Einleitung 11
- Blues-Schema und Blues hören 11
- Bausteine (auch „Patterns" oder „Riffs" genannt) 11
- „Chorus" 11

Blues-Schema 1: Das einfache Blues-Schema (auch „Rock´n´Roll-Schema") 12

Einstimmige Patterns 13

Rhythmus 1: Ganze Noten 13
- Die zwei Arten des „Mitspielens" 13
- Die ersten Klassiker zum Mitspielen 15
- Software zum langsameren Abspielen von Audio-Files 15

Rhythmus 2: Halbe Noten 16

Rhythmus 3: Viertelnoten 17
- Mitzählen, aber wie? 17
- Hilfe! Ich möchte am liebsten alles sofort können 18

Gegriffene Töne 19

Tonmaterial 1: Grundton, (große) Terz und Quinte 19
- A-, D- & E-Pattern nur noch einmal 19
- Notenwerte mischen 19
- 2. Lage 20
- Immer mit dem Grundton aufhören 20

Musiktheorie: Die Töne eines Dur-Akkordes 20

Tonmaterial 2: Die Sexte 21
- Unnötige Bewegungen vermeiden – Finger liegenlassen 1 22

Tonmaterial 3: Die Septime 22
- D- & E-Pattern selbst finden 22
- Unnötige Bewegungen vermeiden – Finger liegenlassen 2 23

Zweitaktige Patterns 23

Tonmaterial 4: Die Oktave 24
- Verschiedene Patterns für verschiedene Grundtöne 24

Improvisation 1: Mischen der Blues Riffs 25

Blues-Schema 2: Das Standard Blues-Schema 26
- Die gelernten Riffs mit dem Standard Blues-Schema spielen 27

Rhythmus 4: Gerade Achtelnoten
(auch „Rock-Achtel", „Binäre Achtel", „straight") 28
- Aus Viertel mach Achtel 1 29

Blues-Schema 3: Das Quick Change Blues-Schema 30

Rhythmus 5: Shuffle-Achtelnoten (auch „Ternäre Achtel", „Swing") 31
- Die gelernten Riffs mit dem Quick Change Blues-Schema spielen 33
- Riffs mit einzelnen Achtelnoten 34
- Wie man von CD heraushört 34
- Zweitaktige Riffs mit einzelnen Achtelnoten 35

Tonmaterial 5: Die Moll-Terz (kleine Terz) 36
- Die Moll-Terz in die schon bekannten Patterns einbauen 37
- Eigene Variationen erfinden! 38
- Zusammenfassung einiger Variationsmöglichkeiten 38

Inhalt

Spieltechnik 1: Slides 39

Improvisation 2: Slides nach Lust und Laune 41
- Riffs, die Slides verwenden 41

Improvisation 3: 43
- Aus Viertel mach Achtel 2 43

Rhythmus 6: Triolen (Achteltriolen) 44

Spieltechnik 2: Hammer On (Aufschlagsbindung) 45

Das Salz in der Blues-Suppe 1: Turnarounds 1 47
- Das Blues-Schema in Stufen 47
- Typische Turnaround-Akkordfolgen 48
- Spezielle Turnaround-Patterns 49
  - Turnaround Pattern Teil 1 – aufwärts 50
  - Turnaround Pattern Teil 1 – abwärts 51
  - Turnaround Pattern Teil 2 – Umspielung von unten 52
  - Turnaround Pattern Teil 2 – Umspielung von oben 52
  - Kombinationen der beiden Teile des Turnarounds 53

Das Salz in der Blues-Suppe 2: Intros 55

Das Salz in der Blues-Suppe 3: Endings 59

Kompletter Blues mit Intro, Turnaround und Ending 63

Spieltechnik 3: Dämpfen mit dem Handballen (Palm Mute) 64

Blues-Stilistik 1: Blues Rumba 65

Blues-Stilistik 2: Boogie / Boogie Woogie 68

Rhythmus 7: Vierteltriolen 70

Das Salz in der Blues-Suppe 4: Akkordübergänge 71
- Takt 4: Von A nach D (I zur IV) 71
- Takt 8: Von A nach E (I zur V) 73
- Takt 9: Von E nach D (V zur IV) 74

Mehrstimmige Riffs 76
- Der Standard Blues-Riff in Viertelnoten 76
- Der Standard Blues-Riff in Achtelnoten 77
- Variationen des Standard-Riffs in Achtelnoten 78
- Der Standard-Riff in Einzelnoten 78

Spieltechnik 4: Abgestoppte Töne (staccato) 82

Closed Position (verschiebbare Patterns) 83
- Spielen in allen 12 Tonarten 83
- Wofür braucht man dann verschiedene Fingersätze, wenn man doch jeweils dieselben Töne spielt? 83
- Warum müssen wir überhaupt in anderen Tonarten als A spielen? 83
- Fingersatz 2 83
- Transponieren: In anderen Tonarten spielen 88
- Fingersatz 3 90
- Fingersatz 4 94
- Der Standard Blues-Riff in allen Tonarten 96
- Praxis-Tipp: Spielen vs. Denken (Sind die Namen der Grundtöne egal?) 98

Die vier Grundton-Muster 99
- Kombination von verschiedenen Fingersätzen 101

Inhalt

Tonmaterial 6: Neutrale Riffs ohne Terz (die über Dur und Moll passen) 102
- 1 – 8 – 7 – 5 102
- 1 – 5 – 7 – 8 104

Spieltechnik 5: Pull Off (Abzugsbindung) 106
- 1 – 5 – 7 – 8 Variation mit Pull Off und Triole 106

Rhythmus 8: Synkopen (Vorzieher) 107

Riffs in Moll 112
- Moll-Riffs mit den bereits bekannten Tönen 112

Tonmaterial 7: Quarte 113
- Riffs mit Grundton, kleiner Terz & Quarte 113
- Der Standard Moll Blues-Riff 113
- Riffs mit Quinte, Septime und Oktave 115

Tonmaterial 8: Chromatische Durchgangstöne 117
- Der chromatische Blues Standard-Riff 117
- Weitere Patterns mit chromatischen Durchgangstönen 119

Rhythmus 9: Sechzehntelnoten 122

Das Salz in der Blues-Suppe 5: Stopp-Chorus 124
- Blues Stopp-Chorus 124
- Rock´n´Roll Stopp-Chorus 130

Das Salz in der Blues-Suppe 6: Ungewöhnliche Stopps 130

Das Salz in der Blues-Suppe 7: Weitere Besonderheiten 131
- Stil-/Groove-Wechsel 131
- False Intro (Schein-Intro) 131
- Unplugged Chorus als Intro 132
- Shout Chorus 132

Akkorde 133
- „Was" spielen? „Wie" spielen? – Akkordgriffe und Abstopp-Technik 133
- Der 1. Blues-Akkord 134
- Ein Griff, drei Akkorde 134
- Verbalisieren 136
- Imitieren einer Bläser-Gruppe: Akkord-Kicks 136

Improvisation 4: Comping 137
- Dreistimmige Akkorde 138
- Chromatische Akkordumspielung 139

Blues-Stilistik 3: Slow Blues 140
- Der 6/9-Slide Riff 141
- Zweitaktige Variante vom 6/9-Slide Riff 142

Kombination verschiedener Patterns 144

Turnarounds 2 146
- Wie spielt man diese Turnarounds in anderen Tonarten? 147

Wie geht es weiter? 148

Inhaltsverzeichnis der Anhänge 149
- Anhänge 150
- Glossar 198
- CD-Trackliste 202

Zeichenklärung

Diese Zeichen weisen auf den Track der beiliegenden CD hin, auf dem das entsprechende Beispiel vorgespielt und erklärt wird.

Transponieren, vgl. S. 88 / 201

Dieses Bild weist auf eine Aufgabe hin. Das kann zum Beispiel das Mitspielen zu einem Song, das Übertragen in eine andere Tonart („*transponieren*") oder das Heraushören von ein paar Tönen sein.

Wenn dieses Bild auftaucht, erkläre ich einen Begriff oder gebe zusätzliche Informationen zum gerade besprochenen Thema.

Die Beispiel-Songs sind im folgenden Format angegeben:

Diskographie / Spielzeit	Tonart	Kapodaster	Anmerkungen

Die angegebenen *Spielzeiten* beziehen sich auf die Zeitanzeige des CD-Spielers, wenn das zu hörende Ereignis beginnt.

Diese Spielzeit ist nicht bei allen Songs angegeben, denn wenn es zum Beispiel um ein Akkord-Schema geht, dann wird das ja normalerweise im ganzen Song verwendet.

Die *Tonart* gibt die Tonart an, in der dieser Künstler diesen Song auf diesem Album aufgenommen hat. Das muss nicht unbedingt die Tonart sein, in der der Song üblicherweise auf Sessions oder auf anderen Alben gespielt wird! Das richtet sich normalerweise nach der Stimmlage des jeweiligen Sängers.

Die *Kapodaster*-Angabe bezieht sich auf den Bund, an dem der Kapo befestigt werden muss, um mit der Tonart A (in der wir uns erst mal längere Zeit bewegen werden) zur CD mitspielen zu können. Siehe auch Anhang *Kapodaster / Kapo*.

Kapodaster / Kapo vgl. S. 160

Tonart und Kapo sind nicht bei allen Beispielen angegeben, sondern nur in den Fällen, bei denen es sinnvoll ist.

Einleitung

Blues-Schema und Blues hören

In den verschiedenen Musikrichtungen gibt es jeweils bestimmte Akkordfolgen, die besonders häufig verwendet werden. Im Blues ist es das sogenannte *„Blues-Schema"*, oft auch „12-Takter" genannt. Wie der Name schon sagt, ist diese Akkordfolge 12 Takte lang, und sie beinhaltet drei Akkorde, die in einer bestimmten Reihenfolge gespielt werden. Dieses Akkord-Schema sieht in seiner Grundform meist so aus:

Blues-Schema:
Es gibt verschiedene Blues-Schemata (siehe Anhang „Weitere Blues-Schemata", S. 184ff). Wir lernen auf den nächsten Seiten die drei meistgebrauchten Schemata kennen.

Standard Blues-Schema (in der Tonart A)

A	A	A	A
D	D	A	A
E	D	A	A

Anhand dieses Blues-Schemas möchte ich ein paar Begriffe erklären, die uns im Laufe des Buches immer wieder begegnen werden:

Bausteine (auch „Patterns" oder „Riffs" genannt)

Jeder Buchstabe steht für einen **musikalischen Baustein**, der sich auf den genannten Grundton bezieht. Die schwarzen Striche sind **Taktstriche**. Natürlich kann man im ersten Takt nicht nur den Grundton A spielen, sondern auch andere *Töne*. Ein Buchstabe steht also nicht (nur) für einen Grundton oder einen Akkord, sondern für eine übergeordnete Klangfarbe. Wenn ich hier von A, D oder E spreche, dann meine ich damit eine Folge von Tönen mit der Klangfarbe A, D oder E. Ich nenne das *„Pattern"* oder *„Riff"*.

Töne:
Diese Töne können gleichzeitig (Akkord, vgl. S. 133) oder nacheinander (Melodie, Arpeggio, vgl. S. 20) gespielt werden.

Diese Patterns sind das Geheimnis, warum Musiker, die sich noch nie vorher gesehen haben, bei einer Session zusammen spielen können. Einer sagt zum Beispiel „Blues in A", und zählt ein: „Eins, zwei, drei, vier" und dann geht´s los und es klingt, als hätten die Musiker das Ganze sorgfältig zusammen geprobt. Tatsächlich aber spielt der Gitarrist in den A-Takten einfach ein A-Pattern für Gitarre, also Töne, die in irgendeiner Form zu der Klangfarbe A passen (genau das lernen wir in Kürze ...). Der Bassist spielt ein A-Pattern für Bass, der Keyboarder spielt ein Keyboard-A-Pattern etc. Diese Patterns *passen* so ziemlich alle *zusammen*.

zusammenpassen:
Man muss den anderen Musikern natürlich etwas zuhören und z. B. im gleichen Tempo spielen. Außerdem spielt man bei einer Blues-Ballade natürlich etwas anderes als bei einer flotten Bluesrock-Nummer. Aber grundsätzlich passt das Ganze zusammen.

Im 5. Takt wechseln dann alle gemeinsam zum D (d. h. der Gitarrist spielt ein D-Pattern für Gitarre, der Bassist ein D-Pattern für Bass und so weiter ...). Nach zwei Takten D wechseln alle wieder zurück zu ihren jeweiligen A-Patterns. In der letzten Zeile spielen alle zunächst einen Takt lang ihr jeweiliges E-Pattern, dann einen Takt D und dann geht es für zwei Takte zurück zum A.

„Chorus"

Einen solchen vollständigen Durchgang von **12 Takten** nennt man einen „**Chorus**". Wenn man den ersten Chorus durchgespielt hat, geht es wieder von vorne los. Wieder spielen alle Instrumente vier Takte A, dann geht es wieder gemeinsam zum D usw.

 Tipp!

■ *Wenn dir die Theorie nicht so ganz klar ist, schau einfach mal in den Anhang „Musiktheorie & Notenschrift", da habe ich alles noch einmal ausführlich erklärt.*

Musiktheorie & Notenschrift, vgl. S. 180ff

Blues-Schema 1:
Das einfache Blues-Schema („Rock´n´Roll-Schema")

Wenn man das Ende des einen Chorus und den Anfang des nächsten Chorus hintereinander nimmt, spielt man an dieser Stelle insgesamt für ganze sechs Takte A, bevor es wieder zum D geht (Ende erster Chorus 2 x A, Anfang nächster Chorus 4 x A).

Natürlich wird nicht jeder Blues-Song in der Tonart A gespielt. Es gibt insgesamt 12 verschiedene Tonarten, und dementsprechend kann man jeden Song auf 12 verschiedenen Grundtönen spielen. Einen Song in eine andere Tonart zu übertragen, nennt man „*transponieren*". Wir werden uns aus methodischen Gründen bis auf Weiteres erst mal ausschließlich in der Tonart A bewegen.

Transponieren, vgl. S. 88 / 201

Im nächsten Abschnitt lernen wir das einfache Blues-Schema kennen, das eine Variation des oben gezeigten Standard Blues-Schemas ist.

Blues-Schema 1 – Das einfache Blues-Schema („Rock´n´Roll-Schema")

Die einfachste Form des 12-Takters ist das folgende Blues-Schema. Für dieses Akkord-Schema gibt es keinen „offiziellen" Namen, ich nenne es entweder „das einfache Blues-Schema" (weil es die wenigsten Akkordwechsel hat) oder „das Rock´n´Roll-Schema" (weil es die Akkordfolge ist, die bei den meisten Rock´n´Roll-Songs verwendet wird). Das einfache Blues-Schema wird eher bei schnelleren Songs verwendet.

Einfaches Blues-Schema (in der Tonart A)

A	A	A	A
D	D	A	A
E	E	A	A

Bei diesen ersten Beispielen geht es erst mal um das Hören, das Mitspielen lernen wir im nächsten Abschnitt.

Rock'n'Roll: Rock'n'Roll und Blues sind eng miteinander verwandt. Das Blues-Schema wurde von den weißen Rock'n'Rollern in den 1950er Jahren adaptiert.

Diskographie	Tonart	Kapodaster	Anmerkungen
Rock Around The Clock – Bill Haley auf jeder Best Of, z.B. auch auf: „Rock Around The Clock [Original Studio Versions]"	A	kein	Acht Takte Intro, dann geht das Rock'n'Roll-Schema los.
See You Later Alligator – Bill Haley auf jeder Best Of, z. B. auch auf: „Rock Around The Clock [Original Studio Versions]"	Eb	6. Bund	Nach dem gesprochenen Intro und dem Auftakt geht das Rock'n'Roll-Schema los, wenn die Band einsetzt.

Diese Auflistungen zum Hören und Mitspielen werden im Laufe des Buches immer wieder auftauchen, denn das Mitspielen mit den Großen des Blues ist ein wichtiger Bestandteil des Lernprozesses! Am besten lernt man den Blues zu spielen, indem man den Blues spielt ...

Aufgabe

- Höre dir die genannten Songs an und versuche, die Akkordwechsel zu hören. Es ist kein Problem, wenn das jetzt noch nicht klappt, in Kürze wirst du dieses Schema im Schlaf erkennen und sogar mitspielen können!

Blues-Schema 1: Ganze Noten

Einstimmige Patterns

Nachdem wir uns jetzt eingehört haben und wissen, wo wir hinwollen und wie das Ganze letztlich klingen soll, wird's endlich praktisch. Wir spielen unseren ersten Blues, und zwar – wie weiter oben beschrieben – in der Tonart A.

Wir brauchen dazu die <u>ungegriffene</u> A-Saite, die ungegriffene D-Saite und die ungegriffene (tiefe) <u>E-Saite</u>. Das ist auch der Grund, weshalb wir zuerst in der Tonart A spielen:

In dieser <u>Tonart</u> können wir die tiefsten drei Saiten als Grundton der drei benötigten Akkorde nehmen, ohne mit der Greifhand einen Ton greifen zu müssen.

Ungegriffene Saiten

Viele Gitarristen nennen die nicht gegriffenen Saiten auch „leere Saiten" oder „Leersaiten". Da diese Begriffe aber oft für Verwirrung sorgen, verwende ich stattdessen die aussagekräftigere Bezeichnung „ungegriffene Saiten".

Die Gitarristen-Tonarten A und E

Die Tonarten A und E sind bei Gitarristen die mit Abstand beliebtesten Tonarten, da man in diesen beiden Tonarten sehr viele brauchbare Töne mit ungegriffenen Saiten spielen kann. Andere Instrumente bevorzugen andere Tonarten, mehr dazu im Kapitel <u>Closed Position – verschiebbare Patterns (Spielen in allen 12 Tonarten)</u> auf S. 83.

<u>Saiten:</u>
Falls du nicht weißt, wie die Saiten heißen: Das steht im Anhang <u>„Alle Töne auf dem Griffbrett"</u>, vgl. S.182ff

Rhythmus 1: Ganze Noten

Wenn wir in jedem Takt einmal anschlagen, dann spielen wir **ganze Noten**. Der Name kommt daher, dass jede Note einen ganzen Takt lang dauert.

Ich zähle auf der Aufnahme mit:

Ganze Note

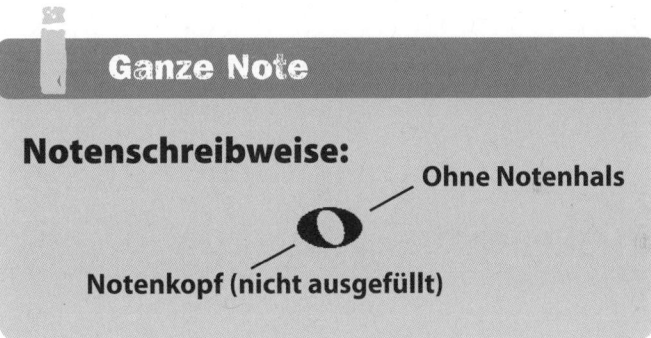

14 CD-Track

„Eins, zwei, drei, vier – eins, zwei, drei, vier ..."

Wir schlagen den Grundton des jeweiligen Akkordes jeweils bei „eins" an und lassen den Ton bis zur nächsten „eins" klingen. Dann schlagen wir wieder an, lassen wieder klingen, usw.

Zum besseren Merken steht hier das einfache Blues-Schema nochmal in Kurzform:

4-mal A, 2-mal D, 2-mal A, 2-mal E, 2-mal A.

Die zwei Arten des „Mitspielens" zur CD

Noch ein Gedanke zum Thema „zur CD mitspielen": Am besten hört man sich erst mal auf der CD zu diesem Buch an, wie es klingen soll. Dann spielt man es nach. Wenn das fehlerfrei klappt, spielt man zum Playback mit Band mit. Sobald auch das fehlerfrei klappt, kann man zu den Aufnahmen bekannter Musiker mitspielen. Dazu muss man eins wissen: Man kann auf zwei Arten zu diesen CDs mitspielen.

Blues-Schema 1: Ganze Noten

1. Man spielt möglichst genau nach, was auf der CD auch gespielt wird. Das schult das Gehör und man lernt neue Patterns kennen.

2. Man spielt andere Patterns als auf der CD gespielt werden, die aber – wie oben erklärt – ja trotzdem passen. Das ist die praxisnahe Variante, denn bei der Session im Pub oder beim Auftritt mit der eigenen Band spielen ja auch nicht alle dasselbe.

Ich nenne bei den meisten Patterns mehrere Klassiker, die genau das gezeigte Pattern verwenden.

Außerdem schlage ich aber auch oft Aufnahmen vor, bei denen das gezeigte Pattern zwar nicht verwendet wird, bei denen es aber sehr gut passt.

Weitere Blues-Schemata, vgl. S. 184

> **Tipp!**
>
> ■ Wie schon erwähnt gibt es verschiedene Blues-Schemata. Einige lernen wir im Verlauf des Buches kennen, weitere zeige ich im Anhang „Weitere Blues-Schemata".

Man muss natürlich in derselben Tonart und dasselbe Blues-Schema wie auf der CD spielen.

Beispiel 1: Einfaches Blues-Schema – Ganze Noten

15 Play-along

Erklärung Tabulatur (TAB), vgl. S. 179

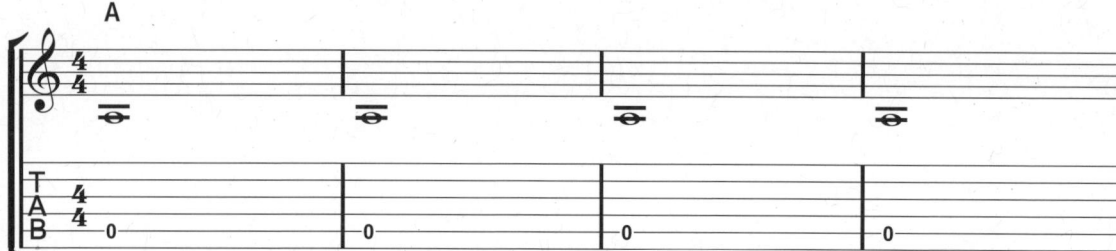

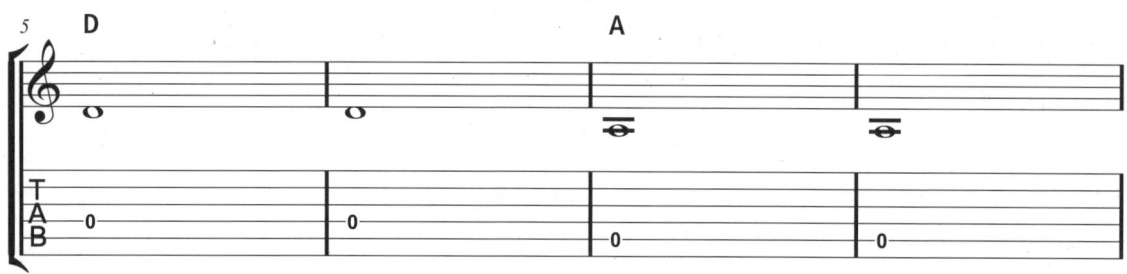

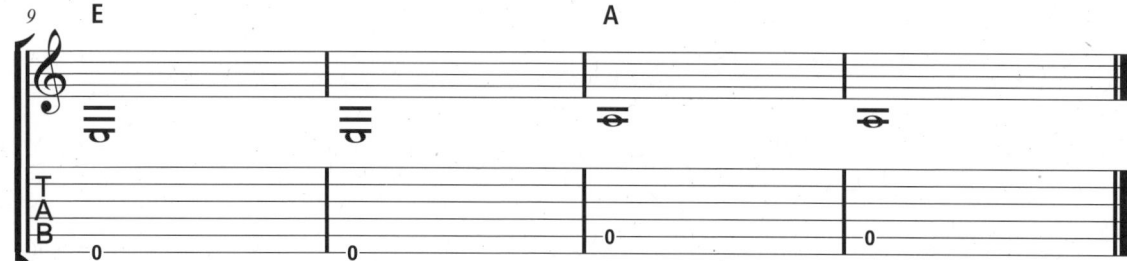

Blues-Schema 1: Ganze Noten

Die ersten Klassiker zum Mitspielen

Hier also eine Liste von Songs, zu denen wir gleich mitspielen können. Neben der Tonart (und dem Bund, an dem der eventuell notwendige _Kapo_ befestigt wird) gebe ich noch weitere Informationen, die zum Mitspielen benötigt werden (Besonderheiten wie Länge des _Intros_, _Stopps_, etc.).

Wenn die angegebene Tonart nicht „A" ist, muss man einen Kapo verwenden. Das wird im Anhang „_Kapodaster / Kapo_" erklärt.

Intros, vgl. S. 55ff
Stopps, vgl. S.124/130
Kapodaster, vgl. S.160ff

Diskographie	Tonart	Kapodaster	Anmerkungen
Rock Around The Clock – Bill Haley auf jeder Best Of, z.B. auch auf: „Rock Around The Clock [Original Studio Versions]"	A	kein	Acht Takte Intro, dann geht das Rock'n'Roll-Schema los.
See You Later Alligator – Bill Haley auf jeder Best Of, z. B. auch auf: „Rock Around The Clock [Original Studio Versions]"	Eb	6. Bund	Nach dem gesprochenen Intro und dem Auftakt geht das Rock'n'Roll-Schema los, wenn die Band einsetzt.
School Day – Chuck Berry „The Best Of"	G	10. Bund	Zwei Takte Intro, dann geht das Rock´n´Roll-Schema los.
Let It Rock – Chuck Berry „The Best Of"	Bb	1. Bund	Zwei Takte Intro, dann geht das Rock´n´Roll-Schema los.

Software zum langsameren Abspielen von Audio-Files

Diese Songs sind alle ziemlich schnell. Solange wir ganze Noten spielen, ist das vielleicht noch kein Problem, aber spätestens beim übernächsten Beispiel wird der eine oder andere an seine Grenzen stoßen. Dann gibt es zwei Möglichkeiten:

1. Alleine spielen, am besten zum Metronom, und das Tempo langsam bis zum Zieltempo steigern.

2. Viel motivierender ist es aber, sich einen CD-Spieler oder eine Software zuzulegen, um die Audiobeispiele bei gleichbleibender Tonhöhe langsamer abspielen zu können. Ein CD-Spieler mit dieser Fähigkeit kostet etliche hundert Euro, eine tolle Software namens „_Transcribe!_" mit etlichen weiteren Möglichkeiten gibt´s für unter 30,- Euro bei www.seventhstring.com. Man kann das Programm 30 Tage lang kostenlos testen.

So ein Programm hilft natürlich nicht nur beim Mitspielen, sondern auch beim Raushören:

Wenn Herr Clapton uns unsere Lieblingsstellen im halben Tempo vorspielt, hört man definitiv einfacher, was er genau spielt. Mit der aktuellen Version kann man sogar Video-Clips verlangsamen! Ehrlich gesagt: Ich weiß gar nicht mehr, wie Musiker ohne dieses Programm leben konnten ...

Software:
Es gibt etliche Programme, die Audio-Files langsamer abspielen können, zum Beispiel „Slow Gold", „Amazing Slow Downer", „Riffmaster Pro". Die meisten dieser Programme kosten mehr und sind meiner Ansicht nach schlechter zu bedienen.
Da die meisten dieser Programme einige Tage kostenlos getestet werden können, kann jeder sein eigenes Lieblingsprogramm finden. Einfach mal „slow down music" in eine Suchmaschine eingeben ...

Blues-Schema 1: Halbe Noten

Rhythmus 2: Halbe Noten

Wenn wir doppelt so oft pro Takt anschlagen, dann spielen wir **halbe Noten**. Der Name kommt daher, dass jetzt jede Note einen halben Takt lang dauert. Beim selben Tempo spielen wir also doppelt so viele Noten in der gleichen Zeit (jeweils auf Zählzeit „1" und „3").

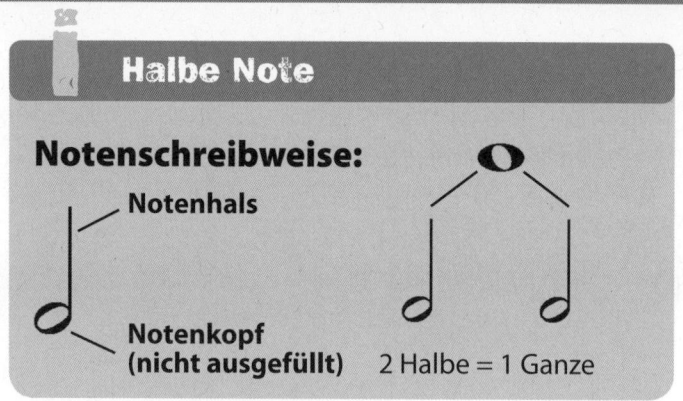

Die Anzahl der Takte ist dieselbe wie im vorherigen Beispiel:

4-mal A | 2-mal D | 2-mal A | 2-mal E | 2-mal A

Wir spielen nur ein anderes Pattern pro Takt, nämlich in jedem Takt zweimal den Grundton statt einmal. Das heißt also, dass wir jetzt achtmal die ungegriffene A-Saite spielen (vier Takte mit je zwei A), bevor wir zum D wechseln. Die restlichen Töne D, A, E und wieder A werden jetzt je viermal angeschlagen statt zweimal.

Wir schlagen jetzt also 2x pro Buchstabe/Takt an:

8-mal A | 4-mal D | 4-mal A | 4-mal E | 4-mal A

Beispiel 2: Einfaches Blues-Schema – Halbe Noten

Blues-Schema 1: Viertelnoten

Aufgabe

- An dieser Stelle solltest du wieder fleißig zu verschiedenen CDs mitspielen. Als Beispiel-Songs passen dieselben Songs wie im Kapitel „Rhythmus 1: Ganze Noten". Achtung, das Anschlagstempo ist für dich jetzt jeweils doppelt so schnell!

Diskographie Rhythmus 1: Ganze Noten vgl. S.15

CD-Track 18

Rhythmus 3: Viertelnoten

Wenn wir unser Anschlagstempo noch einmal verdoppeln, dann spielen wir **Viertelnoten**. Der Name kommt natürlich wieder daher, dass jede Note einen Vierteltakt lang dauert. Das heißt, dass in jeden Takt vier von diesen Viertelnoten passen, dann kommt ein Taktstrich und der nächste Takt beginnt.

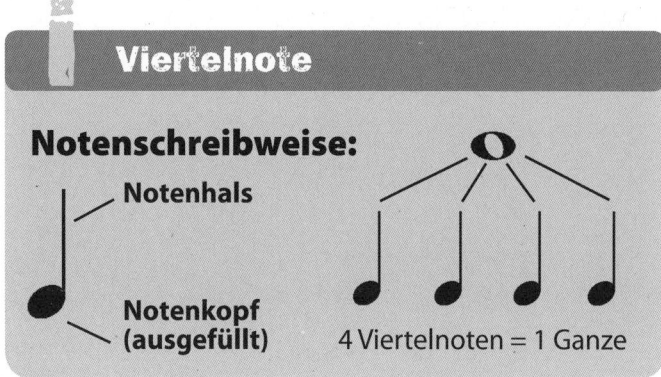

Die Anzahl der A-Takte bleibt wieder gleich::

4-mal A | 2-mal D | 2-mal A | 2-mal E | 2-mal A

Wir schlagen jetzt **4x** pro Buchstabe/Takt an:

16-mal A | 8-mal D | 8-mal A | 8-mal E | 8-mal A

Mitzählen, aber wie?

Es wäre etwas umständlich bis 16 zu zählen, allein schon aufgrund der Anzahl der Silben von einzelnen Zahlen (und später bei den Achtelnoten müssten wir dann ja bis 32 zählen ...).

1. Man zählt einfach in jedem Takt in Vierteln von „eins" bis „vier".

2. Man zählt wieder in jedem Takt von „eins" bis „vier", ersetzt aber die „eins" jeweils durch die Taktnummer innerhalb dieser Zeile, also:

EINS, zwei, drei, vier – ZWEI, zwei, drei, vier –

DREI, zwei, drei, vier – VIER, zwei, drei, vier –

In jeder neuen Zeile wird jeweils wieder von vorne begonnen. Das klingt zwar erst mal kompliziert, aber man gewöhnt sich ganz schnell daran und man weiß immer, wo man sich innerhalb des Blues-Schemas gerade befindet. Wir schlagen jetzt auf jeder Zählzeit an.

In Kürze wirst du das Blues-Schema sowieso im Blut haben und auch ohne Zählen an den richtigen Stellen zum nächsten Grundton wechseln.

Blues-Schema 1: Viertelnoten

Beispiel 3: Einfaches Blues-Schema – Viertelnoten

Es hilft ungemein, auf den Schlagzeuger zu hören, denn der spielt normalerweise in jedem vierten Takt einen kleinen Schlagzeug-*Fill*. Damit verrät er dir jeweils das Ende einer Zeile und damit auch einige Akkordwechsel. Manche Drummer kündigen so sogar jeden Akkordwechsel an.

Aufgabe

■ Auch an dieser Stelle soll wieder fleißig zu verschiedenen CDs mitgespielt werden. Als Beispiel-Songs sollen noch ein letztes Mal die Songs aus Kapitel „*Diskographie Rhythmus 1: Ganze Noten*" dienen. Achtung, das Anschlagstempo ist jetzt nochmals doppelt so schnell!

Fill:
Nur zur Klarstellung: Ein Fill muss nichts Wildes sein! Manchmal ist es nur ein zusätzlicher Snare-Schlag oder die HiHat wird für eine Achtel geöffnet. Achte doch mal bei meinen Playbacks und bei deinen Lieblings-Blues-CDs darauf!

Diskographie Rhythmus 1: Ganze Noten vgl. S.15

Hilfe! Ich möchte am liebsten alles sofort können ...

Ehrlich gesagt: Ich auch! Das Problem ist, dass Lernen so nicht funktioniert. Am besten lernt man, wenn man sich immer eine Sache vornimmt und diese Sache dann von verschiedenen Seiten betrachtet. In unserem Falle heißt das:

Ein neuer Rhythmus oder ein neues Pattern lernen und dann zu verschiedenen Songs mitspielen, um das Ganze in verschiedenen Tempi und Tonarten kennenzulernen.

Diese Disziplin, sich immer nur auf eine Sache gleichzeitig zu konzentrieren, ist mehr oder weniger das Geheimnis, wie man schnell vorankommt!

Blues-Schema 1: Gegriffene Töne

Gegriffene Töne

Bisher haben wir nur auf den ungegriffenen Saiten gespielt. Beim nächsten Beispiel beggenen uns die ersten **gegriffenen Töne**. Wenn du dir dieses Buch als absoluter Gitarrenanfänger zugelegt hast, solltest du dir jetzt den Anhang „*Greifen ohne Scheppern*" durchlesen.

Greifen ohne Scheppern vgl. S. 169

Tonmaterial 1: Grundton, (große) Terz und Quinte

Ab **Riff 1** schreibe ich jetzt die 12 Takte nicht mehr komplett aus, sondern zeige dir nur jeweils einmal den A-Takt, einmal den D-Takt und einmal den E-Takt:

Blues Riff 1 (Muster 1 – 3 – 5)

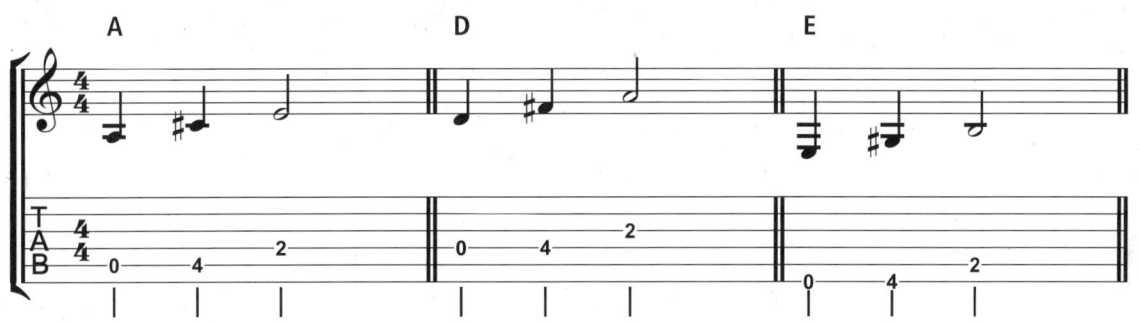

1 – 3 – 5:
Diese Zahlen nennen die Akkordfunktion der einzelnen Töne dieses Patterns.
Siehe Anhang „Musiktheorie & Notenschrift", S. 180ff Absatz „Was bedeuten die Zahlen, mit denen die Riffs manchmal benannt werden?", S. 181

Wir spielen aber trotzdem weiterhin das einfache Blues-Schema.

4-mal Riff A, 2-mal Riff D, 2-mal Riff A, 2-mal Riff E, 2-mal Riff A

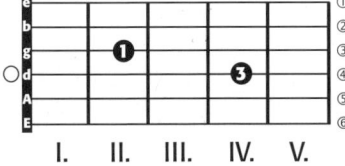

Riff 1 über A
1. Schlage einmal die ungegriffene **A-Saite** o an,
2. Greife mit dem **Ringfinger** ❸ am **4. Bund** der **A-Saite** und schlage diese einmal an.
3. Greife mit dem **Zeigefinger** ❶ am **2. Bund** der **D-Saite** (also der nächsten Saite) und schlage diese einmal an.

Erläuterung Griffdiagramme vgl. S. 179

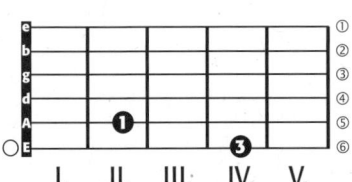

Riff 1 über D
1. Schlage einmal die ungegriffene **D-Saite** o an,
2. Greife mit dem **Ringfinger** ❸ am **4. Bund** der **D-Saite** und schlage diese einmal an.
3. Greife mit dem **Zeigefinger** ❶ am **2. Bund** der **G-Saite** (also der nächsten Saite) und schlage diese einmal an.

Riff 1 über E
Schlage an und greife wie bei Riff A und D, allerdings verschiebst du alles auf die beiden tiefen **Saiten E und A**.

Beachte die Notenwerte:
Die ersten beiden Noten sind Viertelnoten, die dritte Note ist eine halbe Note.

Notenwerte mischen

Du siehst, man kann die bisher gelernten Notenlängen auch innerhalb eines Taktes mischen, wichtig ist nur, das insgesamt 4 Zählzeiten pro Takt herauskommen.

Blues-Schema 1: Gegriffene Töne

Lage / Lagenspiel, vgl. S. 199

2. Lage (Lage / Lagenspiel)

Blues Riff 1 haben wir „in der 2. Lage" gespielt. Das heißt, dass der Zeigefinger ❶ für das **Greifen am 2. Bund** zuständig ist (egal auf welcher Saite), der nächste Finger (Mittelfinger ❷) ist für das Greifen am 3. Bund zuständig, der übernächste Finger (Ringfinger ❸) ist für das Greifen am 4. Bund zuständig und der letzte Finger (kleiner Finger ❹) ist für das Greifen am

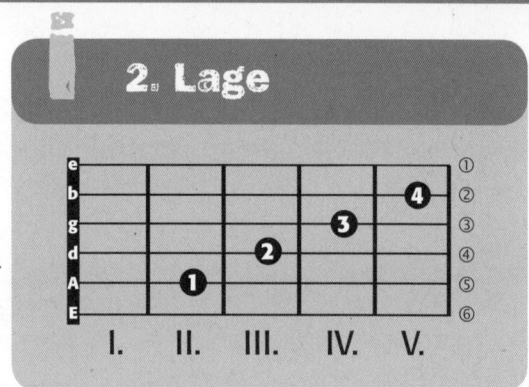

5. Bund zuständig. Diese Zuordnung gilt analog für alle „Lagen", wenn wir z. B. in der 5. Lage spielen, rutscht der Zeigefinger auf den 5. Bund und die restlichen Finger jeweils einen Bund höher als der vorherige Finger. Die vier Finger decken dann also die Bünde 5 bis 8 ab.

Immer mit dem Grundton aufhören

Wenn wir auf einem anderen Ton als dem Grundton (also in unserem Fall die ungegriffene A-Saite) aufhören, klingt das Beispiel irgendwie unvollständig. Unsere Ohren sind es einfach gewohnt, dass Lieder mit dem Grundton aufhören. Deshalb spielen wir ab jetzt immer als letzten Ton nochmal den Grundton. Nochmal deutlich: Wir spielen diesen zusätzlichen Grundton nicht nach jedem Chorus (also am Ende von jeweils 12 Takten), sondern erst ganz am Ende vom letzten Chorus des jeweiligen Beispiels. Ich werde das auf der CD ab jetzt auch immer machen.

Arpeggio, vgl. S. 198

Die Töne eines Dur-Akkordes

Die drei Töne (Dreiklang), die wir hier gespielt haben, sind die Töne eines sogenannten A-Dur-Akkordes. Falls du schon etwas Gitarre spielst, kennst du den A-Dur-Griff wahrscheinlich. Aber wenn du Akkorde schrammelst, dann klingt das irgendwie nicht wirklich nach

Das Dreiklang-Arpeggio

Wir haben die drei Töne des A-Akkordes nacheinander gespielt. Das nennt man <u>Arpeggio</u>.
Die drei Töne heißen:
Grundton *(hier: die ungegriffene Saite),*
große Terz *(hier: gleiche Saite, 4. Bund) und*
Quinte *(hier: eine Saite höher, 2. Bund).*

Ein späterer Band dieser Schule wird auch den Fingerstyle-Blues behandeln, und da ist man dann wieder auf sich alleine gestellt. Aber trotzdem spielt man dann nicht Wandergitarre, sondern imitiert – zum Beispiel durch Zupfmuster – das Zusammenspiel mehrerer Instrumente, indem man abwechselnd und gleichzeitig die drei Register der Gitarre (tief, mittel und hoch) bedient und auch abwechselnd die drei Rollen eines Gitarristen (Rhythmus, Fill Ins und Solo) spielt. Das ist aber offensichtlich keine Thematik für einen Grundkurs ...

Blues, oder? Das liegt daran, dass dieses „Akkord-Schrammeln" – auch „Wandergitarre spielen" genannt – eher dazu dient, sich alleine beim Singen zu begleiten. Hier will man natürlich möglichst viele Töne spielen, weil keine anderen Instrumente zur Unterstützung dabei sind. Im Blues spielen aber meist noch andere Instrumente (Schlagzeug, Bass, Bluesharp, 2. Gitarre, Orgel, Piano ...) mit, und deshalb spielt man den Blues auf der Gitarre eben anders.

Jetzt fragst du dich noch, warum ein A-Akkord eigentlich nur aus drei verschiedenen Tönen besteht? Du hast doch beim Akkordspiel gelernt, dass du fünf Saiten anschlagen sollst?!

Ganz einfach: Beim Akkordspiel auf der Gitarre spielt man einige Töne doppelt oder sogar dreifach (je nachdem, welche Töne man gerade gut greifen kann). So besteht ein A-Akkord grundsätzlich aus den Tönen A, C# (gesprochen „Cis") und E.

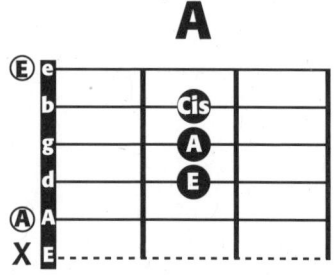

Die Töne des A-Akkordes sind:
A (A-Saite) • E (2. Bund D-Saite) • A (2. Bund G-Saite) •
C# (2. Bund B-Saite – in Deutschland auch H-Saite genannt) • E (hohe E-Saite).

Blues-Schema 1: Gegriffene Töne

Du siehst, der A-Dur-Akkord besteht tatsächlich nur aus drei verschiedenen Tönen. Das gilt übrigens für alle Dur- und auch für alle Moll-Akkorde. Und genau diese drei Töne des A-Akkordes spielen wir in Blues Riff 1 nacheinander:

A (ungegriffene A-Saite), C# (A-Saite 4. Bund) und E (D-Saite höher 2. Bund).

Die Sexte

Dieser **Riff 2** ist dem ersten Riff ganz ähnlich, es kommt nur ein Ton dazu. Wir spielen jetzt vier Viertelnoten in jedem Takt. Das klingt erst mal noch nicht so wild, aber Anfänger werden wahrscheinlich bemerken, dass eine Schwierigkeit hinzukommt: Es gibt keine „Verschnaufpause" mehr am Ende von jedem Takt. Jetzt wird in Viertelnoten durchgespielt, aber nicht wie bei der Vorstellung der Viertelnoten mit ungegriffenen Saiten, sondern mit vier verschiedenen Tönen pro Takt. Wem es noch nicht gelingt, gleich zur CD mitzuspielen, der hört sich am besten das Beispiel erst mal auf CD an (wenn ich so etwas sage, dann meine ich damit nicht „einmal anhören", sondern „mehrmals anhören", solange, bis man das Beispiel „im Ohr" hat und gleich hört, wenn man einen falschen Ton oder rhythmisch ungenau spielt). Wenn dann klar ist, wie es klingen soll, dann spielt man das Beispiel *langsam*.

Notenschrift:
Wenn du die Notennamen noch nicht kennst und wissen willst, was z.B. ein C# ist, dann hilft das Kapitel „Musiktheorie & Notenschrift", vgl. S. 180ff

Übetempo:
Ich möchte dir hiermit den Anhang „Wie übe ich richtig?" ausdrücklich ans Herz legen, denn mit falschem Üben kann man eine Menge Zeit verpulvern, ohne nennenswert vorwärts zu kommen, vgl. S. 177

Blues Riff 2 (Muster 1 – 3 – 5 – 6)

Die ersten drei Töne sind dieselben wie bei Riff 1, aber der dritte Ton wird jetzt als Viertelnote gespielt. Danach spielen wir eine 4. Viertelnote mit dem Ringfinger im **4. Bund**:

| Bei Riff 2 über A auf der **D-Saite** | Bei Riff 2 über D auf der **G-Saite** | Bei Riff 2 über E auf der **A-Saite** |

Diskographie	Tonart	Kapodaster	Anmerkungen
Nut Popper #1 – Paul Butterfield auf "The Original Lost Elektra Sessions"	D	5. Bund	Standard Blues-Schema

Blues-Schema 1: Gegriffene Töne

Unnötige Bewegungen vermeiden – Finger liegenlassen 1

Wenn du Riff 2 spielen kannst, achte mal darauf, ob du den Zeigefinger ❶ <u>*liegenlassen*</u> kannst. Der Zeigefinger greift also auch dann am 2. Bund der D-Saite, wenn du die ungegriffene A-Saite anschlägst oder der Ringfinger greift.

Der Nutzen ist folgender: Du sparst zwei Bewegungen (Zeigefinger hoch und Zeigefinger wieder runter) und kannst den Riff dementsprechend schneller spielen. Obwohl der Zeigefinger jetzt die ganze Zeit greift, klingt bei korrekter Ausführung trotzdem immer nur ein Ton!

Finger liegenlassen – Warum?

■ *Wenn das Liegenlassen des Zeigefingers gar nicht klappen will, kann man selbstverständlich die beiden unnötigen Bewegungen mit dem Zeigefinger machen, aber sobald das Tempo etwas schneller wird, halten einen diese überflüssigen Bewegungen ziemlich auf. Deshalb empfehle ich dringend: Arbeite immer wieder daran, dass der Zeigefinger liegen bleibt. Du kannst natürlich trotzdem schon die nächsten Beispiele lernen. Versuche aber möglichst jedes Mal beim Üben daran zu denken, dass du am Anfang kurz das Liegenlassen des Zeigefingers übst, bis es schließlich klappt. Es lohnt sich!*

■ *Beim Wechsel zum D- oder E-Pattern muss der Zeigefinger natürlich zur nächsten Saite springen und dort wieder am 2. Bund greifen. Und auch dort greift der Zeigefinger wieder solange, bis zurück zum A-Pattern gewechselt wird.*

Die Septime

Beim nächsten **Riff 3** lernen wir einen neuen Ton kennen, der dem Riff einen richtig bluesigen Charakter gibt: **Die kleine Septime**.

Zuerst spielen wir die vier Töne von Riff 2. Der fünfte Ton ist der neue Ton. Beim A-Pattern wird er auf dem **5. Bund** der D-Saite mit dem **kleinen Finger** ❹ gegriffen. Danach spielen wir die schon bekannten Töne wieder runter, also in umgekehrter Reihenfolge. Dieses Pattern passt perfekt zu unzähligen Rock´n´Roll-Songs und schnellen Swing und Jump Blues-Nummern.

Blues Riff 3 (Muster 1 – 3 – 5 – 6 – 7 – 6 – 5 – 3)

Ab jetzt zeige ich nur noch das A-Pattern. Wir spielen aber trotzdem das einfache Blues-Schema. Bei den D- und E-Takten übertragen wir das Pattern einfach auf die nächsthöhere bzw. nächsttiefere Saite. Trage die Zahlen für die Finger in die Leerdiagramme ein.

Die Lösung findest du auf www.garantiert-bluesgitarre.de

Riff 3 über A

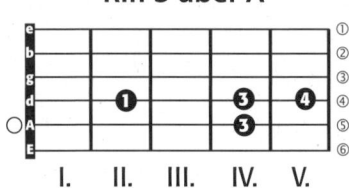

Riff 3 über D

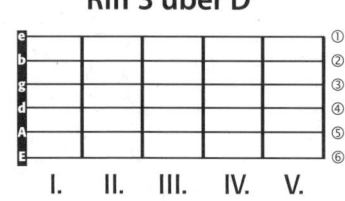

Riff 3 über E

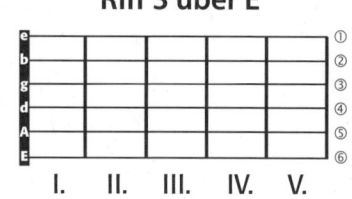

Blues-Schema 1: Gegriffene Töne

Unnötige Bewegungen vermeiden – Finger liegenlassen 2

Bei Riff 2 haben wir gelernt, möglichst lange den Zeigefinger ❶ liegen zu lassen. Dieses Prinzip können wir bei **Riff 3** noch weiter führen. Der Zeigefinger kann auch bei diesem Riff wieder jeweils bis zum Patternwechsel liegenbleiben. Der Ringfinger ❸ kann aber teilweise noch zusätzlich liegenbleiben:

Wenn wir den vierten Ton gespielt haben, bleibt der Ringfinger ❸ auch auf dem Griffbrett, und zwar auf dem vierten Bund. Der kleine Finger ❹ greift den 5. Bund und in diesem Moment greifen drei Finger gleichzeitig: Zeige-, Ring- und kleiner Finger. Dann nehmen wir den kleinen Finger ❹ weg und der liegengelassene Ringfinger ist dran. Erst jetzt wird der Ringfinger wieder von der Saite genommen und der liegengelassene Zeigefinger ist dran. Diesen Bewegungsablauf üben wir auf **CD-Track 27** gemeinsam.

Zweitaktige Patterns

Dieses neue Pattern ist acht Viertelnoten lang. Da pro Takt aber nur Platz für vier Viertelnoten ist, ist ein Durchgang von diesem Pattern zwei Takte lang. Wir wissen bereits, dass die Anzahl der Takte vorgegeben ist, unabhängig von der Anzahl der Töne. Nach vier Takten A wechselt das Blues-Schema zum D, egal wieviele Töne oder Patterns wir in den ersten vier Takten gespielt haben. Wenn ein Pattern also zwei Takte lang ist, können wir es nur zwei mal spielen, dann wechseln wir zum D-Pattern. Das D-Pattern können wir nur einmal spielen, denn dann sind die zwei Takte D vorbei und wir wechseln wieder zurück zum A-Pattern. Dieses A-Pattern spielen wir genauso wie das folgende E- und das letzte A-Pattern auch nur jeweils einmal.

Diskographie	Tonart	Kapodaster	Anmerkungen
Rock Around The Clock – Bill Haley auf jeder Best Of, z.B. auch auf: „Rock Around The Clock [Original Studio Versions]"	A	kein	8 Takte Intro, dann geht das Rock'n'Roll-Schema los. Sehr schnelles Tempo (180 bpm), das sollte man sich anfangs deutlich verlangsamen (vgl. S. 15 „Software zum langsameren Abspielen").
See You Later Alligator – Bill Haley auf jeder Best Of, z. B. auch auf: „Rock Around The Clock [Original Studio Versions]"	Eb	6. Bund	Nach dem gesprochenen Intro und dem Auftakt geht das Rock'n'Roll-Schema los, wenn die Band einsetzt.
Don't Loose Your Cool – Albert Collins „Collins Mix – The Best Of"	F	8. Bund	
Tutti Frutti – Elvis Presley „The Complete 50's Masters"	C	3. Bund	Wenn man zu dieser Aufnahme mitspielt, muss man gut aufpassen wegen der vielen *Stopps*.
I'm Easy – David Lee Roth „Eat 'Em And Smile"	Bb	1. Bund	Die Akkordfolge der 8-taktigen Bridge: D/D/A/A/D/D/EF/E.

bpm, vgl. S. 198

Software Transcribe!, vgl. S. 15

Stopps, vgl. S. 124 / 130

Blues-Schema 1: Gegriffene Töne

CD-Track 29

Die Oktave

Riff 4 leitet sich wie immer direkt aus dem vorhergehenden Beispiel ab, wir ersetzen nur einen Ton. Die ersten vier Töne und die letzten drei Töne sind dieselben wie bei Blues Riff 3, nur der 5. Ton wird durch einen anderen Ton ersetzt. Dieser Ton heißt auch „A" (es ist das nächst höher gelegene A, ausgehend von der ungegriffenen A-Saite und liegt im 2. Bund auf der g-Saite). Dieses *Intervall* (vom Grundton aus) heißt **Oktave**. Die Oktave liegt vom Grundton aus auf der übernächsten Saite am 2. Bund und wird deshalb mit dem Zeigefinger ❶ gegriffen. Dieser Riff geht zum ersten Mal über drei Saiten.

Intervall, vgl. S. 180

CD-Track 31 Play-along

Blues Riff 4 (2-taktig / Muster 1 – 3 – 5 – 6 – 8 – 6 – 5 – 3)

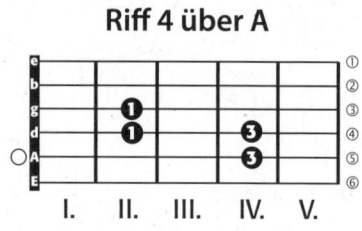

Riff 4 über A

Verschiedene Patterns für verschiedene Grundtöne

Wenn wir dieses Pattern ab der D-Saite spielen, ändert sich etwas:

Der Ton „d" auf der B-Saite, der eigentlich mit dem Zeigefinger ❶ auf dem 2. Bund gegriffen werden müsste, ist einen Bund höher zu finden und wird dementsprechend mit dem Mittelfinger ❷ gegriffen.

Woher kommt das? Die Saiten sind so gestimmt, dass wir jede Saite nach dem 5. Bund der nächsttieferen Saite stimmen, z. B.:

**Die A-Saite im 5. Bund der tiefen E-Saite
Die D-Saite im 5. Bund der A-Saite
Die G-Saite im 5. Bund der D-Saite.**

Nur die B- bzw. H-Saite wird nach dem 4. Bund anstelle des 5. Bundes gestimmt, sie ist also sozusagen einen Halbton zu tief gestimmt. Und das gleichen wir jetzt aus, indem wir den Ton auf der B-Saite einfach einen Bund höher spielen. Wir greifen also nicht mit dem Zeigefinger ❶ am 2. Bund der B- bzw H-Saite, sondern mit dem Mittelfinger ❷ am 3. Bund.

CD-Track 30

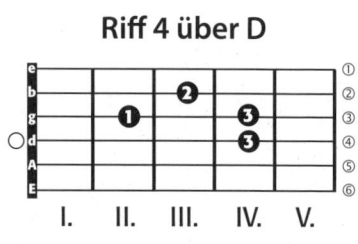

Riff 4 über D

Diese „Oktav-Patterns" sind mit den „Septim-Patterns" (vgl. S. 22) austauschbar. In der Praxis wird oft auch innerhalb von einem Chorus zwischen diesen beiden Patterns gewechselt.

Diskographie	Tonart	Kapodaster	Anmerkungen
Rip It Up – Elvis Presley auf "The Complete 50´s Masters" ab 0:12, 0:36	A	kein	16-taktiges Schema: Die zweite Zeile wird wiederholt.

Improvisation 1: Mischen der Blues Riffs

CD-Track 32

Gerade Anfänger lassen sich von dem Wort „**Improvisation**" oft einschüchtern und glauben, dass man irgendeine höhere Gabe haben müsse, um improvisieren zu können. Dabei bedeutet Improvisation in ihrer Grundform nichts anderes, als dass man Pattern, die man schon spielen kann, immer wieder neu kombiniert. Außerdem kann man bekannte Patterns variieren, indem man zum Beispiel die Töne von einem Pattern mit dem Rhythmus von einem anderen Pattern spielt. Man kann improvisieren also lernen, indem man verschiedene Patterns lernt und sie so lange übt, bis man sie willkürlich wechseln kann. Je mehr Patterns man beherrscht, desto mehr Möglichkeiten hat man und um so abwechslungsreicher kann man seine Improvisation gestalten.

Da wir schon mehrere Patterns kennen, üben wir jetzt das Wechseln zwischen diesen verschiedenen Patterns. Zuerst nehmen wir nur zwei verschiedene Patterns und legen ein möglichst einfaches Muster fest. Wir spielen abwechselnd die beiden zweitaktigen Patterns mit der Oktave (**Riff 4**) und mit der Septime (**Riff 3**). Dabei müssen wir natürlich die Akkordwechsel beachten, die durch das einfache Blues-Schema vorgegeben sind!

1. Riff 4 (Grundton A)

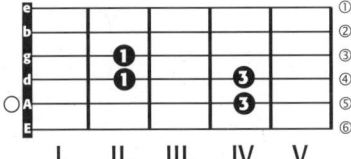

2. Riff 3 (Grundton A)

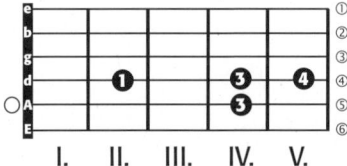

3. Riff 4 (Grundton D)

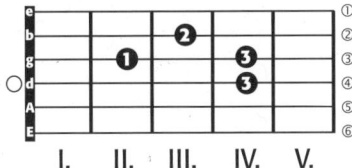

4. Riff 3 (Grundton A)

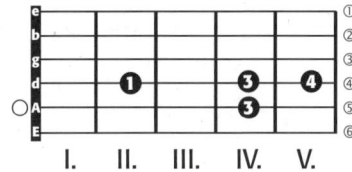

5. Riff 4 (Grundton E)

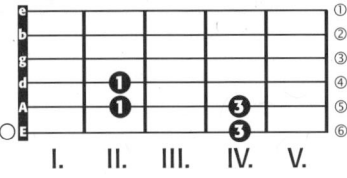

6. Riff 3 (Grundton A)

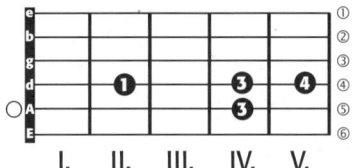

Das war natürlich noch keine echte Improvisation, weil wir ja vorher ein bestimmtes Muster festgelegt haben.

Aufgabe

- Versuche doch mal, ganz spontan beim Spielen zu entscheiden, ob du Riff 3 oder Riff 4 spielst. Die Grundtöne sind natürlich weiterhin vorgegeben.
- Achte darauf, dass beim Wechseln zwischen den beiden Riffs keine „Denkpausen" entstehen. Spiel lieber nochmal denselben Riff, als aus dem Takt zu kommen ...

Diskographie	Tonart	Kapodaster	Anmerkungen
Boogie Woogie Papa – Gatemouth Moore auf „Best Of The Blues" und „Pioneers of Rhythm & Blues, Vol. 10"	C	3. Bund	Der Pianist wechselt mit der linken Hand zwischen beiden Figuren.
My Babe – Little Walter „The Chess Years 1952 – 1963" ab 0:58	F	8. Bund	Kein Standard Blues-Schema. Im Solo: einige Variationen der 2-taktigen Patterns.

In dem Kapitel „Tonmaterial 4: Die Oktave", vgl. S. 24 könnten dieselben Beispiele stehen wie im Kapitel „Tonmaterial 3: Die Septime", vgl. S. 23, da die Patterns austauschbar sind. In der Praxis wird oft auch innerhalb von einem Chorus zwischen diesen beiden Patterns gewechselt.

Blues-Schema 2: Das Standard Blues-Schema

Das Standard Blues-Schema

Das Standard Blues-Schema ist mit Sicherheit eine der meistbenutzten Akkordfolgen überhaupt, auch unabhängig vom Blues. Es wird bei verschiedensten Tempi verwendet. Es unterscheidet sich nur im **10.** und manchmal im **12. Takt** vom einfachen Blues-Schema:

Standard Blues-Schema (in der Tonart A)

A	A	A	A
D	D	A	A
E	D	A	A oder E

Tipp!

- Die letzten zwei Takte sind nur ein grober Richtwert, hier gibt es einige Variationsmöglichkeiten, die wir im Kapitel „*Das Salz in der Blues-Suppe 1: Turnarounds 1*" kennenlernen werden.

Das Salz in der Blues-Suppe 1: Turnarounds 1, vgl. S. 47ff

Diskographie	Tonart	Kapodaster	Anmerkungen
Blues Before Sunrise – Eric Clapton „From the Cradle"	C#	4. Bund	Die 4 Takte Intro zählen schon zum Blues-Schema, hier ist der Einstieg aber nicht so leicht. Am besten steigt man mit der Band in Takt 5 ein (auf der IV. Stufe).
Dizzy Miss Lizzy – The Beatles „HELP!" / „Live at the BBC"	A	kein	Die ständig wiederholte Gitarrenmelodie eignet sich sehr gut als Orientierung: Beim letzen Ton beginnt immer ein neuer Takt.
Stop Messin´ Around – Gary Moore „Still Got The Blues"	C	3. Bund	Besonders gut als Playback geeignet, da die Aufnahme nicht mit Gitarren überfrachtet ist und es noch Platz im Mix gibt.
Confessin´ The Blues – Chuck Berry „Blues"	Bb	1. Bund	Nur die letzte Strophe nach dem Solo verwendet das *Quick Change-Schema*, das wir in Kürze kennenlernen werden.
Matchbox – The Beatles „Past Masters"	A	kein	Nach vier Takten Intro auf A beginnt das Standard Blues-Schema. Das Tempo ist ziemlich schnell (→ *Software Transcribe!*).

Quick Change-Schema, vgl. S. 30

Software Transcribe!, vgl. S. 15

Blues-Schema 2: Das Standard Blues-Schema

Die gelernten Riffs mit dem Standard Blues-Schema spielen

Mittlerweile kennst du einige Begleit-Riffs und wahrscheinlich fühlst du dich mit dem einfachen Blues-Schema schon recht sicher. Jetzt spielen wir die Riffs, die wir schon kennengelernt haben, mit dem Standard Blues-Schema. Die Takte 1 bis 8 werden wie bisher gespielt. In der letzten Zeile spielen wir jetzt nur einen Takt E und dann einen Takt D (anstelle des 2. E). Für die letzten beiden Takte gibt es – wie schon erwähnt – mehrere Möglichkeiten, die wir in dem Kapitel „Turnarounds" kennenlernen. Jetzt spielen wir einfach erst mal 2 Takte lang das A-Pattern.

Auf **CD Track 34** gehe ich mit dir zusammen **Riff 2** in diesem Schema durch. Wenn das klappt, kannst du gleich mal zu ein paar Klassikern mitspielen.

Das Salz in der Blues-Suppe 1: Turnarounds 1, vgl. S. 47ff

Diskographie	Tonart	Kapodaster	Anmerkungen
Shake, Rattle And Roll – Big Joe Turner „Corinne Corinna"	D	5. Bund	Auf manchen CDs von Big Joe Turner ist auch eine andere Version in der Tonart Eb (Kapo 6) zu hören.
That´s All Right – Lowell Fulson „1954 – 1963 The Complete Chess Masters"	Eb	6. Bund	Nach den vier Takten Intro beginnt das Standard Blues-Schema.
Empty Arms – Stevie Ray Vaughan „Soul To Soul"	C#	4. Bund	
Empty Arms – Stevie Ray Vaughan „The Sky Is Crying"	B	2. Bund	Dies ist eine andere Version als auf dem Album „Soul To Soul". Die ersten vier Takte (Intro) gehören schon zum Standard Blues-Schema.
Johnny B. Goode – Chuck Berry „The Best Of"	Bb	1. Bund	Die vier Takte Intro zählen schon zum Schema, die Band steigt in Takt 5 ein (auf der IV. Stufe). Chuck Berry spielt hier meist das einfache Blues-Schema. Hin und wieder ist aber ein Chorus im Standard-Schema (also mit dem IV-Akkord D im 10. Takt) dazwischen. Höre genau hin, wann welches Schema gespielt wird, schreibe dir die Reihenfolge auf und spiele dann Riff 2, Riff 3 oder Riff 4 mit.

Bei manchen Riffs klingt es besser, wenn man beim D-Takt den 2. Takt des 2-taktigen D-Riffs spielt. Das gilt vor allem für rhythmisch gespielte Akkorde. Bei den tiefen Bassläufen, mit denen wir uns gerade beschäftigen, klingt beim D meistens die beschriebene Variante mit dem ersten Takt des 2-taktigen D-Riffs besser. Lass im Zweifelsfalle immer dein Ohr entscheiden!

So weit, so gut. Aber vielleicht hast du dich schon gefragt, was du in Takt 9 und 10 machst, wenn du einen 2-taktigen Riff spielst? Dort gibt es ja nur jeweils einen Takt E und einen Takt D ... kein Problem! Im E-Takt wird einfach der erste Takt des 2-taktigen E-Riffs gespielt und im D-Takt der erste Takt des 2-taktigen D-Riffs. Die restlichen Töne (also jeweils der zweite Takt des 2-taktigen Riffs) werden sozusagen abgeschnitten.

Auf **CD Track 35** spielen wir Riff 3 gemeinsam durch das eben besprochene Schema. Wenn das klappt, kannst du gleich noch einmal zu „Matchbox" mitspielen, aber dieses Mal natürlich mit dem 2-taktigen Riff 3! Auf **CD Track 36** findest du ein Playback für Riff 3.

Blues-Schema 2: Das Standard Blues-Schema

Aufgabe

- Spiele Riff 4 selbstständig zu dem Song „Matchbox".
- Nachdem wir in Takt 10 den D-Riff spielen können, spielen wir jetzt in Takt 12 anstelle des A-Riffs noch den E-Riff. Die Takte 1 bis 11 werden also wie im vorherigen Beispiel gespielt, nur in Takt 12 wird jetzt das E gespielt. Probiere das nacheinander wieder mit Riff 2, 3 und 4 aus. Denk daran, dass bei den zweitaktigen Riffs in der letzten Zeile jeweils nur ein Takt gespielt wird.
- Zum Mitspielen eignen sich die Songs, die ich zu Beginn des Kapitels „Blues-Schema 2: Das Standard Blues-Schema" aufgelistet habe, da bei ihnen im letzten Takt ein E gespielt wird.

Das Standard Blues-Schema, vgl. S. 26

CD-Track 37

Rhythmus 4: Gerade Achtelnoten
(auch „Rock-Achtel", „binäre Achtel", „straight")

Die Rede ist hier natürlich von einem 4/4-Takt, da dies die Taktart fast aller Blues-Songs ist. Man kann die Achtelnoten auch anders spielen, dazu mehr in den Kapiteln „Rhythmus 5: Shuffle-Achtelnoten" S. 31 und „Rhythmus 6: Triolen" S. 44. Seltener gibt es Blues-Songs, die im ¾-Takt stehen – eine echte Rarität (siehe Diskografie)! Bei Balladen kommt hin und wieder der 6/8-Takt vor.

Halbiert man Viertelnoten, erhält man Achtelnoten. Wenn man das Metronom auf die üblichen Viertelnoten einstellt, spielt man bei Achtelnoten zwei Noten pro Metronomklick. Wie der Name schon sagt, passen acht Achtelnoten in einen Takt. Üblicherweise zählt man in Viertelnoten, also **„eins – zwei – drei – vier"**. Man tappt die Viertel mit dem Fuß mit. Achtelnoten zählt man so: **„Eins – und – zwei – und – drei – und – vier – und"**. Der Fuß tappt trotzdem in Vierteln (also auf eins – zwei – drei – vier). Bei sehr schnellen Tempi kann man auch Halbe, also bei jeder zweiten Zahl, mit dem Fuß tappen (üblicherweise auf „zwei" und „vier", denn das swingt mehr, als wenn man bei „eins" und „drei" tappt).

Achtelnote

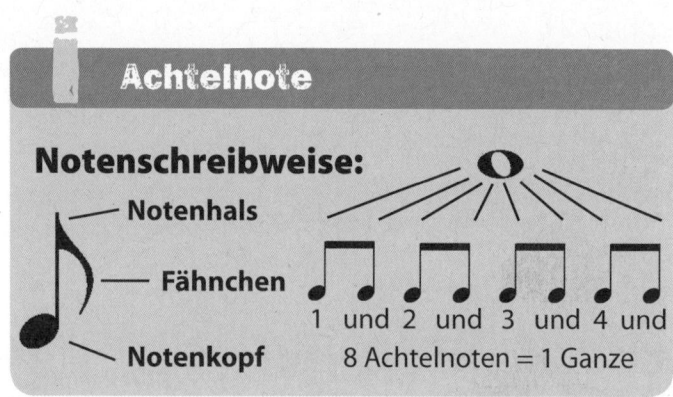

Gerade Achtel

Diskographie	Tonart	Kapodaster	Anmerkungen
Don´t Burn Down The Bridge – Otis Rush „Ain´t Enough Comin´ In"			Gerade Achtelnoten
Cold Day In Hell – Gary Moore „After Hours"			Gerade Achtelnoten
Me And My Guitar – Freddie King „King Of The Blues"			Gerade Achtelnoten
Early In The Morning – Buddy Guy „Damn Right, I've Got The Blues"			¾-Takt
World Of Confusion – Gary Moore „Scars"			¾-Takt
Manic Depression – Jimi Hendrix „Are You Experienced?"			¾-Takt

Blues-Schema 2: Das Standard Blues-Schema

Tipp!

■ Die Haupt-Zählzeiten (1, 2, 3, 4) nennt man dabei jeweils **Beat**, die „und"-Zählzeiten nennt man jeweils **Offbeat**. Wenn man ein „und" betont und die folgende Zählzeit nicht spielt (also keinen neuen Ton anschlägt), nennt man das einen „**Vorzieher**" (weil die Zählzeit vorgezogen wird) oder auch eine „**Synkope**". In dem Kapitel „Vorzieher / Synkope" gehe ich näher darauf ein und stelle etliche bekannte Songs und Riffs vor, die Vorzieher enthalten.

Beat / Offbeat, vgl. S. 198/199
Vorzieher / Synkope, vgl. S. 107

Aus Viertel mach Achtel 1

Alle Riffs, die wir bisher kennengelernt haben, kann man auch in Achtelnoten spielen: Einfach jede Note zweimal spielen! Da Achtelnoten halb so lang sind wie Viertelnoten, spielen wir – gleiches Tempo vorausgesetzt – jetzt also doppelt so schnell (oder genauer gesagt: Doppelt so viele Noten in derselben Zeit). Es macht daher Sinn, zum Üben das Tempo erst mal deutlich zu verlangsamen!

Blues Riff 5 (Achtelnoten – Blues Riff 2 Muster 1 – 3 – 5 – 6)

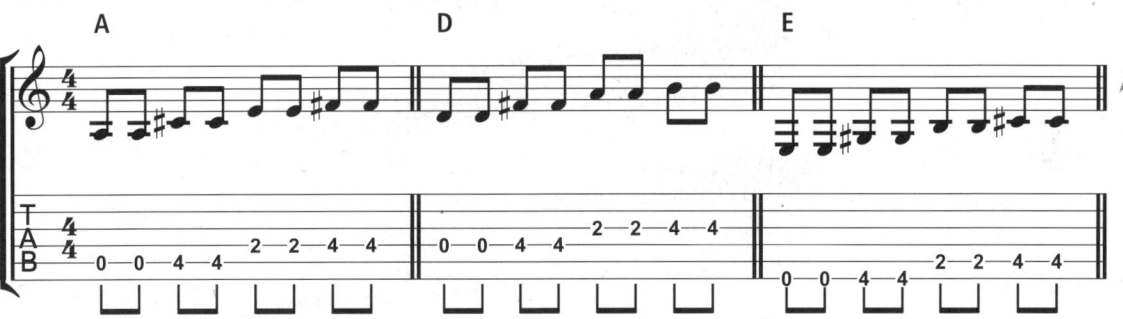

38 Play-along

Blues Riff 2, vgl. S. 21

Tipp!

■ Wenn bei einem Song das Tempo zu hoch ist, um Achtelnoten sauber zu spielen: Einfach Viertelnoten spielen! (Alte Musikerweisheit: Lieber etwas Einfaches richtig gut spielen als etwas Schwierigeres nicht so toll spielen ...). Wenn das Achtelnoten-Pattern nur aus doppelten Tönen besteht, ist das kein Problem. Wenn auch einzelne Töne vorkommen, muss man probieren, welche Achtelnoten man weglassen kann.

Blues Riff 6 (Achtelnoten – Muster 1 – 3 – 5 – 6 – 7)

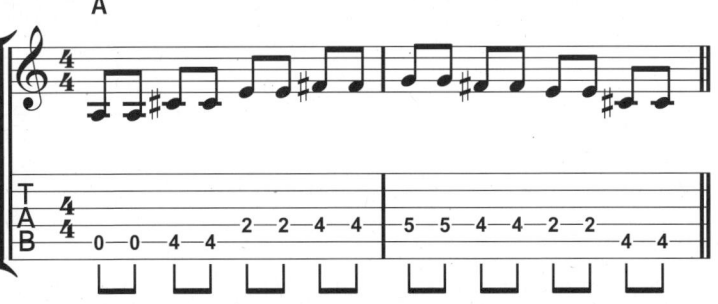
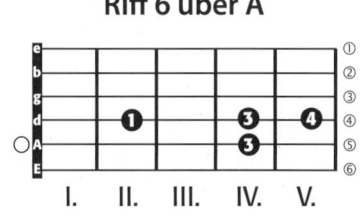

39 Play-along

Blues Riff 3, vgl. S. 22

Aufgabe

■ Spiele auch den anderen 2-taktigen Riff (**Blues Riff 4**) in Achteln.

Blues Riff 4, vgl. S. 24

Blues-Schema 3: Quick Change Blues-Schema

CD-Track 40

Das Quick Change Blues-Schema

Das **Quick Change-Schema** wird eher bei langsameren Songs verwendet. Da sich bei einem sehr langsamen Tempo die ersten 4 Takte auf einem Akkord doch arg in die Länge ziehen können, ist der **kurze Wechsel zur IV. Stufe in Takt 2** eine willkommene Abwechslung.

Das Blues-Schema in Stufen, vgl. S. 47

Quick Change Blues-Schema (in der Tonart A)

A	D	A	A
D	D	A	A
E	D	A	E

Diskographie	Tonart	Kapodaster	Anmerkungen
City Of Gold – BBM „Around The Next Dream"	A	kein	Nach 8 Takten Intro beginnt das Quick Change-Schema. Es werden gerade Achtelnoten gespielt.
Sweet Home Chicago – The Blues Brothers „Original Soundtrack Recording"	E	7. Bund	Nach 4 Takten Intro beginnt das Quick Change-Schema. Es werden _Shuffle-Achtelnoten_ gespielt, die wir im nächsten Kapitel näher besprechen.
Before You Accuse Me – Eric Clapton „Unplugged"	E	7. Bund	Nach 4 Takten Intro beginnt das Quick Change-Schema. Auch hier werden Shuffle-Achtelnoten gespielt.
Third Degree – Eric Clapton „From The Cradle"	D	5. Bund	Nach 4 Takten Intro beginnt das Quick Change-Schema. Extrem langsames Tempo.
Going Down – Freddie King „Getting Ready ..." / „King Of The Blues"	D	5. Bund	Nach 8 Takten Intro beginnt das Quick Change-Schema. Es werden Sechzehntelnoten gespielt, die wir im Kapitel „_Rhythmus 9: Sechzehntelnoten_" kennenlernen werden.

Shuffle-Achtelnoten, vgl. S. 31

Sechzehntelnoten, vgl. S. 122ff

Im nächsten Kapitel werden wir das Quick Change-Schema mit verschiedenen Patterns spielen.

Rhythmus 5: Shuffle

Rhythmus 5: Shuffle-Achtelnoten
(auch „Ternäre Achtel", „Swing")

Jetzt lernen wir eines der wichtigsten Merkmale des Blues kennen: Den sogenannten „**Shuffle**", manchmal auch als „**Swing-Feeling**" bezeichnet (obwohl das streng genommen nicht ganz dasselbe meint). Oder – etwas weniger elegant – auf deutsch: „ternäre Achtel".

Das, was wir zuletzt gespielt haben, nennt man „gerade Achtel", „binäres Feeling" oder auf Englisch „straight". Dieselben Noten kann man auch ganz anders spielen, nämlich als **Shuffle**. Die Notation in Büchern ist meistens dieselbe wie bei geraden Achtelnoten, eventuell steht am Anfang des Stückes ein Hinweis wie „Swing", „Shuffle" oder ♫ = ♪♪).

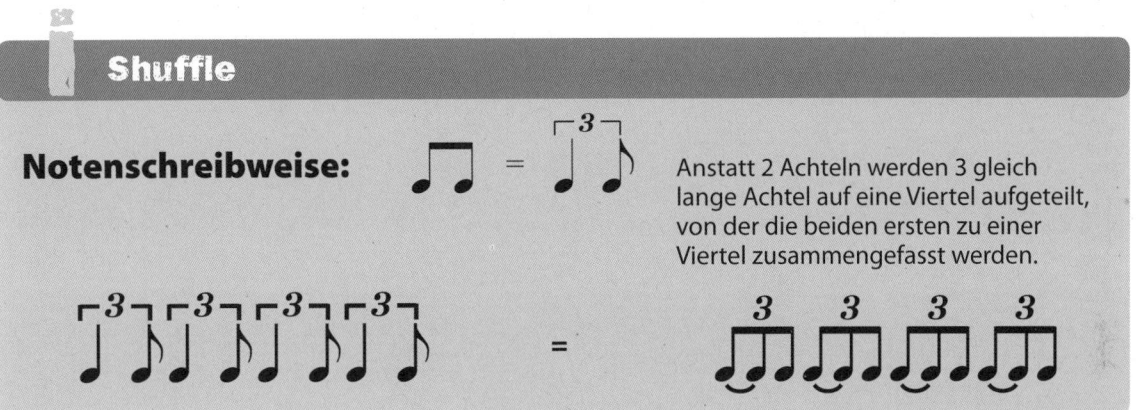

Dann spielt man die jeweils erste Achtelnote von jedem Achtelnotenpaar doppelt so lang wie die zweite. Man kann sich das so vorstellen, dass man die Viertelnoten statt in zwei gleiche Teile in drei gleiche Teile zerteilt und die ersten beiden Teile zusammenklebt.

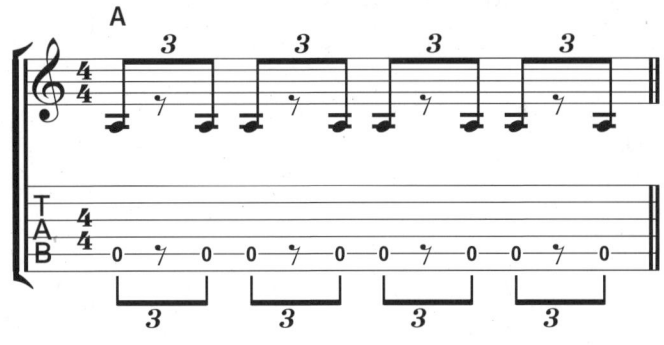

Noch grooviger klingt es, wenn man die jeweils längere der beiden Achtelnoten kurz spielt bzw. abstoppt und den restlichen Notenwert als Pause klingen lässt (s. o. Ternäre Achtel). Das liest sich komplizierter, als es ist. Es ist aber ganz einfach, wenn man es hört. Und dafür ist ja die CD da ... Wiederholen wir also noch mal die Beispiele „Rhythmus 4: Gerade Achtelnoten" auf S. 28 und spielen sie aber dieses Mal als **Shuffle**.

Rhythmus 5: Shuffle

Diskographie	Tonart	Kapodaster	Anmerkungen
Reconsider Baby – Lowell Fulson „The Complete Chess Masters" „Chess Pieces – Very Best Of Chess" (Sampler diverser Künstler)	G	10. Bund	
Hookin´ – Earl Hooker „Simply The Best"	F	8. Bund	Bei dieser Aufnahme gibt es unzählige tolle Variationen und Fills herauszuhören!

Blues Riff 6 als Shuffle (vgl. Blues Riff 3, S. 22)

Blues Riff 7 (Variation Blues Riff 3 als Shuffle, S. 22)

Blues Riff 5, vgl. S. 31

Beim nebenstehenden Beispiel wird der letzte Ton von *Blues Riff 5* variiert. So klingt es noch etwas abwechslungsreicher.

Riff 7 über A

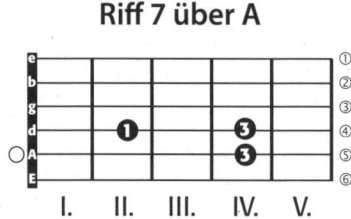

Swing-Achtel / Gerade Achtel

Gerade Achtel sind nicht besser oder schlechter als Swing-Achtel, nur anders! Gerade Achtel klingen eher rockiger, Swing-Achtel vielleicht etwas lässiger oder cooler.

Diskographie	Tonart	Kapodaster	Anmerkungen
Laundromat Blues – Albert King „King Of The Blues Guitar" (Enthält das komplette Album „Born Under A Bad Sign" und weitere Songs)	Bb	1. Bund	Es wird das Quick Change-Schema verwendet.
But On The Other Hand – Koko Taylor „Royal Blue"	G	10. Bund	Nach vier Takten Intro beginnt das Quick Change-Schema.

Rhythmus 5: Shuffle

Die gelernten Riffs mit dem Quick Change Blues-Schema spielen

Zur Erinnerung: Im Vergleich zum Standard Blues-Schema ändert sich nur ein Takt: Im 2. Takt wird ein D-Riff gespielt anstelle des A-Riffs. Die erste Zeile des Quick Change-Schema lautet also:

Quick Change Blues-Schema (Takt 1 – 4)

| A | D | A | A |

Die restlichen acht Takte entsprechen exakt dem Standard Blues-Schema.

Aufgabe

- Spiele den eintaktigen **Riff 2 mit Viertelnoten** zu den folgenden Songs, die alle das Quick Change-Schema verwenden.

Diskographie	Tonart	Kapodaster	Anmerkungen
Five Long Years – Eric Clapton „From The Cradle"	A	kein	Der Song startet sofort mit dem Quick Change-Schema, es gibt kein Intro. Beim _Turnaround_ werden die Patterns eigentlich halbtaktig gewechselt. Unsere Version passt aber trotzdem.
Sweet Home Chicago – The Blues Brothers „Original Soundtrack Recording"	E	7. Bund	Vier Takte Intro, dann beginnt das Quick Change-Schema.
Before You Accuse Me – Eric Clapton „Unplugged"	E	7. Bund	Vier Takte Intro, dann beginnt das Quick Change-Schema.
Third Degree – Eric Clapton „From The Cradle"	D	5. Bund	Vier Takte Intro (D G D A), danach Quick Change-Schema. Extrem langsames Tempo.

Turnaround, vgl. S. 47ff

Aufgabe

- Spiele den eintaktigen **Riff 2 mit Achtelnoten** zu denselben Songs. Achte darauf, ob der Song gerade Achtel oder den Shuffle-Rhythmus verwendet!

Riffs mit einzelnen Achtelnoten

Riffs mit einzelnen Achtelnoten

Jetzt schauen wir uns ein paar Riffs mit Achtelnoten an, die auch einzelne Noten enthalten. Diese Riffs sind also nicht einfach nur Viertelnoten-Riffs, bei denen jeder Ton zwei mal gespielt wird.

45 CD-Track
46 Play-along

Blues Riff 8

Groove, vgl. S. 199

Dieser *Groove* klingt sowohl mit geraden Achteln als auch geshuffelt richtig gut.

47 Play-along

Blues Riff 9

Diskographie	Tonart	Kapodaster	Anmerkungen
Lucille – The Beatles „Live at the BBC"	C	3. Bund	Auf dieser Aufnahme werden gerade Achtelnoten gespielt.

„Slides", vgl. S. 39 und *„Rhythmus 6: Triolen (Achteltriolen)",* vgl. S. 44

In den Kapiteln *„Spieltechnik 1: Slides"* und *„Rhythmus 6: Triolen (Achteltriolen)"* gibt es etliche weitere Riffs, die auch in dieses Kapitel passen würden, die aber wegen der jetzt noch unbekannten Elemente erst in den entsprechenden Kapiteln vorgestellt werden ...

48 CD-Track

Wie man von CD heraushört

Versuch doch einmal, den nächsten Riff herauszuhören, bevor du in die Noten schaust. Ich erkläre auf der CD Schritt für Schritt, wie man dabei vorgeht.

Riffs mit einzelnen Achtelnoten

Zweitaktige Riffs mit einzelnen Achtelnoten

Natürlich kann man auch 2-taktige Riffs mit einzelnen Achtelnoten spielen.

Blues Riff 10

49-50
CD-Track
51
Play-along

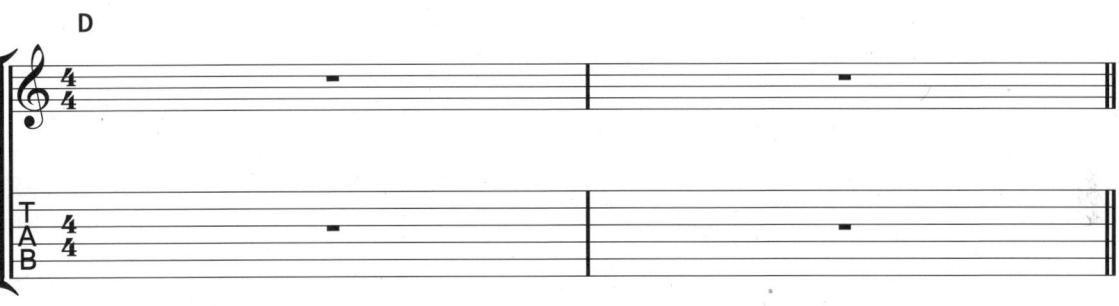

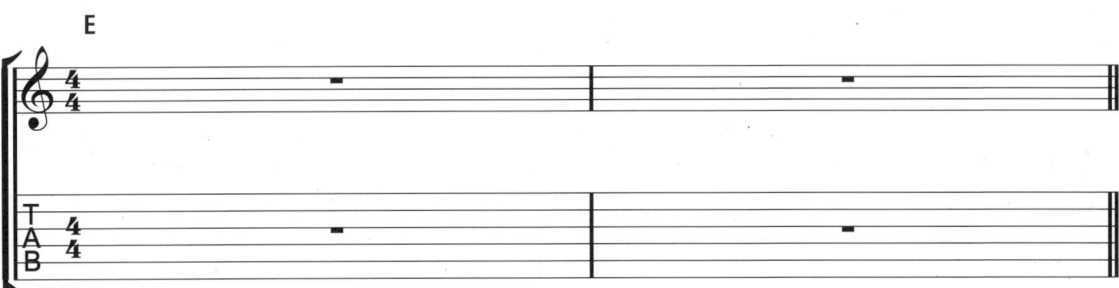

Übertrage den A-Riff auch auf D und E und trage sie in die leeren Notensysteme ein! Die Lösungen findest du auf www.garantiert-bluesgitarre.de!

Diskographie	Tonart	Kapodaster	Anmerkungen
Just A Feeling – Little Walter „The Chess Years 1952 – 1963"	A	kein	Das Riff wird dreimal als Intro gespielt (beim ersten Mal fehlt der erste Ton), dann Standard Blues-Schema (im letzten Takt auf A bleiben).

Aufgabe

- Finde zum letzten Riff eigene Variationen, indem du ein paar Töne veränderst. So könnte man zum Beispiel die letzten fünf Töne jeweils eine Saite höher spielen.

Im Kapitel „*Rhythmus 6: Triolen (Achteltriolen)*" führen wir dieses Konzept noch weiter, indem wir einzelne Töne rhythmisch vorziehen. Dadurch können selbst simple Riffs unheimlich abgehen.

Rhythmus 6: Triolen (Achteltriolen), vgl. S. 44

Die Moll-Terz

Die Moll-Terz (kleine Terz)

Ein Ton, der einen Riff sehr bluesig klingen lässt, ist die **Moll-Terz**. Diese finden wir vom Grundton aus drei Bünde höher. Wir greifen diesen Ton mit dem Mittelfinger (❷). Es gibt viele Riffs, die nur die Moll-Terz verwenden und nicht die Dur-Terz. Diese Songs sind Moll-Songs, das heißt, ihnen liegt eine Moll-Tonleiter zugrunde. Wir beschäftigen uns aber vorerst weiter mit der Tonart A-Dur und verwenden die Moll-Terz nur als _Verzierung_. Die – etwas schräge – Moll-Terz löst sich jeweils in die Dur-Terz auf. Das klingt so:

Mit echten Moll-Patterns beschäftigen wir uns im Kapitel „Tonmaterial 7 – Riffs in Moll", vgl. S. 112ff

Blues Riff 11

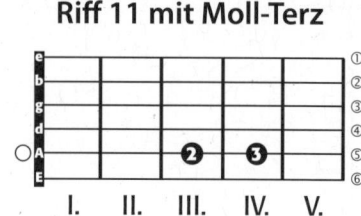

Riff 11 mit Moll-Terz

Das Ganze in (geraden) Achteln gespielt klingt dann so:

Blues Riff 12

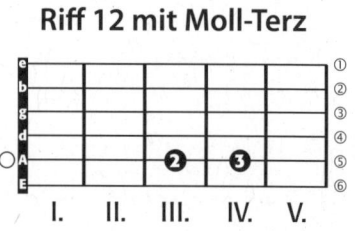

Riff 12 mit Moll-Terz

Diskographie	Tonart	Kapodaster	Anmerkungen
Wickie – (Titellied der Fernsehserie)	E	7. Bund	Unglaublich, wo der Blues überall auftaucht, oder? Der Song wird mit geraden Achteln gespielt.
Wir wollen Sonne – Rolf Zuckowski „Rolfs Top 100" ab 0:30, 1:10	C	3. Bund	Die Tonart bezieht sich auf den Riff, der Song selbst steht in der Tonart F. Bei den Zählzeiten „3" und „3und" wird bei diesem Song die Quinte (D-Saite 2. Bund vom Kapo aus) gespielt.

So, nach diesen beiden originellen Songbeispielen kehren wir zu den Blues-Klassikern zurück ☺. Nebenbei bemerkt: Wenn man diesen neuen Riff in Achtelnoten spielt, ist er nur einen halben Takt lang. Für einen ganzen Takt muss man ihn wie oben gezeigt zweimal spielen. Die erste Zeile des Blues-Schemas enthält die neu gelernte Tonfolge achtmal, dann erst kommt der Wechsel zum D-Riff (4x), bevor es wieder zurück zum A geht.

Die Moll-Terz

Die Moll-Terz in die schon bekannten Patterns einbauen

Das nächste Beispiel zeigt, wie man die Moll-Terz in *Blues Riff 3* (in der Achtelversion) einbaut: Statt zweimal den Ton am 4. Bund zu spielen, kann man auch einmal den 3. und einmal den 4. Bund spielen. Das funktioniert natürlich sowohl mit geraden als auch mit ternären Achteln.

Blues Riff 3, vgl. S. 22

gerade Achtel, vgl. S. 28

ternäre Achtel, vgl. S. 31

Blues Riff 13 (Riff 5 mit Moll-Terz, vgl. S. 29)

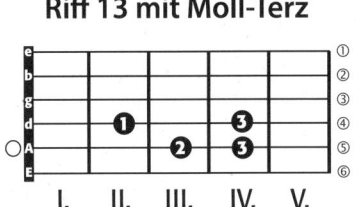

54 CD-Track

Klanglich reizvoller finde ich persönlich die nächste Variation: Der letzte Ton ist nicht die Wiederholung des 4. Bundes der D-Saite (Sexte), sondern es geht zurück zum 2. Bund (Quinte). Diese Verzierung hatten wir schon einmal im Kapitel „*Rhythmus 5: Shuffle-Achtelnoten*".

Blues Riff 7, vgl. S. 32

Blues Riff 14 (Riff 7 mit Moll-Terz, vgl. S. 32)

55 CD-Track

56 Play-along

Diskographie	Tonart	Kapodaster	Anmerkungen
Big Hunk O´ Love – Elvis Presley „30 #1 Hits" / „The Complete 50´s Masters"	C	3. Bund	Der Riff wird in geraden Achteln gespielt.
Thunderbird – Little Walter „The Chess Years 1952 – 1963"	D	5. Bund	
I´m So Excited – John Lee Hooker „Classic Years"	F	8. Bund	Aufnahme ist etwas höher gestimmt, zwischen F und F#.
Road Runner – Aerosmith „Honkin´ On Hobo"	E	7. Bund	Aerosmith spielen diesen Riff in geraden Achteln.

Die Moll-Terz

Blues Riff 6, vgl. S. 32

Natürlich können wir auch bei den zweitaktigen Riffs die Moll-Terz einbauen. Ich habe exemplarisch <u>Blues Riff 6</u> genommen und sowohl im ersten als auch im zweiten Takt die Moll-Terz am 3. Bund eingebaut. Man könnte ihn natürlich auch nur in einem von beiden Takten einbauen.

Blues Riff 15 (Riff 6 mit Moll-Terz, vgl. S. 32)

 Aufgabe

Blues Riff 4, vgl. S. 24

- Spiele den zweitaktigen <u>Blues Riff 4</u> mit Achtelnoten und Moll-Terz.

Eigene Variationen erfinden!

Wenn dir eigene Variationen zu den Riffs einfallen, um so besser! Genau das möchte ich ja erreichen: Dass du nicht einfach nur stupide nachspielst, sondern Prinzipien verstehst und selbstständig anwenden lernst! Alle Viertelriffs, die dir in Zukunft über den Weg laufen, kannst du natürlich auch durch einfache Verdopplung jedes Tons zu einem Achtelriff machen. Bei einem Riff, der die Oktave verwendet, kannst du auch mal die Septime probieren und so weiter und so fort. Trau dich! Es gibt in der Musik kein objektives „richtig" oder „falsch"; DEINE Ohren entscheiden! Wenn es dir gefällt, merk es dir und spiele es auf der nächsten Session (oder schreibe einen neuen Song damit oder...), wenn es dir nicht gefällt, dann war es den Versuch wert, denn es hätte ja etwas Tolles dabei herauskommen können ...

Ein Satz zum Merken (er stammt angeblich aus der Nashville-Recording-Szene):

„If it sounds good, no explanation is needed. If it sounds bad, no explanation will help."
(Wenn es gut klingt, brauchst du keine Erklärung. Wenn es schlecht klingt, hilft dir keine Erklärung.)

Zusammenfassung einiger Variationsmöglichkeiten

Gerade Achtelnoten, vgl. S. 28

1. **Viertelriffs** kann man in Achtelnoten spielen (das macht vor allem bei langsameren Songs Sinn), **Achtelriffs** kann man in Viertelnoten spielen (das macht vor allem bei sehr schnellen Songs Sinn), siehe Beispiele im Kapitel „<u>Rhythmus 4: Gerade Achtelnoten</u>".

2. Bei den **Achtelriffs mit der Dur-Terz** (4. Bund auf der Grundton-Saite) kann man die Moll-Terz (3. Bund) vor der Dur-Terz einbauen.

Shuffle, vgl. S. 31

3. **Achtelnoten** kann man entweder als <u>Shuffle</u> oder als <u>gerade Achtelnoten</u> spielen.

Spieltechnik 1: Slides

Slides

Eine sehr beliebte *Verzierungstechnik* ist das Hereinrutschen in Töne (**Slide**). Der jeweils zweite Ton wird nicht noch einmal mit der Anschlagshand angeschlagen, man erzeugt also zwei (unterschiedliche) Töne mit einem Anschlag.

> ### Slide
> Als Slide bezeichnet man das Hineinrutschen in einen Ton bzw. das Herausrutschen aus einem Ton. Dabei darf man nicht den Druck des greifenden Fingers auf das Griffbrett verringern, sonst klingt der zweite Ton nicht mehr.
> Notiert wird ein Slide als auf- bzw. abwärts gerichteter Schrägstrich.

Für Verzierungstechniken gilt grundsätzlich dasselbe wie für das Sprechen:

Wenn ich ganz monoton spreche, ohne Lautstärkeschwankungen, Betonungen, Pausen usw., dann wird das für den Zuhörer ziemlich schnell langweilig. Wenn ich andersherum aber jedes Wort betone, dann ist das genau so eintönig. Die Kunst liegt also darin, an den „richtigen" Stellen Verzierungstechniken zu verwenden und an den „falschen" Stellen wegzulassen.

Verzierungstechniken werden nur bei einzelnen Tönen angewendet (um eben diese ausgesuchten Töne zu umspielen).

Welche die „richtigen" Stellen sind, ist natürlich Geschmackssache. Manche Gitarristen haben ihre Verzierungstechniken dermaßen perfektioniert, dass man sie an einem langen Ton erkennt! Wenn **BB King** seine „*Vibrato*"-Technik bei einem langen Ton anwendet, klingt das völlig anders, als wenn **Gary Moore** oder **Carlos Santana** auf exakt derselben Gitarre über exakt denselben Verstärker exakt denselben Ton spielen würden! Gerade im Blues ist das „wie spielen" wichtiger als das „was spielen"! Zurück zu den Slides:

Es gibt unterschiedliche Möglichkeiten, Slides zu spielen:

1. Man kann in einen Ton **hineinrutschen** (also den Slide am Anfang des Tones spielen) oder aus einem Ton **herausrutschen** (also den Slide am Ende des Tones spielen).

2. Der Slide kann **von unten** *oder* **von oben** erfolgen (am Tonanfang) beziehungsweise **nach unten** *oder* **nach oben** (am Tonende).

3. Die erste Note kann ihren **eigenen Notenwert** haben, so dass man zwei verschiedene Noten hört, die in der Mitte mit einem Slide verbunden sind oder die erste Note kann eine *Vorschlagnote* (englisch „Grace Note") sein, so dass man nur den zweiten Ton bewusst wahrnimmt und der erste Ton so kurz ist, dass er nur eine Verzierung des zweiten Tones darstellt.

Vibrato:
Diese nicht ganz einfache Spieltechnik wird in einem Folgeband behandelt werden, da sie hauptsächlich beim Solieren eingesetzt wird.

Vorschlagnote:
Eine Vorschlagnote ist so kurz, dass sie nicht als erkennbare Note wahrnehmbar ist, sondern eher als Geräusch.
Die eigentliche Note, die der Vorschlagnote folgt, wird mit diesem Geräusch verziert.

Slides

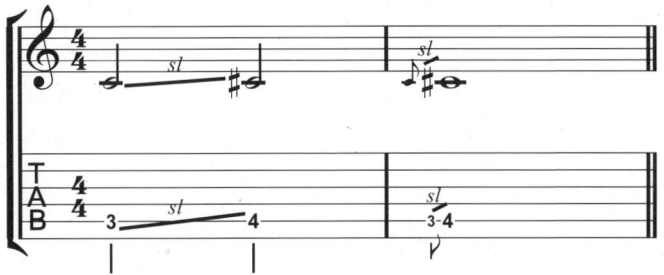

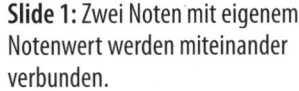 **Slide 1:** Zwei Noten mit eigenem Notenwert werden miteinander verbunden.

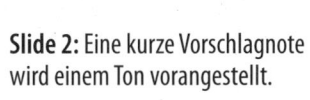 **Slide 2:** Eine kurze Vorschlagnote wird einem Ton vorangestellt.

Spieltechnik 1: Slides

Auf **CD Track 59 – 63** machen wir gemeinsam ein paar Übungen mit Slides. Wir konzentrieren uns dabei auf die wichtigsten Slides: **Am Anfang eines Tons von unten** in den Ton reinrutschen. Die Vorgehensweise ist folgende: Wir greifen mit dem Ringfinger (❸) am 3. Bund der A-Saite und schlagen diesen Ton an. Dann rutschen wir mit dem Ringfinger zum 4. Bund, ohne den Druck der Greifhand zu verringern.

Der zweite Ton wird dabei *nicht* noch einmal angeschlagen. Das üben wir erst langsam, dann steigern wir das Tempo:

• Zuerst spielen wir eine halbe Note im 3. Bund, dann rutschen wir in den zweiten Ton (4. Bund), der auch als halbe Note erklingt. Also bei Zählzeit „1" anschlagen und bei Zählzeit „3" schnell in den neuen Ton rutschen.

• Dieselbe Übung in Viertelnoten: Bei „1" anschlagen und bei „2" rutschen.

• Und noch schneller in Achtelnoten: Bei „1" anschlagen und bei „1und" rutschen.

• Zuletzt führen wir den Slide als Vorschlagnote aus: Wir schlagen den ersten Ton an und rutschen sofort in den 2. Ton, so dass man den 1. Ton gar nicht als eigenständigen Ton wahrnimmt, sondern eher als Geräusch. Dabei beginnen wir nicht auf der Zählzeit „1" mit dem Slide, sondern der zweite Ton wird auf die „1" gespielt und der Slide kurz davor. Das ist zwar nur ein winziger Unterschied, aber sonst klingt es eventuell so, als würde man nicht richtig „in time" spielen.

Blues Riff 2, vgl. S. 21

Und so sieht es aus, wenn man *Blues Riff 2* mit dem eben gelernten Slide spielt:

Blues Riff 2 mit Slide als Vorschlagnote (vgl. S. 21)

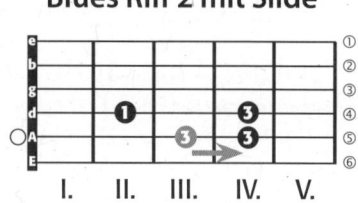

Blues Riff 2 mit Slide

Aufgabe

■ *Versuche die Spieltechnik Slide auch bei anderen Tönen: Rutsche zum Beispiel in den 4. Ton von* Blues Riff 2 *(s.o.). Dazu nehmen wir wieder den Ringfinger* ❸*, den wir auf den 3. Bund aufsetzen. Dafür muss man die Greifhand etwas zusammenstauchen, da direkt vorher der 2. Finger am 2. Bund greift. Wenn man beim 3. Ton des Pattern mit dem Zeigefinger vom 1. in den 2. Bund rutschten will, muss man vorher erst mal schnell zum 1. Bund springen, damit zwischen den Tönen keine hörbare Pause entsteht.*

Blues Riff 3, vgl. S. 22

■ *Baue auch bei den anderen Patterns Slides ein. Wenn du* Blues Riff 3 *(mit der Septime) nimmst, gibt es eine Besonderheit: Wenn du mit dem kleinen Finger in den 5. Bund rutschen willst, ist das sehr unbequem, weil der Ringfinger* ❸ *am 4. Bund greift. Von diesem Bund aus müsste man mit dem kleinen Finger* ❹ *starten. Hier hilft folgender Trick: Nachdem der 4. Ton angeschlagen wurde (Ringfinger 4. Bund D-Saite), schlägt man ihn noch einmal an und rutscht sofort mit dem Ringfinger* ❸ *in den 5. Bund. Danach springt man mit dem Ringfinger für den 6. Ton wieder zurück zum 4. Bund. Man benutzt also gar nicht den kleinen Finger* ❹*, sondern dreimal den Ringfinger* ❸*. Beim mittleren dieser drei Töne rutscht man zum 5. Bund hoch.*

Improvisation 2: Slides nach Lust und Laune

Aufgabe

- Versuche auch einmal Slides **von oben** und Slides **am Ende eines Tons**.
- Spiele die schon bekannten Riffs jetzt noch einmal zu den entsprechenden Playbacks und baue Slides ein.

Slides nach Lust und Laune

Wenn du dich mit den Slides einigermaßen sicher fühlst, solltest du anfangen, nicht in jedem Takt denselben Slide zu machen, sondern nach Lust und Laune mal in den einen, mal in den anderen und mal in gar keinen Ton zu rutschen. Diese kleinen Variationen und Freiheiten – eben Improvisationen – sind letztlich das, was Blues (und auch Jazz) ausmacht! Deshalb solltest du möglichst früh anfangen, diese Details in dein Spiel einzubauen. Im Folgenden zeige ich noch einige beliebte Riffs, die gerade durch die Verwendung von Slides gut klingen. Verschiebe diese Riffs wieder selbst nach D und E und spiele sie dann wieder als 12-taktiges Blues-Schema.

Riffs, die Slides verwenden

Blues Riff 16

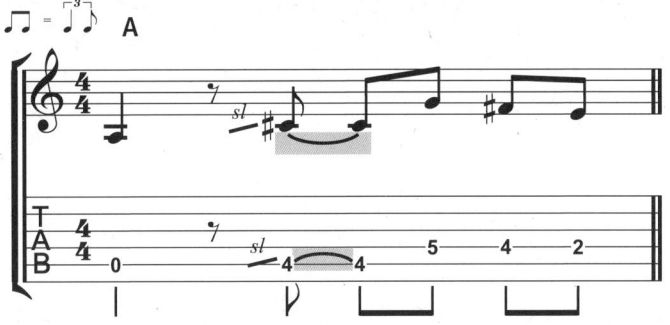
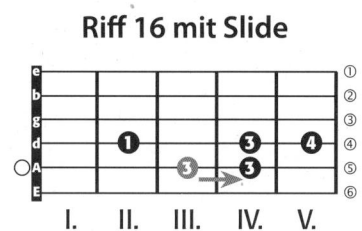

Diskographie	Tonart	Kapodaster	Anmerkungen
Last Night – Little Walter „His Best – The Chess 50th Anniversary Collection"	D	5. Bund	Um original zu spielen, muss die tiefe E-Saite auf D runtergestimmt werden. Auf der CD-Box „The Chess Years 1952 – 1963" ist eine andere Version zu hören.
Last Night – Paul Butterfield Blues Band „The Paul Butterfield Blues Band"	G	10. Bund	

Blues Riff 17

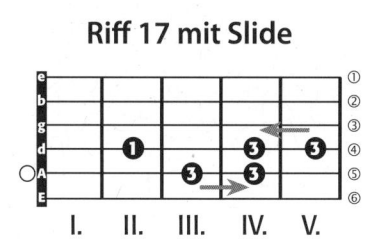

Haltebogen: Ein Haltebogen verbindet zwei Noten gleicher Tonhöhe miteinander, so dass sie wie ein einziger Ton klingen. Nur die erste der beiden Noten wird angeschlagen.

Riffs, die Slides verwenden

Diskographie	Tonart	Kapodaster	Anmerkungen
Quarter To Twelve – Little Walter „The Chess Years 1952 – 1963"	F	8. Bund	Der Song verwendet das 24-taktige Blues-Schema (s. Anhang „*Weitere Blues-Schemata*"). Die Aufnahme ist ungefähr einen Viertelton zu tief gestimmt.
Baby Lee – John Lee Hooker „Classic Years" / „The Very Best"	F	8. Bund	

„*Weitere Blues-Schemata*", vgl. S. 184ff

Blues Riff 18

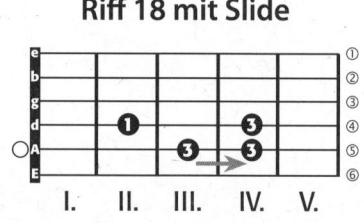

Riff 18 mit Slide

Diskographie	Tonart	Kapodaster	Anmerkungen
Mambo Chillun – John Lee Hooker „Classic Years"	F	8. Bund	Die Aufnahme ist etwas zu hoch gestimmt.

Blues Riff 19

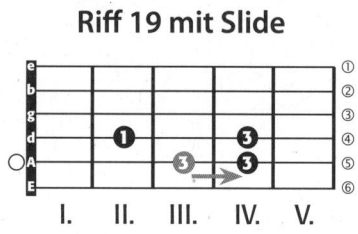

Riff 19 mit Slide

Diskographie	Tonart	Kapodaster	Anmerkungen
How Many More Years – Howlin´ Wolf „Howlin´ Wolf / Moanin´ In The Moonlight" „Chess Pieces – The Very Best Of Chess" (Sampler, diverse Künstler) ab 0:26 Auf „The Sun Years" ist eine völlig andere Version des Songs zu hören.	F#	9. Bund	Etwas zu hoch gestimmt, zwischen F# und G. Der Riff wechselt mit anderen Riffs (siehe Kapitel „*Mehrstimmige Riffs – Der Standard Blues-Riff in Achtelnoten*"). Standard Blues-Schema.

„*Mehrstimmige Riffs – Der Standard Blues-Riff in Achtelnoten*", vgl. S. 77

Improvisation 3: Aus Viertel mach Achtel 2

Blues Riff 20

Diskographie	Tonart	Kapodaster	Anmerkungen
Driftin´ Blues – Chuck Berry	G	10. Bund	Der zweite und der letzte Ton werden kurz gespielt.

Aus Viertel mach Achtel 2

Im Abschnitt „Mischen der Blues Riffs" haben wir geübt, wie man Patterns mit unterschiedlichen Tönen mischt. Jetzt variieren wir den Rhythmus. Wir spielen Blues Riff 1, also vier Viertelnoten pro Takt, und streuen dabei hin und wieder Achtelnoten ein, indem wir einzelne Viertelnoten doppeln. Wir spielen also manchmal zwei Achtelnoten anstatt einer Viertelnote. Zuerst üben wir natürlich wieder nach einem festgesetzten Muster, danach versuchen wir spontan zu wechseln.

Mischen der Blues Riffs, vgl. S. 25

Blues Riff 1, vgl. S. 19

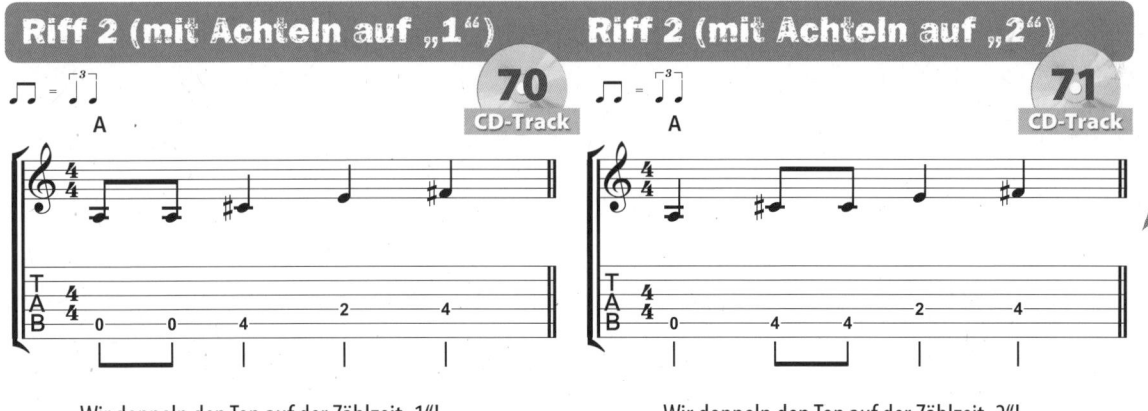

Wir doppeln den Ton auf der Zählzeit „1"!

Wir doppeln den Ton auf der Zählzeit „2"!

Blues Riff 2, vgl. S. 21

Aufgabe

- Spiele diese Übung jeweils mit dem dritten und dem vierten Ton von Blues Riff 2.
- Wenn du die vier Vorübungen sicher beherrschst, dann kannst du versuchen, spontan einzelne Töne zu doppeln. Deine Begleitungen werden plötzlich viel spannender und lebendiger klingen. Achte aber wieder darauf, dass du im Rhythmus bleibst und keine „Denkpausen" machst. Es ist besser mal eine Verzierung auszulassen als aus dem Takt zu kommen.

Blues Riff 2, vgl. S. 21

Rhythmus 6: Triolen (Achteltriolen)

Triolen (Achteltriolen)

„Rhythmus 5: Shuffle", vgl. S. 31

Im Kapitel „*Rhythmus 5: Shuffle-Achtelnoten*" wurden die Triolen schon erwähnt, um die Herkunft des Shuffle-Feelings zu erläutern. Jetzt spielen wir einige richtige Triolen.

Achteltriolen

*Bei „geraden" („binären") Achtelnoten teilt man Viertelnoten in zwei gleich lange Achtelnoten. Bei Achteltriolen teilt man die Viertelnoten in **drei gleich lange Achtelnoten**. Eigentlich müssten sie also „Zwölftelnoten" heißen, weil ja zwölf von diesen Noten in einen Takt passen, nicht acht ...*

Achteltriolen

„Triolen", vgl. S. 179 und S. 201

Triolen werden sehr gerne bei langsamen Blues-Songs verwendet. Achte bei folgenden Songs zum Beispiel auf die HiHat und das Ride-Becken des Schlagzeugers, auf den Bass (vor allem die Fills) und die Soli.

Diskographie	Tonart	Kapodaster	Anmerkungen
The Sky Is Crying – **Stevie Ray Vaughan** „The Sky Is Crying"	B	2. Bund	
End Of The Blues – Earl Hooker „Smooth Slidin" / „Do You Remember The Great Earl Hooker" / „There´s A Fungus Among Us"	D	5. Bund	
The Things That I Used To Do – Guitar Slim „Best Of" **Stevie Ray Vaughan** „Couldn´t Stand The Weather" **Buddy Guy** „This Is Buddy Guy" **Freddie King** „My Feeling For The Blues" & "Texas Cannonball"			Verschiedene Versionen
Red House – Jimi Hendrix „Experience Hendrix: The Best Of Jimi Hendrix"	Bb	1. Bund	

Blues Riff 21

Riff 21

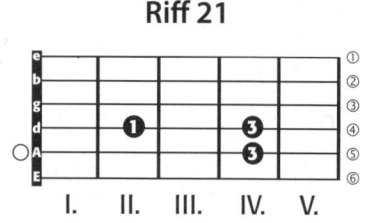

Spieltechnik 2: Hammer On (Aufschlagsbindung)

Diskographie	Tonart	Kapodaster	Anmerkungen
Cotton Picking Blues – Son Seals „The Son Seals Blues Band" „Crucial Chicago Blues" (Sampler von Alligator Records)	C	3. Bund	

Aufgabe

- Erfinde weitere Variationen der schon bekannten Patterns mit Triolen und höre dir die Variation auf **CD-Track 73** heraus..

Die Auflösung der Variation zum selber raushören findest du auf www.garantiert-bluesgitarre.de!

Im nächsten Kapitel lernen wir weitere Patterns mit Triolen kennen.

Hammer On

Auch beim **Hammer On** handelt es sich um eine Spieltechnik, bei der zwei Töne mit einem Anschlag erzeugt werden. Spieltechnisch wird der zweite Ton durch Aufhämmern eines Fingers der Greifhand auf einen anderen Bund auf derselben Saite erzeugt. Der erste Ton kann sowohl eine ungegriffene Saite als auch ein gegriffener Ton sein. Der zweite Ton liegt auf derselben Saite einen oder mehrere Bünde höher als der erste Ton.

Hammer On

Beim Hammer On werden zwei Töne unterschiedlicher Tonhöhe mit nur einem Anschlag erzeugt.

In den Noten wird das mit einem „H" über oder unter einem Bindebogen (Legatobogen) gekennzeichnet:

CD-Track 74

Auf **CD Track 75** übe ich diese neue Spieltechnik genau mit dir.

Sehr beliebt ist die Kombination von Achteltriolen und Hammer Ons, zum Beispiel so ...

Blues Riff 22 mit Hammer On & Achteltriole

CD-Track 75

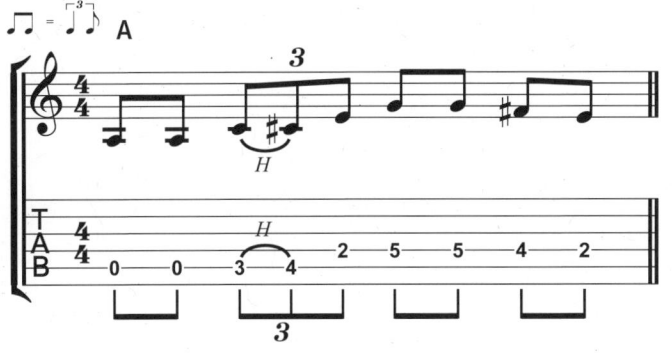

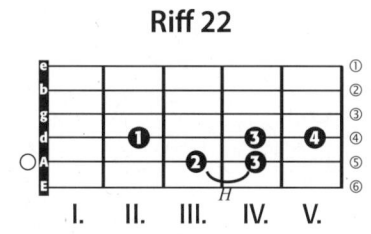

Riff 22

Spieltechnik 2: Hammer On (Aufschlagsbindung)

... oder so:

Blues Riff 23 mit Hammer On & Achteltriole

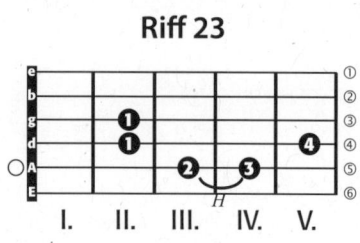

Riff 23

Diese Variation gehe ich auf der CD nicht Note für Note durch, weil du jetzt schon in der Lage bist, sie dir problemlos selbst zu erarbeiten. Du hast wahrscheinlich bemerkt, dass die beiden Hammer On-Riffs Variationen der *Blues Riffs 8 und 9* aus dem Kapitel „*Riffs mit einzelnen Achtelnoten*" waren, nur eben mit Triole und Hammer On gespielt.

Blues Riff 8 / 9, vgl. S. 34

Aufgabe

- Finde weitere Blues Riffs, die mit Hammer On und Triole verziert werden können.

Jetzt kommt einer meiner Lieblingsriffs. Den Hammer On kann man auch mit der Oktave anstelle der Quinte spielen, also auf der übernächsten Saite vom Grundton aus (in diesem Fall auf der G-Saite).

Blues Riff 24 mit Hammer On

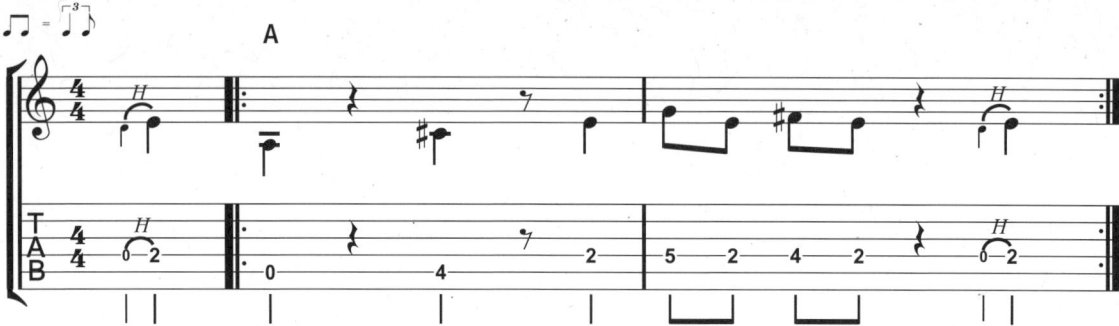

Diskographie	Tonart	Kapodaster	Anmerkungen
Hide Away – Freddie King „Just Pickin" ab 0:44	E	7. Bund	
The Walk – Jimmy McCracklin „CHESS PIECES – The Very Best Of Chess"	F	8. Bund	

Das Salz in der Blues-Suppe 1: Turnarounds 1

Das Blues-Schema in Stufen

Das Blues-Schema – wie du es bislang kennengelernt hast – setzt sich immer aus drei Akkorden zusammen, die in einem bestimmten Verhältnis zueinander stehen.

Wenn wir – ausgehend von der Tonart A – eine Tonleiter in alphabetischer Reihenfolge bilden, ergeben sich folgende sieben Stammtöne:

I.	II.	III.	IV.	V.	VI.	VII.
A	**B**	**C**	**D**	**E**	**F**	**G**

Die römischen Ziffern bezeichnen die jeweilige Stufe (Position) in dieser Tonleiter. Unsere drei „Bluesakkorde" **A**, **D** und **E** sind demnach auf der **I.**, **IV.** und **V. Stufe** dieser Tonleiter zu finden. Das heißt, das Blues-Schema besteht aus Akkorden der **I.**, **IV.** und **V. Stufe**, unabhängig davon, in welcher Tonart es gespielt wird.

Beachte, dass die Stammtöne auf der III., VI. und VII. Stufe in der A-Dur-Tonleiter um einen Halbton (einen Bund) erhöht werden. Das geschieht mit Hilfe des Kreuz-Vorzeichens (#). Sie heißen dann C# (gesprochen „Cis"), F# (gesprochen „Fis") und G# (gesprochen „Gis").

I.	II.	III.	IV.	V.	VI.	VII.
A	**B**	**C#**	**D**	**E**	**F#**	**G#**

Näheres dazu im Kapitel „*Musiktheorie und Notenschrift*".

> *Musiktheorie & Notenschrift, vgl. S. 180ff*

Turnarounds 1

Innerhalb des 12-taktigen Schemas gibt es ein paar Stellen, an denen man eine Verzierung spielen kann. Die mit Abstand wichtigste ist der „**Turnaround**". So nennt man eine musikalische Phrase, die in den letzten zwei Takten des Blues-Schemas auftreten kann. Ein Turnaround endet auf der V. Stufe (in unserer Tonart A also auf dem E), und dieser V-Akkord (gesprochen „**Fünf-Akkord**") weckt in uns den Wunsch, wieder den I-Akkord (gesprochen „**Eins-Akkord**") zu hören. Es ist eines der **Grundprinzipien der Musik**: Spannung und Entspannung, Dissonanz und ihre Auflösung. Der V-Akkord erzeugt eine Spannung, die nach Auflösung schreit, und diese Auflösung ist eben der konsonante („wohlklingende") Akkord auf der I. Stufe (Grundakkord).

Turnaround

Ein Turnaround ist die Nahtstelle am Ende eines Chorus. Der Turnaround bereitet die Rückkehr zum Anfang der Akkordfolge so vor, dass keine harmonische Stagnation, sondern musikalische Spannung entsteht.

Ein Turnaround kann auch als *Intro* für einen Song benutzt werden und – mit einer leichten Modifikation – auch als *Ending*. Wenn ein Song in den letzten beiden Takten auf dem I-Akkord bleibt, dann nennt man das auch „**ohne Turnaround**". Dies ist zum Beispiel oft bei Songs mit einem markanten Riff der Fall, bei denen gern dieser Riff in den letzten zwei Takten auf dem I-Akkord weitergespielt wird.

Wie bei der Vorstellung der meistgebrauchten Blues-Schemata bereits gesagt: Es gibt etliche Turnaround-Variationen. Ich stelle hier die am häufigsten vorkommenden Varianten vor.

> *Komplexere Turnarounds werden im Kapitel „Akkorde" behandelt, vgl. S. 133*
>
> *In „Das Salz in der Blues-Suppe 4: Übergänge zwischen den Akkorden" schauen wir uns weitere Stellen innerhalb des Blues-Schemas an, an denen man Verzierungen spielen kann, vgl. S. 71.*
>
> *Intros, vgl. S. 55ff*
> *Endings, vgl. S. 59ff*

Das Salz in der Blues-Suppe 1: Turnarounds 1

Typische Turnaround-Akkordfolgen

„Akkorde", vgl. S. 133

Die zugrunde liegenden *Akkorde* beim Turnaround (also in den letzten zwei Takten eines Chorus) kann man in die folgenden vier Möglichkeiten einordnen. Man kann hier entweder Akkorde spielen oder das dem Song zugrundeliegende Pattern.

Turnaround A (Tonart A)

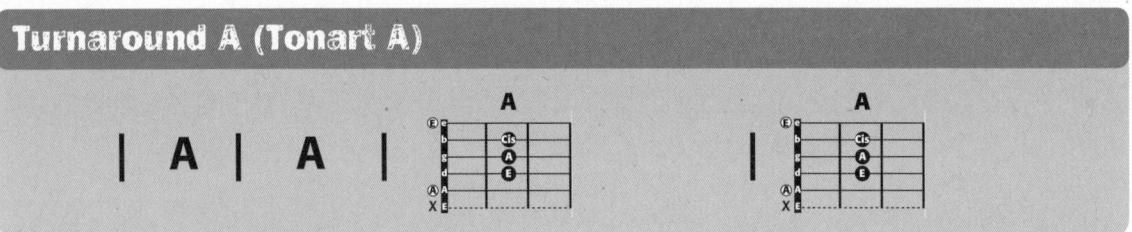

Diskographie	Tonart	Kapodaster	Anmerkungen
I´m Tore Down – Eric Clapton „From The Cradle" ab 0:04, 0:26	C	3. Bund	Turnaround A
Somebody Have Mercy – Otis Rush „Ain´t Enough Comin´ In" ab 0:23, 0:49	C#	4. Bund	Turnaround A Es wird das Standard Blues-Schema verwendet.

Turnaround B (Tonart A)

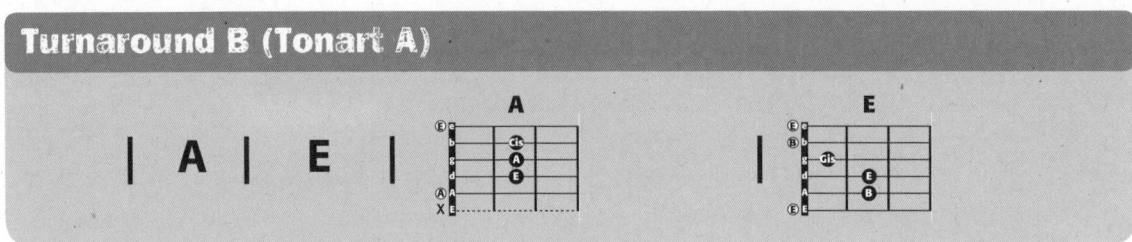

Diskographie	Tonart	Kapodaster	Anmerkungen
Don´t You Lie To Me – Gary Moore „After Hours" (0:17, 0:37, 0:54)	B	2. Bund	Turnaround B Es wird das Standard Blues-Schema verwendet.
Confessin´ The Blues – Chuck Berry „Blues" ab 0:24, 0:49	Bb	1. Bund	Turnaround B Es wird das Quick Change-Schema verwendet.

Turnaround C (Tonart A)

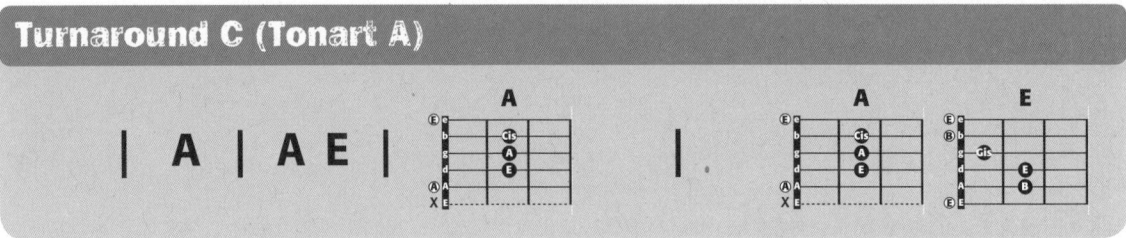

Diskographie	Tonart	Kapodaster	Anmerkungen
Baby What´s Wrong – The Animals „The Complete Animals" ab 0:23, 0:51	C	3. Bund	Turnaround C Der Song verwendet das 24-taktige Blues-Schema (siehe Anhang „*Weitere Blues-Schemata*").
You Ain´t Worth A Good Woman – Koko Taylor „Old School" ab 0:48, 1:42	G	10. Bund	Turnaround C Der Song verwendet das Standard Blues-Schema.

24-taktiges Blues-Schema, vgl. S. 185

Das Salz in der Blues-Suppe 1: Turnarounds 1

Turnaround D (Tonart A)

| A D | A E |

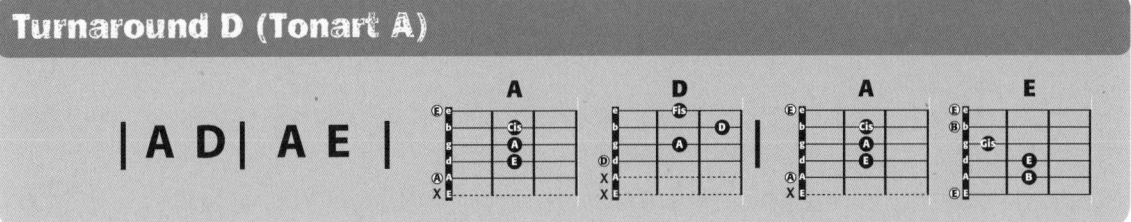

Diskographie	Tonart	Kapodaster	Anmerkungen
Five Long Years – Eric Clapton „From The Cradle" ab 0:39, 1:25	A	kein	Turnaround D Quick Change-Schema, kein Intro.
The Sky Is Crying – Stevie Ray Vaughan „The Sky Is Crying" ab 1:37	B	2. Bund	Turnaround D Quick Change-Schema, kein Intro.
Have You Ever Loved A Woman – Eric Clapton „Blues" ab 0:43	C	3. Bund	Turnaround D Es wird das Quick Change-Schema gespielt.
Wee Wee Hours – Chuck Berry „Blues" ab 0:43	G	10. Bund	Turnaround D Die Aufnahme ist etwas höher gestimmt. Es wird ein Quick Change Blues-Schema gespielt. Interessanterweise bleibt Chuck Berry in den Strophen in der letzten Zeile zwei Takte lang auf der V. Stufe, und wechselt dann im Turnaround halbtaktig (Turnaround-Akkordfolge 4). Das Intro ist zwei Takte lang, beginnt aber auf Zählzeit 2. Es ist also 7 Viertelnoten lang.

Spezielle Turnaround-Patterns

Anstelle von Akkorden oder dem dem Song zugrundeliegenden Pattern kann man auch spezielle Turnaround-Patterns spielen, die diese Akkorde widerspiegeln.

Diskographie	Tonart	Kapodaster	Anmerkungen
Blues Before Sunrise – Eric Clapton „From The Cradle" ab 0:25, 0:52	C#	4. Bund	Standard Blues-Schema
Walking By Myself – Gary Moore „Still Got The Blues" ab 0:35, 1:18	E	7. Bund	Kein Standard Blues-Schema
Dust My Broom – ZZ Top „Degüello" ab 0:25, 0:55	D	5. Bund	Wechselt zwischen dem Standard Blues- (Intro, Solo) und dem Quick Change-Schema (Chorus m. Gesang).
Ernestine – Koko Taylor „Royal Blues" / „Crucial Chicago Blues" ab 0:50	A	kein	Nach vier Takten Intro beginnt das Quick Change-Schema.
Don´t Start Me Talkin´ – Gary Moore „After Hours (Digitally Remastered Edition)" ab 0:04	G	10. Bund	

Das Salz in der Blues-Suppe 1: Turnarounds 1

Fast alle dieser speziellen **Turnaround-Patterns** können auf einige wenige Grundmuster zurückgeführt werden:

Turnaround-Patterns bestehen in der Regel aus **zwei Teilen**:

1. dem ersten Takt auf dem Akkord der **I. Stufe** (in unserem Fall A) und

2. dem zweiten Takt auf dem Akkord der **V. Stufe** (in unserem Fall E).

Im ersten Teil wird eine Melodie von A nach E gespielt, und zwar entweder **aufwärts oder abwärts**. Im zweiten Teil wird der Grundton des V-Akkordes umspielt, und zwar entweder von oben (meist mit einem Halbtonschritt) oder von unten (meist mit zwei Halbtonschritten). Am besten schauen und hören wir uns das gleich wieder in der Praxis an, dann ist es viel einfacher zu verstehen!

Turnaround Pattern Teil 1 aufwärts

- Wir beginnen mit dem **Grundton**, in unserem Fall mit dem **Ton A** (ungegriffene A-Saite).
- Wir spielen den nächsten Akkord-Ton, also die **große Terz** (**Ton C#**, 4. Bund A-Saite).

chromatisch, vgl. S. 117ff

- Wir gehen *chromatisch* aufwärts:
- 5. Bund (Ton D) ...
- 6. Bund (Ton Es) ...
- **7. Bund:** Auf der ersten Viertel des 12. Taktes landen wir genau auf dem **Ton E**, also dem **Grundton der V. Stufe**!

Wir spielen jetzt dieselben Töne nicht auf einer Saite, sondern verteilen sie auf zwei Saiten:

Turnaround Pattern Teil 1 aufwärts

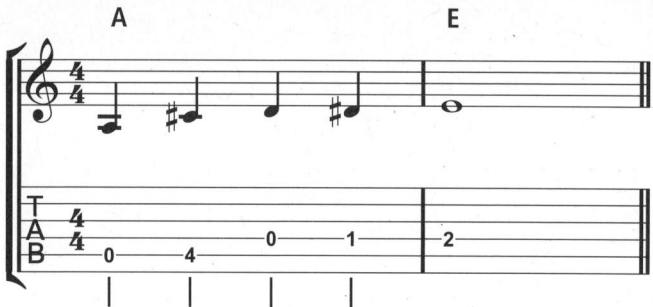
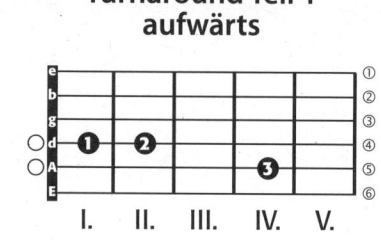

Lage, vgl. S. 20

Wir bleiben also innerhalb der ersten vier Bünde. Während die ungegriffene D-Saite klingt, wechseln wir in die *erste Lage*.

Diskographie	Tonart	Kapodaster	Anmerkungen
All Your Love – Koko Taylor „Old School" ab 0:09, 3:29	Gm	10. Bund	Es wird das Quick Change-Schema verwendet.
Blues Hotel – Koko Taylor (mit BB King) „Royal Blue" ab 0:08, 0:40	Ab	11. Bund	

Das Salz in der Blues-Suppe 1: Turnarounds 1

Turnaround Pattern Teil 1 abwärts

- Wir beginnen mit dem Grundton, in unserem Falle mit dem **Ton A** (da wir ja abwärts gehen wollen, beginnen wir diesmal eine Oktave höher, also mit dem **2. Bund auf der G-Saite**).
- Wir spielen den nächsttieferen Akkordton von A7, also den ungegriffenen **Ton G**.
- Wir gehen *chromatisch* abwärts: **4. Bund (Ton Fis)** ...
- **3. Bund (Ton F)** ...
- **2. Bund:** Auf der ersten Viertel des 12. Taktes landen wir genau auf dem **Ton E**, also dem **Grundton der V. Stufe**!

chromatisch, vgl. S. 117ff

Turnaround Pattern Teil 1 abwärts

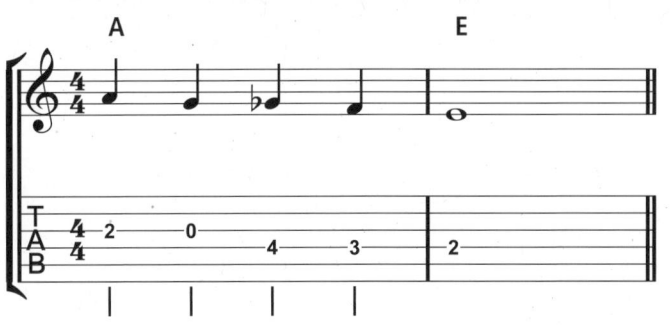
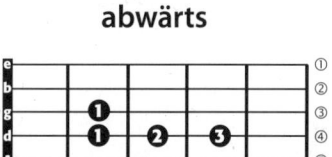

CD-Track 80

Diskographie	Tonart	Kapodaster	Anmerkungen
Dust My Broom – ZZ Top „Degüello" ab 0:25, 0:55	D	5. Bund	
Blues Before Sunrise – Eric Clapton „From The Cradle" ab 0:25, 0:52	C#	4. Bund	
Key To The Highway – Freddie King „Getting Ready..." / „King Of The Blues" ab 0:21	C#	4. Bund	

Das Salz in der Blues-Suppe 1: Turnarounds 1

Beim zweiten Takt des Turnarounds gibt es auch wieder zwei Standard-Möglichkeiten:

Turnaround Pattern Teil 2 – Umspielung von unten

Nach dem Grundton des V-Akkordes (in unserem Fall E) auf der Zählzeit „1" von Takt 12 springen wir zwei Halbtöne tiefer und kehren dann wieder zum Grundton E zurück. Normalerweise spielen wir alle 4 Töne als Achtelnoten (der letzte Ton kann für den Rest von Takt 12 ausklingen).

Turnaround Pattern Teil 2 – Umspielung von unten

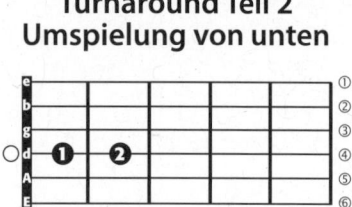

Turnaround Teil 2 Umspielung von unten

Diskographie	Tonart	Kapodaster	Anmerkungen
Key To The Highway – Freddie King „Getting Ready…" / „King Of The Blues" ab 0:24	C#	4. Bund	Erster Takt abwärts, zweiter Takt von unten.
But On The Other Hand – Koko Taylor „Royal Blue" ab 0:09	G	10. Bund	

Turnaround Pattern Teil 2 – Umspielung von oben

Nach dem Grundton des V-Akkordes (in unserem Fall E) auf der Zählzeit „1" von Takt 12 spielen wir den Halbton darüber und kehren dann wieder zum Grundton E zurück. Meist ist der erste Ton eine (abgestoppte) Viertelnote gefolgt von 2 Achtelnoten (der dritte Ton kann für den Rest von Takt 12 ausklingen).

Turnaround Pattern Teil 2 – Umspielung von oben

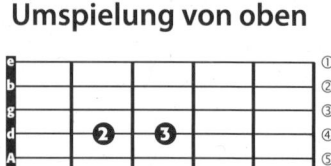

Turnaround Teil 2 Umspielung von oben

Diskographie	Tonart	Kapodaster	Anmerkungen
Dust My Broom – ZZ Top „Degüello" ab 0:25, 0:55	D	5. Bund	
Blues Hotel – Koko Taylor (mit BB King) „Royal Blue" ab 0:08	Ab	11. Bund	Schöne Variation: Umspielung von oben nicht 1 Bund höher, sondern 3 (also 2. Bd., 5. Bd., 2. Bd.).

Das Salz in der Blues-Suppe 1: Turnarounds 1

Kombinationen der beiden Teile des Turnarounds

Man kann beide Variationen von Teil 1 und Teil 2 der Turnarounds beliebig miteinander kombinieren. Zum Beispiel:

„Takt 11 aufwärts" (Viertelnoten) und „Takt 12 von unten" (Achtelnoten):

Turnaround 1 (Teil 1 aufwärts/Teil 2 von unten/Viertelnoten)

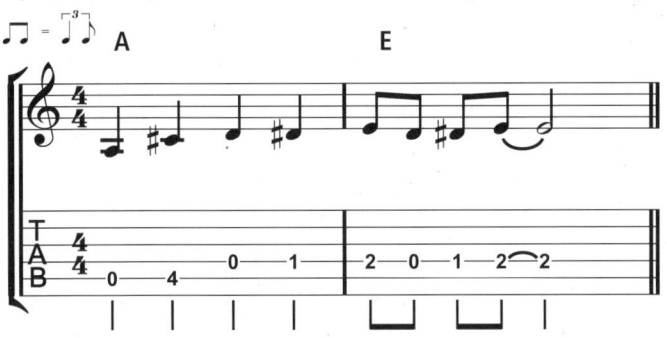
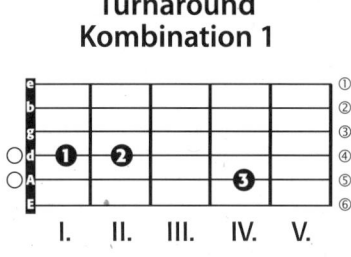

CD-Track 83

Diskographie	Tonart	Kapodaster	Anmerkungen
Don´t Start Me Talkin´ – Gary Moore „After Hours (Digitally Remastered Edition)" ab 0:29	G	10. Bund	

Wird ein langsamerer Song gespielt und man hat sich in den ersten zehn Takten für einen Achtelriff entschieden, dann kann man den eben gezeigten Turnaround natürlich auch in Achtelnoten spielen. Wie wir im Kapitel „*Rhythmus 4: Gerade Achtelnoten*" gesehen haben, kann man jedes Viertelnoten-Pattern auch mit Achtelnoten spielen.

Gerade Achtelnoten, vgl. S. 28

Turnaround 1 (Teil 1 aufwärts/Teil 2 von unten/Achtelnoten)

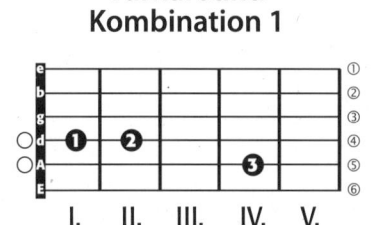

CD-Track 83

Diskographie	Tonart	Kapodaster	Anmerkungen
But On The Other Hand – Koko Taylor „Royal Blue" ab 0:09	G	10. Bund	

Das Salz in der Blues-Suppe 1: Turnarounds 1

Und hier die Kombination 2 mit „Takt 11 abwärts" und „Takt 12 – Umspielung von oben":

Turnaround 2 (Teil 1 abwärts/Teil 2 von oben)

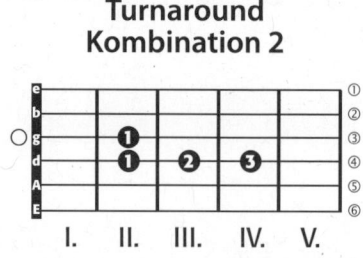

Turnaround Kombination 2

Diskographie	Tonart	Kapodaster	Anmerkungen
Dust My Broom – ZZ Top „Degüello" ab 0:25, 0:55	D	5. Bund	

Noch eine letzte Idee:

Anstatt die Viertelnoten einfach zu verdoppeln, spielen wir in Takt 11 als jeweils zweite Achtelnote nochmal den Grundton:

Turnaround 3 (Achtelnoten mit eingeschobenen Grundtönen)

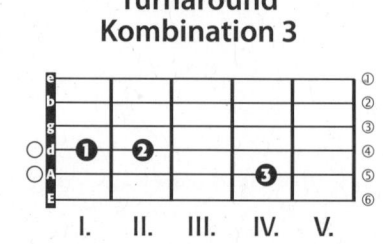

Turnaround Kombination 3

Diskographie	Tonart	Kapodaster	Anmerkungen
Walking By Myself – Gary Moore „Still Got The Blues" ab 0:35, 1:18	E	7. Bund	

Es gibt tausende von Turnaround-Variationen, und fast alle basieren auf den eben gezeigten Pattern.

Aufgabe

- Wenn du einen ähnlichen Turnaround hörst, ordne ihn in eine der oben vorgestellten Kategorien ein. Kannst du den Turnaround heraushören und spielen? (Bei den fortgeschritteneren Variationen bewegen sich zum Beispiel zwei Melodien gleichzeitig abwärts oder aufwärts. Oder eine Melodie bewegt sich abwärts oder aufwärts und die zweite bewegt sich entgegengesetzt oder bleibt auf einem Ton stehen. Einige Turnaround in dieser Art lernen wir im Kapitel „_Turnarounds mit Akkorden_" kennen.

- Übe das Kombinieren von verschiedenen Begleit-Patterns und Turnarounds. Spiele dabei mal das einfache Blues-Schema, mal das Standard Blues-Schema und mal das Quick Change-Schema. Wenn das klappt, spiele zu einigen der genannten Beispiel-Songs mit.

Komplexere Turnarounds werden im Kapitel „Akkorde" behandelt, vgl. S. 133

Das Salz in der Blues-Suppe 2: Intros

Intros

Nachdem wir im letzten Kapitel gelernt haben, wie man innerhalb des 12-taktigen Blues-Schemas einen Turnaround spielt, schauen wir uns jetzt an, wie man einen Blues auf amtliche Art und Weise beginnt. Es gibt **sieben** Standard-Möglichkeiten, einen Blues zu beginnen:

Endings:
Wie man einen Blues aufhört, schauen wir uns im nächsten Kapitel an..., vgl. S.59ff

1. „From the turnaround" (Mit einem Turnaround beginnen)

Turnarounds eignen sich ganz hervorragend als Intros! Wir können also einfach mit einem Turnaround anfangen, und nach den zwei Takten Turnaround geht es dann mit einem der bekannten Blues-Schemata weiter. Bei einer Session nennt man diesen Einstieg „from the Turnaround" oder „ab dem Turnaround".

Diskographie	Tonart	Kapodaster	Anmerkungen
Key To Love – Gary Moore „After Hours"	E	7. Bund	Dieser Song verwendet kein Standard-Schema.
Dust My Broom – Earl Hooker „There´s A Fungus Amung Us"	E	7. Bund	Der Song verwendet das Standard Blues-Schema.

Play-along:
Obwohl es in diesem Kapitel um die Intros geht, gebe ich bei den Hörtipps trotzdem Hinweise zum Mitspielen, damit nicht nur das Intro wieder fleißig zur CD mitgespielt werden kann.

2. „From the top" (Einfach mit dem 1. Takt des Blues-Schemas beginnen)

Diesen Einstieg nennt man „from the top". Er eignet sich vor allem dann, wenn man mit einem Instrumental-Solo anfängt. Würde der Sänger direkt anfangen zu singen, wäre das ein ziemlich plötzlicher Einstieg in den Song. Zum Beispiel bei „I Can´t Quit You Baby" wählt **Otis Rush** ganz bewusst diesen plötzlichen Einstieg, weil es super zum Song passt.

Diskographie	Tonart	Kapodaster	Anmerkungen
Dust My Broom – Elmore James „King Of The Slide Guitar"	D	5. Bund	Der Song verwendet das Standard Blues-Schema beim Gitarrensolo und bei den Strophen mit Gesang das Quick Change-Schema.
Five Long Years – Eric Clapton „From The Cradle"	A	kein	Dieser langsame Song verwendet das Quick Change-Schema.
If You Be My Baby – Gary Moore „Blues For Greeny"	D	5. Bund	Auf dieser Aufnahme wird das Standard Blues-Schema gespielt.
Long Grey Mare – Gary Moore „Blues For Greeny"	A	kein	Auf dieser Aufnahme wird das Standard Blues-Schema gespielt.
I Can´t Quit You Baby – Otis Rush „The Essential Otis Rush – The Classic Cobra Recodings 1956 – 1958"	E	7. Bund	Die Aufnahme ist etwas tiefer als E gestimmt. Es wird das Quick Change-Schema gespielt.
All Your Love – Otis Rush „The Essential Otis Rush – The Classic Cobra Recodings 1956 – 1958"	F#m	9. Bund	Die Aufnahme ist etwas tiefer als F# gestimmt.

Das Salz in der Blues-Suppe 2: Intros

3. „From the four" (Mit der 2. Zeile beginnen)

In diesem Fall spielt zum Beispiel der Bandleader die ersten vier Takte alleine und die Band steigt beim D ein. Meist gibt es eine gemeinsame Steigerung im 4. Takt (Schlagzeugwirbel, Basslauf von A nach D …). Dieser Einstieg eignet sich gut bei spontanen Sessions, wenn die Musiker diesen Song noch nie zusammen gespielt haben. So haben sie knapp vier Takte Zeit, sich ohne vorherige Absprache an Tempo und Feeling zu gewöhnen.

Diesen Einstieg nennt man *„from the four"* beziehungsweise *„ab der vier"* (die 2. Zeile beginnt ja immer mit dem IV-Akkord unserer jeweiligen Tonart, z. B. mit D in der Tonart A.)

Diskographie	Tonart	Kapodaster	Anmerkungen
Blues Before Sunrise – Eric Clapton „From The Cradle" ab 0:25, 0:52	C#	4. Bund	Es wird das Standard Blues-Schema verwendet.
Empty Arms – Stevie Ray Vaughan „The Sky Is Crying"	B	2. Bund	Auch hier wird das Standard Schema verwendet.
Down The Road Apiece – Chuck Berry „Blues"	Eb	6. Bund	Hier wird das Standard Blues-Schema bei den Soli und das einfache Blues-Schema bei den gesungenen Strophen gespielt.
The Blues Is Alright – Gary Moore „After Hours"	D	5. Bund	Der Song hat genaugenommen zwei Intros: Erst balladenmäßig, und dann geht es mit dem Shuffle los, auf den ich mich hier beziehe. Der Bass startet fast alleine, die Band steigt im 4. Takt mit einer Steigerung zur IV. Stufe hin ein. (Das 1. Intro ist vom Schwierigkeitsgrad her etwas für einen Aufbaukurs. Nur Geduld ☺).
Johnny B. Goode – Chuck Berry „The Best Of"	Bb	1. Bund	Hier wird das einfache Blues-Schema gespielt.

4. „From the five" (Mit der 3. Zeile beginnen)

Ein sehr beliebter Einstieg in einen Blues-Song! Diesen Einstieg nennt man *„from the five"* beziehungsweise *„ab der fünf"*. Bei diesem Intro beginnt man mit der 3. Zeile des Blues-Schemas, die ja immer mit dem V-Akkord der jeweiligen Tonart beginnt.

Diskographie	Tonart	Kapodaster	Anmerkungen
She's A Good 'Un – Otis Rush „Ain´t Enough Comin´ In"	D	5. Bund	Zwischen den Soli und Refrains mit Standard Schema gibt es zweimal eine 8-taktige Strophe mit *Stopps* (8 Takte auf der I).

Stopps, vgl. S. 124 / 130

Das Salz in der Blues-Suppe 2: Intros

Diskographie	Tonart	Kapodaster	Anmerkungen
Don´t Start Me Talkin´ – Sonny Boy Williamson II „His Best"	G	10. Bund	In den Strophen: Das 16-taktige Blues-Schema mit *Stopps*. Bei der 1. Strophe spielt die Band das Standard Blues-Schema *mit Stopps*, die 16-taktige Form wird erst ab dem 2. Chorus gespielt. Bei den Soli *ohne Stopps*.
Tell Me – Stevie Ray Vaughan „Texas Flood"	B	2. Bund	Der Song verwendet das Standard Blues-Schema.
I´m Tore Down – Eric Clapton „From The Cradle"	C	3. Bund	Der Song verwendet das Standard Blues-Schema.

Stopps, vgl. S. 124 / 130

5. Vier Takte lang mit dem I-Akkord beginnen

Dieser Einstieg eignet sich vor allem dann, wenn man schnell anfangen will zu singen (ohne langes Intro-Solo, *vgl. mit Variation 2*). Sofort anzufangen ist zu plötzlich, ein ganzer Chorus Solo wäre zu lang, also spielt man 4 Takte auf dem Grundakkord der Tonart und legt dann los. Man kann z.B. viermal den entsprechenden Riff des Songs spielen.

Diskographie	Tonart	Kapodaster	Anmerkungen
Pride & Joy – Stevie Ray Vaughan „Texas Flood"	Eb	6. Bund	Der Song verwendet das Standard Blues-Schema.
I´m Ready – Muddy Waters „I'm Ready"	D	5. Bund	In den Strophen wird das 16-taktige Blues-Schema mit *Stopps* gespielt. Bei den Soli wird das Standard Blues-Schema ohne Stopps gespielt.
Green Onions – Booker T & The MGs auf jeder „Best of"	F	8. Bund	Hier handelt es sich um einen *Moll-Blues*.
Don´t Burn Down The Bridge – Otis Rush „Ain´t Enough Comin´ In"	A	kein	Genau genommen ist das Intro 8 Takte lang: Das Riff wird zwar 4 Mal gespielt, ist aber 2-taktig. Im letzten Takt des Intros geht es kurz zur V.
Moving On – Gary Moore „Still Got The Blues"	A	kein	In den Strophen wird das *16-taktige Blues-Schema* gespielt . Bei den Soli wird das Standard Blues-Schema verwendet.
Nothin´ From Nothin´ Blues – Big Joe Turner „Corinne, Corinna"	C	3. Bund	Der Song verwendet das Standard Blues-Schema.
Shake, Rattle & Roll – Bill Haley auf jeder „Best Of" (z.B. „Rock Around The Clock [Original Studio Versions]")	F	8. Bund	Hier wird das *alternative Rock´n´Roll-Schema* verwendet.
City Of Gold – BBM „Around The Next Dream"	A	kein	8 Takte Intro: 4 Takte I-Riff ohne Drums, dann nochmal vier Takte I-Riff mit Drums.

Stopps, vgl. S. 124 / 130

Moll-Blues, vgl. S. 188

16-taktiges Blues-Schema, vgl. S. 184

Das alternative Rock´n´Roll-Schema, vgl. S. 188

Das Salz in der Blues-Suppe 2: Intros

6. Mischen der Variante 1 und 5

Eine weitere Möglichkeit ist das Mischen von Variante 1 und 5:

Man spielt zwei Takte die I. Stufe und hängt dann einen zweitaktigen Turnaround an, um die vier Takte zu füllen.

Diskographie	Tonart	Kapodaster	Anmerkungen
Before You Accuse Me – Eric Clapton „Unplugged"	E	7. Bund	Hier wird das Quick Change-Schema gespielt.
Sweet Home Chicago – The Blues Brothers „Original Soundtrack Recording"	E	7. Bund	Auch hier wird das Quick Change-Schema gespielt.

7. Mit einem Takt auf der V. Stufe beginnen

Zu guter Letzt kann man noch einen Takt auf der V. Stufe spielen, normalerweise als 7er-Akkord („*Dominant-Septakkord*").

Dominant-Septakkord, vgl. S. 198

Diskographie	Tonart	Kapodaster	Anmerkungen
Key To The Highway – Freddie King „Getting Ready…" / „King of the Blues"	C#	4. Bund	Hier handelt es sich um einen *8-taktigen Blues*.
Somebody Have Mercy – Otis Rush „Ain´t Enough Comin´ In"	C#	4. Bund	Es wird das Quick Change-Schema verwendet.
Snatch It Back And Hold It – Junior Wells „Hoodoo Man Blues"	B	2. Bund	Hier wird das Standard Blues-Schema gespielt.

8-taktiger Blues, vgl. S. 185

Bei einem *Slow Blues* beginnt man auch gerne mit einem übermäßigen *Akkord* auf der V. Stufe. Dieser Akkord wird dann meist als *Arpeggio* gespielt. (verlinken: Slow Blues S 140 / Akkord S 133 / Arpeggio S 20)

Slow Blues, vgl. S. 140.
Akkord, vgl. S. 133.
Arpeggio, vgl. S. 20

Das Salz in der Blues-Suppe 3: Endings

Endings

86-89 CD-Track

Irgendwann geht auch der schönste Blues zu Ende, und dann brauchen wir ein amtliches Ending. Nachdem wir uns schon mit *Intros* und *Turnarounds* beschäftigt haben, können wir am Ende dieses Kapitels einen Blues mit allen wichtigen Formteilen von vorne bis hinten durchspielen! Auch beim **Ending** haben sich einige Standard-Möglichkeiten etabliert, die auch gerne miteinander kombiniert werden (zum Beispiel wird die letzte Zeile dreimal gespielt (Ending 1) mit einem Stopp im 10. Takt (Ending 3) beim dritten Mal und dann folgt eine Turnaround-Abwandlung (Ending 4).

Intros, vgl. S. 55ff
Turnarounds, vgl. S. 47ff

1. Die letzte Zeile dreimal spielen

Man kann **die letzte Zeile** (also ab der V) **dreimal** statt einmal spielen.

Diskographie	Tonart	Kapodaster	Anmerkungen
You Ain´t Worth A Good Woman – Koko Taylor „Old School" ab 4:45	G	10. Bund	Kombination mit *Stopp* in Takt 10 (Ending 3) und Turnaround-Abwandlung (Ending 4).
Moving On – Gary Moore „Still Got The Blues" ab 1:57 (Beginn des letzten Chorus)	A	kein	Auch hier wird mit Stopps in Takt 10 gearbeitet.

Stopps, vgl. S. 124 / 130

2. Einen Stopp im 11. Takt spielen

Man kann einen *Stopp* im **11. Takt** (also auf der I) spielen. Danach kommt oft ein Wirbel mit einem gemeinsamen Schlussakzent auf dem Grundton.

Diskographie	Tonart	Kapodaster	Anmerkungen
Stop Messin´ Around – Gary Moore „Still Got The Blues"	C	3. Bund	Dieser Song verwendet das Standard Blues-Schema.
City Of Gold – BBM „Around The Next Dream"	A	kein	Hier wird ein Sechzehntelnoten Groove gespielt.
The Foxtrott – Earl Hooker „Smooth Slidin´" / „Do You Remember The Great Earl Hooker" / „There´s A Fungus Amung Us" ab 1:43	Bb	1. Bund	Dieser Song verwendet das Standard Blues-Schema.

Stopps, vgl. S. 124 / 130

3. Einen Stopp im 10. Takt spielen

Man kann einen *Stopp* im **10. Takt** (also auf der IV) spielen. Danach kommt oft ein Wirbel mit einem gemeinsamen Schlussakzent auf dem Grundton.

Diskographie	Tonart	Kapodaster	Anmerkungen
End Of The Blues – Earl Hooker „Smooth Slidin´" / „Do You Remember The Great Earl Hooker" ab 4:10	D	5. Bund	Dieser Song verwendet das Standard Blues-Schema.
The Sky Is Crying – Elmore James „King Of The Slide Guitar" ab 2:33	D	5. Bund	Nach vier Takten Intro beginnt das Quick Change-Schema.
Dust My Broom – ZZ Top „Degüello" ab 2:52	D	5. Bund	Strophen: Quick Change-Schema, Intro & Solo: Standard Blues-Schema.

Stopps, vgl. S. 124 / 130

Das Salz in der Blues-Suppe 3: Endings

Turnarounds, vgl. S. 47ff

4. Eine Abwandlung eines Turnarounds spielen

Turnarounds eignen sich auch als Song-Ende. Dazu muss man sie nur leicht abwandeln. Normalerweise führt der Turnaround ja vom Grundton / I-Akkord in Takt 11 zum V-Akkord in Takt 12. Der V-Akkord ist der Spannungsakkord, der nach Auflösung verlangt. Und diese Auflösung ist der I-Akkord, also der erste Takt vom nächsten Chorus. Turnarounds führen also zurück zum Anfang des Blues-Schemas und leiten somit einen weiteren Chorus ein.

Ein Ending soll ja genau das Gegenteil machen, es soll den Song zum Ende führen. Deshalb muss man die letzten paar Töne so abwandeln, dass man auf dem Grundton, also der I, landet, und nicht auf der V. Ich demonstriere den Unterschied auf **CD Track 86**.

Die „2und" im 12. Takt

- Blues-Songs enden immer im 12. Takt auf der Zählzeit „2und", es sei denn, es ist ausdrücklich etwas anderes abgesprochen oder es wird ein Song gespielt, den wirklich jeder kennt und der eben ein ganz bestimmtes anderes Ende hat.

Wenn dir nicht klar ist, was „auf der 2und" heißt, dann hör dir einfach **CD Track 86** an und zähle in geshuffelten Achtelnoten mit:

„Eins und zwei und drei und vier und eins und zwei UND".

Das nächste Beispiel ist ein sehr beliebtes Ending, das aus einem uns schon bekannten Turnaround abgeleitet ist. Im ersten Takt geht es aufwärts und im zweiten Takt wird die **„Umspielung von oben"** benutzt, aber da wir nicht – wie beim Turnaround – mit einem E enden wollen, sondern mit einem A, spielen wir den Ton Bb einen Halbton über A und dann das A.

Ending 1 (1. Teil aufwärts, 2. Teil mit Umspielung von oben)

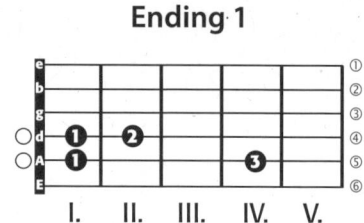

Während das ungegriffene D klingt, wechselt man in die 1. Lage.

Diskographie	Tonart	Kapodaster	Anmerkungen
Five Long Years – Eric Clapton „From The Cradle" ab 4:34	A	kein	Dieser langsame Song verwendet das Quick Change-Schema.

Das Salz in der Blues-Suppe 3: Endings

Diskographie	Tonart	Kapodaster	Anmerkungen
Milk Cow Blues – Eddie Cochran „The Best Of" ab 2:58	A	kein	Der 1. Takt wird in Achteln gespielt und bei den letzten beiden Tönen werden keine Einzeltöne gespielt, sondern *Akkorde*. Man kann aber natürlich auch die beiden einzelnen Töne spielen.
Skinny Jim – Eddie Cochran „The Legendary Masters Series Vol. 1" / „The Best Of" ab 2:03	A	kein	Bei dieser Aufnahme wird der erste Ton des Endings eine Achtel später auf der Zählzeit „1und" gespielt. Dies ist eine sehr beliebte Variation von Endings.
Cotton Picker – Eddie Cochran „The Legendary Masters Series Vol. 1" ab 2:06	A	kein	Die meisten Gitarristen haben ein paar Lieblings-pattern, die sie immer wieder verwenden. Dies ist offensichtlich ein Favorit von **Eddie Cochran** ...

Akkorde, vgl. S. 133ff

Und hier haben wir noch eine beliebte Variation des vorherigen Beispiels:
Im zweiten Takt spielen wir die *pentatonische Moll-Tonleiter* abwärts.

Moll-Pentatonik, vgl. S. 199

Ending 2 (1. Teil aufwärts, 2. Teil abwärts)

CD-Track 87

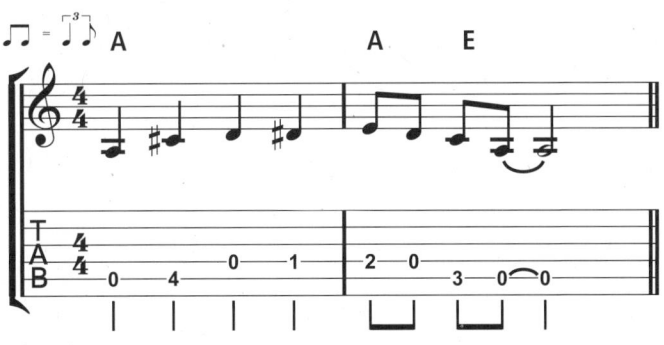

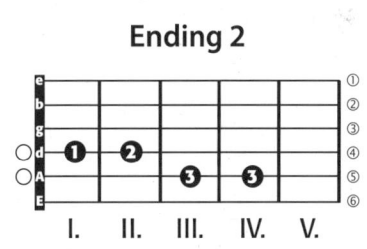

Während das ungegriffene D klingt, wechselt man in die 1. Lage.

Diskographie	Tonart	Kapodaster	Anmerkungen
Blues Suede Shoes – Eddie Cochran „The Best Of"	A	kein	

Das Salz in der Blues-Suppe 3: Endings

Und noch eine Aufwärts-Variation:
Im zweiten Takt wird die Tonleiter bis zum Grundton (eine Oktave höher) gespielt.

Ending 3 (1. Teil aufwärts, 2. Teil aufwärts)

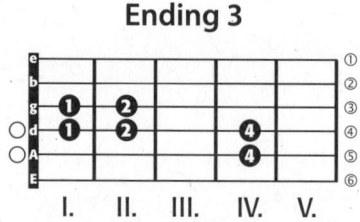

Ending 1, vgl. S. 60/61

Diskographie	Tonart	Kapodaster	Anmerkungen
Nothin´ From Nothin´ Blues – **Big Joe Turner** „Corinne, Corinna" ab 4:15	C	3. Bund	Der 1. Ton des Endings wird eine Achtel später auf der Zählzeit „1und" gespielt (s. *Ending 1 – Skinny Jim*)
The Foxtrott – Earl Hooker „Smooth Slidin´" / „Do You Remember The Great Earl Hooker" / „There´s A Fungus Amung Us" ab 1:43	Bb	1. Bund	Dieser Song verwendet das Standard Blues-Schema.

Und hier noch ein Ending, das aus dem Abwärts-Turnaround abgeleitet ist. Der letzte Ton wird mit dem Halbton von unten umspielt, aber man kann natürlich auch wieder den Halbton über A nehmen.

Ending 4 (1. Teil abwärts, 2. Teil aufwärts)

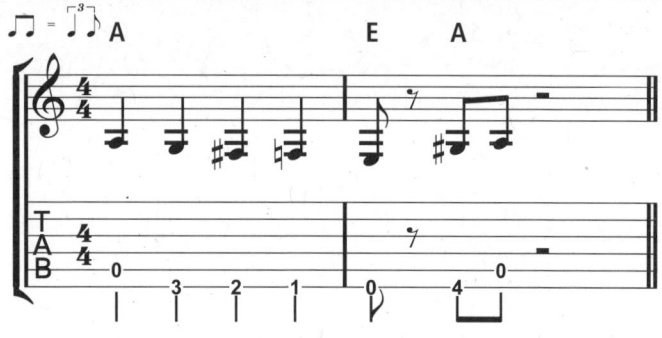

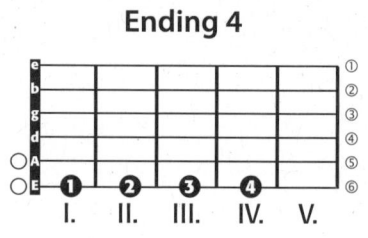

Diskographie	Tonart	Kapodaster	Anmerkungen
Have You Ever Loved A Woman – **Eric Clapton** „Blues" ab 6:26, 6:35	C	3. Bund	Nach dem Stopp im 10. Takt folgt ein abgewandelter Turnaround.
Key To Love – Gary Moore „After Hours" ab 1:39 / 1:43	E	7. Bund	Dieser Song verwendet zwar kein Standard-Schema, aber das klassische Blues-Ending mit Stopp im 10. Takt gefolgt von einem abgewandelten Turnaround. Gary spielt im letzten Takt die Umspielung von oben.

Die komplette Bluesform

Kompletter Blues mit Intro, Turnaround und Ending

Jetzt spielen wir einen kompletten Blues mit Intro, Turnaround und Ending:

1. Wir beginnen mit einem **Turnaround als Intro**.
2. Dann folgt ein **Chorus** (Standard Blues-Schema) mit einem Turnaround am Ende.
3. Zuletzt spielen wir einen weiteren Chorus mit einem **Ending**.

Kompletter Blues mit Intro, Turnaround und Ending

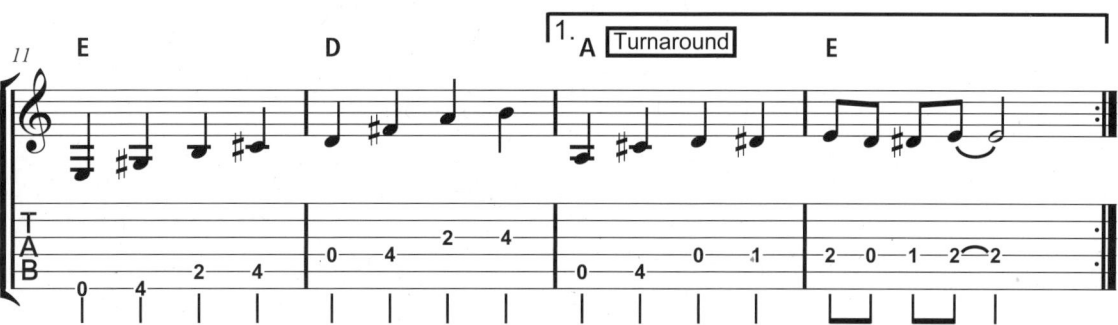
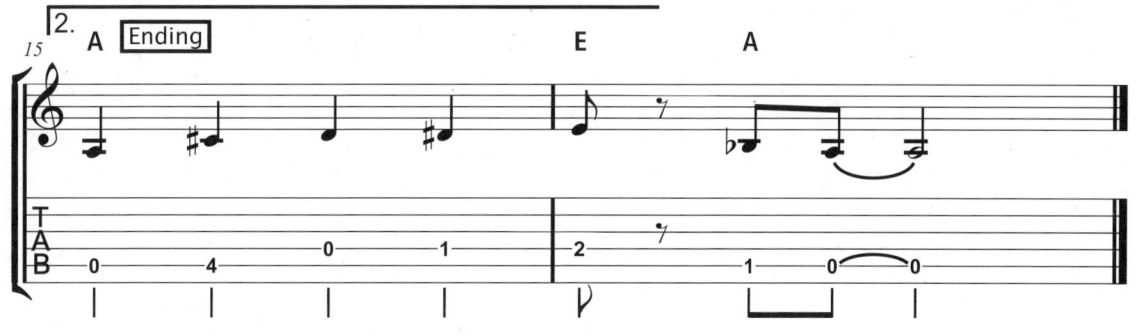

Bei einem richtigen Song spielt man natürlich mehr als zwei Chorusse. Jeder Chorus endet mit dem Turnaround, nur beim letzten Chorus spielt man ein Ending. Bei dem Doppelpunkt in der letzten Zeile springt man zum ersten Doppelpunkt (2. Zeile). Wenn man das zweite Mal in der vierten Zeile ankommt, überspringt man Klammer 1 und spielt direkt Klammer 2.

Anregung: Wenn du diesen Blues spielen kannst, dann setze nacheinander andere Intros, Hauptpattern, Turnarounds und Endings ein.

Spieltechnik 3: Dämpfen mit dem Handballen

Die Dämpftechniken

Nachdem wir einiges aus der Abteilung „WAS spielen" gelernt haben, möchte ich in diesem Kapitel näher auf das Thema „WIE spielen" eingehen: **Dämpftechniken**!

Erst mit einer guten Dämpftechnik grooven viele Riffs richtig. Es gibt ganz unterschiedliche Dämpftechniken, sowohl was die Ausführung als auch was das klangliche Ergebnis angeht.

1. Palm Mute: Abdämpfen mit der Anschlagshand durch leichtes Auflegen der Anschlagshand auf die Saiten nahe am Steg. Der Klang wird dumpfer, aber druckvoller und die Töne klingen viel kürzer nach.

2. Staccato-Töne: Die Töne werden mit einer der beiden Hände direkt nach dem Anschlag abgedämpft, so dass der Ton klar hörbar, aber sehr kurz (abgehackt) klingt.

3. Dead Notes: Während die Saiten mit der Greifhand gedämpft werden, werden sie mit der Anschlagshand angeschlagen, so dass ein perkussives Geräusch ohne definierbare Tonhöhe entsteht.

Staccato, vgl. S. 82

Wir beschäftigen uns zunächst mit der ersten Dämpftechnik, dem Palm Mute. Staccato-Töne werden im Kapitel „*Spieltechnik 4: Abgestoppte Töne (staccato)*" behandelt.

Palm Mute – Dämpfen mit dem Handballen

Steg:
Bei Akustikgitarren wird die Anschlagshand am Steg auf die Saiten gelegt, bei elektrischen Gitarren an der Bridge, vgl. S. 151

Beim **Palm Mute** wird der Handballen/ die Handkante der Anschlagshand am *Steg* auf die Saiten gelegt. Die Saiten klingen jetzt dumpfer, aber druckvoller und die Töne klingen viel kürzer nach. Je nachdem, wie weit man die Hand auf die Saiten legt, erzielt man mehr oder weniger Dämpfung. Hier sollte man auf jeden Fall ein bisschen experimentieren, bis man eine bequeme Handhaltung gefunden hat, die den gewünschten Sound erzielt.

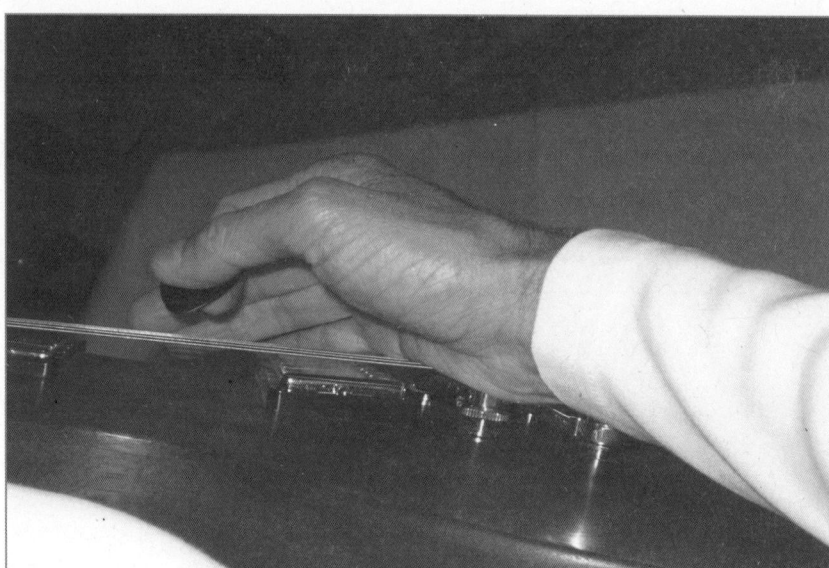

Palm Mute

Aufgabe

- *Spiele die schon bekannten Riffs mit Palm Mute-Technik.*

Blues Stilistik 1 – Blues Rumba

Blues Rumba

92-97
CD-Track

In diesem Kapitel lernen wir einen typischen Blues-Groove kennen, der auf keiner Session fehlen darf! Zwischen all den Shuffles und Bluesrock-Nummern bringt die sogenannte **Blues Rumba** eine willkommene Abwechslung. Markantestes Merkmal der Blues Rumba ist die **Pause auf Zählzeit 2**. Eine Blues Rumba spielt man mit geraden Achtelnoten. Es gibt einige typische Blues Rumba-Patterns für Schlagzeug, man kann aber auch einen rockigen Drumbeat zu einem Blues Rumba-Riff spielen.

Das einfachste Rumba-Pattern lässt sich direkt aus _Blues Riff 1_ ableiten:

Es verwendet dieselben drei Töne in derselben Reihenfolge, aber der Rhythmus ist anders:

_Blues Riff 1,
vgl. S. 19_

Blues Riff 25 (Blues Rumba 1)

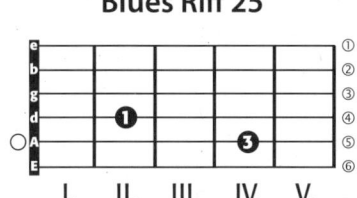

92
CD-Track

93
Play-along

Auf- und Abschlag

 Dieses Zeichen gibt an, dass das Plektrum einen **Abschlag** spielt [engl. „**Downstroke**"], also in Richtung Boden anschlägt, von der tiefen E-Saite zur hohen E-Saite.

 Dieses Zeichen gibt an, dass das Plektrum einen **Aufschlag** spielt [engl. „**Upstroke**"], also in Richtung Zimmerdecke anschlägt, von der hohen E-Saite zur tiefen E-Saite.

Diskographie	Tonart	Kapodaster	Anmerkungen
Jailhouse Rock – The Blues Brothers „Original Soundtrack Recording"	D	5. Bund	_16-taktiges Blues-Schema_ mit _Stopps_. Jeweils 8 Takte I mit Stopps, ab der IV Rumba. In der 3. Strophe wird auch in den ersten Takten das Rumba-Riff gespielt. Die letzten paar Chorusse werden mit dem 12-taktigen Standard Blues-Schema gespielt.
Rock And Roll Music – The Beatles „Beatles For Sale" Strophe ab 0:21, 0:54, 1:26, 1:57	A	kein	Die Akkordfolge der 8-taktigen Strophe lautet 2x E, 2x A, 2x D, 2x E (im letzten Takt wird ein _Stopp_ gespielt).
Schau dir auch noch einmal die _Riffs 16 bis 19_ im Kapitel über Slides an, bei Ihnen handelt es sich auch um Blues Rumba-Riffs.			

16-taktiges Blues Schema, vgl. S. 184
Stopps, vgl. S. 124 / 130

Stopps, vgl. S. 124 / 130
Blues Riffs 16 – 19, vgl. S. 41 – 42

Blues Stilistik 1 – Blues Rumba

Blues Riff 2, vgl. S. 21

Das nächste Rumba-Pattern lässt sich direkt aus *Blues Riff 2* ableiten und ist eine Variation des einfachsten Rumba-Riffs.

Blues Riff 26 (Blues Rumba 2)

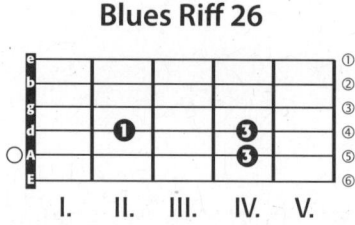

Diskographie	Tonart	Kapodaster	Anmerkungen
Don´t You Lie To Me – Gary Moore „After Hours"	B	2. Bund	Es wird das Standard Blues-Schema verwendet.
Crosscut Saw – Albert King „King Of The Blues Guitar" (enthält das komplette Album "Born Under A Bad Sign" und weitere Songs)	Ab	11. Bund	Auch dieser Song verwendet das Standard Blues-Schema.

Moll-Terz, vgl. S. 36

Wenn man die Verzierung mit der *Moll-Terz* in das erste Rumba-Pattern einbaut, dann klingt das so:

Blues Riff 27 (Blues Rumba 3)

Diskographie	Tonart	Kapodaster	Anmerkungen
Shake, Holler and Run – John Lee Hooker „Classic Years"	F#	9. Bund	Die Aufnahme ist etwas tiefer als F# gestimmt.

Und hier das zweite Rumba-Pattern mit Moll-Terz:

Blues Riff 28 (Blues Rumba 4)

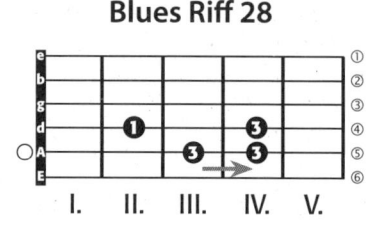

Blues Stilistik 1 – Blues Rumba

Diskographie	Tonart	Kapodaster	Anmerkungen
Mambo Chillun – John Lee Hooker „Classic Years"	F	8. Bund	Die Aufnahme ist etwas zu hoch gestimmt.
Woke Up This Morning – Gary Moore „After Hours (Remastered Edition)"	C	3. Bund	Der Song wechselt nach 1:20 Minuten vom Rumba-Groove zum Swing und bei 2:20 Minuten wieder zurück zur Rumba. Bei 2:41 geht's wieder zum Swing und bei 3:21 wieder zurück.

Auch das Notenbild des folgenden Patterns sieht wie eine Blues Rumba aus. Wenn man sich den Song aber anhört, wird er als _Shuffle_ gespielt und klingt überhaupt nicht nach Rumba. Man kann also einen Rumba-Groove nicht unbedingt allein an den Noten erkennen!

Shuffle, vgl. S. 31

Blues Riff 29 (Shuffle, keine Blues Rumba)

97 CD-Track

Diskographie	Tonart	Kapodaster	Anmerkungen
Nothin´ From Nothin´ Blues – **Big Joe Turner** „Corinne, Corinna"	C	3. Bund	Der Song verwendet das Standard Blues-Schema.

Im Kapitel „_Moll_" findest du noch weitere Rumba-Grooves.

Riffs in Moll, vgl. S. 112

Blues Stilistik 2 – Boogie / Boogie Woogie

Boogie / Boogie Woogie

Boogie Woogie, oder kurz **Boogie**, ist eine Stilistik, die ursprünglich auf dem Piano gespielt wurde. **John Lee Hooker** und **Lightnin´ Hopkins** haben den Boogie auf die Gitarre übertragen. Heutzutage fehlt der Boogie in keinem Blues Band-Repertoire. Auf der CD gebe ich Tipps, mit welchen Fingern der Anschlagshand man die einzelnen Töne am besten anschlägt. CD-Track 101 enthält ein Playback zum Mitspielen für alle Boogie-Riffs.

Blues Riff 2, vgl. S. 21

Blues Riff 30 benutzt dieselben Töne wie schon *Blues Riff 2* (es ist sogar ein Ton weniger), aber die Reihenfolge ist eine andere.

Blues Riff 30 (Boogie 1)

Diskographie	Tonart	Kapodaster	Anmerkungen
Gin House Blues – The Animals „Animalisms" / „Inside Looking Out: The 1965-1966 Sessions" / „The Very Best Of Eric Burdon And The Animals"	A	kein	Bei diesem Song wird der Riff in Viertelnoten gespielt. Achtung: Es gibt Animals-LPs mit dem Namen „Animalism", „Animalisms" und „Animalization", allesamt unterschiedliche Alben! Der Song ist auf der LP „Animalisms" von 1966.

Bei **Blues Riff 31** wird der Grundton eine Oktave höher gespielt.

Blues Riff 31 (Boogie 2)

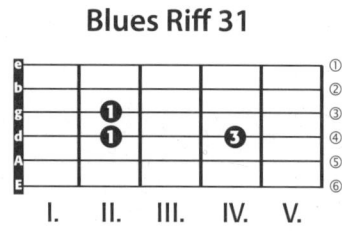

Blues Riff 32 mischt die beiden letzten Beispiele. Der Grundton wird einmal tief und einmal hoch gespielt.

Blues Stilistik 2 – Boogie / Boogie Woogie

Blues Riff 32 (Boogie 3)

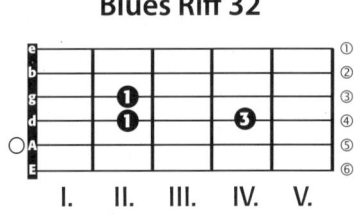

100 CD-Track

Spiele alle Boogie Riffs über das Playback Track 101!

101 Play-along

Man kann natürlich auch in das Boogie-Pattern die Septime einbauen:

Blues Riff 33 (Boogie 4)

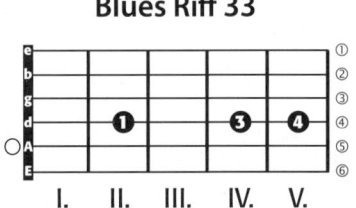

102 CD-Track

Und dann kann man noch die beiden oberen Töne vertauschen:

Blues Riff 34 (Boogie 5)

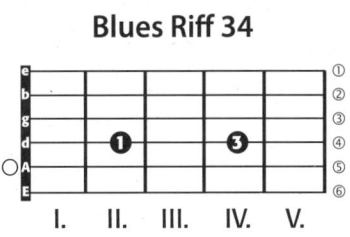

103 CD-Track

Diskographie	Tonart	Kapodaster	Anmerkungen
Tanya – Earl Hooker „Simply The Best"	G	10. Bund	Nach den vier Takten Intro (Intro-Typ 4: „from the five") wird das Standard-Schema gespielt. In den letzten beiden Takten bleibt der Song auf der I. Stufe. Es gibt keinen Turnaround.

Aufgabe

- Bastel die oben gelernten Variationen des Boogie-Pattern (Oktave, Septime) auch mit der neuen „vertauschten" Version zusammen. Spiele die Patterns zu verschiedenen Songs mit.
- Findest du noch mehr Variationen zum Boogie-Pattern?

Rhythmus 7: Vierteltriolen

Achteltriolen, vgl. S. 44

Vierteltriolen

Vierteltriolen funktionieren genauso wie Achteltriolen: Die nächsthöhere rhythmische Einheit wird in drei gleich lange Teile geteilt anstatt in zwei. Bei den _Achteltriolen_ haben wir Viertelnoten in drei (Triolen-) Achtel geteilt (_Achteltriolen sind also eigentlich „Zwölftelnoten", wenn man es streng mathematisch betrachtet..._). Bei den Vierteltriolen teilt man eine halbe Note in drei (Triolen-) Viertel (_Vierteltriolen sind also genau genommen „Sechstelnoten"_).

Vierteltriolen

Eine **Vierteltriole** besteht aus drei Viertelnoten, die insgesamt die Zeitdauer einer Halben Note einnehmen.
Eine dieser Triolen-Viertel entspricht also nur 2/3 der Dauer einer normalen Viertelnote.

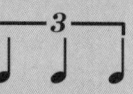

Das Problem bei den Vierteltriolen ist, dass sie nicht mit dem im Takt mitwippenden Fuß synchron laufen. Wenn man den Fuß in Vierteln tappt und dazu Achteltriolen spielt, fällt die erste Achtel von jeder Triole mit dem Fuß zusammen. Bei Vierteltriolen tappt man genau auf den ersten Ton und dann zwischen dem zweiten und dritten Ton jeder Triole. Das klingt furchtbar kompliziert und fühlt sich beim Spielen anfangs etwas merkwürdig an, aber wenn man es ein paarmal bewusst gehört und gespielt hat, ist es nicht mehr schwierig. Auf CD Track 104 gibt es weitere Erklärungen, auf CD Track 105 ein Play-along zum Mitspielen.

Diskographie	Tonart	Kapodaster	Anmerkungen
Tore Down – Freddie King „Getting Ready…" / „King Of The Blues") ab 2:16	D	5. Bund	
The Foxtrott – Earl Hooker „Smooth Slidin´" / „Do You Remember The Great Earl Hooker" / „There´s A Fungus Amung Us" ab 0:15, 0:32	Bb	1. Bund	
Caldonia (Live) – BB King „Hits Definite Greatest Hits" ab 0:46, 1:08	G	10. Bund	
We´re Ready – Junior Wells „Hoodoo Man Blues" ab 0:06	A	kein	Das Intro wird komplett in Viertel-Triolen gespielt.
Somebody Changed The Lock – Junior Wells „Harp Attack!" (CD mit James Cotton, Junior Wells, Carey Bell & Billy Branch) / „Crucial Chicago Blues" (Sampler von Alligator Records) ab 1:42	D	5. Bund	Die Aufnahme ist etwas tiefer als E gestimmt. Es wird das Quick Change-Schema gespielt.
Barbara Ann – Brian Wilson „Live At The Roxy Theatre" ab 1:33	F#	9. Bund	Grundsätzlich findet das Standard Blues-Schema Verwendung, aber manchmal werden in der ersten Zeile 6 Takte auf der I. Stufe gespielt. Wieder mal ein überraschendes Beispiel, wo der Blues überall auf einen lauert …

Das Salz in der Blues-Suppe 4: Akkordübergänge

Übergänge zwischen den Akkorden

Übergänge sind schon so etwas ähnliches wie Fills, welche normalerweise von der Sologitarre gespielt werden. Sie zählen aber zur Rhythmusgitarre und sind im Gegensatz zu den normalerweise improvisierten Fills meist vorher festgelegt. Außerdem gibt es unendlich viele Fills und Variationen, die Anzahl der etablierten Übergänge ist hingegen sehr begrenzt.

Mit dem Hauptriff, dem Turnaround und einem dieser Übergänge spielen wir jetzt schon drei verschiedene Riffs in einem Chorus. Das erfordert gerade am Anfang eine sehr hohe Konzentration. Mit etwas Erfahrung und entsprechender Automatisierung läuft das Ganze nachher fast von alleine. Am besten lernt man immer nur eins der folgenden Übergangs-Patterns und spielt es erstmal zu verschiedenen Blues-Aufnahmen mit. Erst wenn man es sicher spielen kann, nimmt man sich das nächste Übergangs-Pattern vor.

Takt 4: Von A nach D (I zur IV)

Wenn man im 4. Takt des Blues-Schemas den Übergang von der I zur IV interessanter gestalten möchte, bieten sich dazu drei Möglichkeiten an.

1. Aufgang: | A – B – C – C# | D …

Der 4. Takt hat (wie jeder andere Takt auch) vier Zählzeiten. Startton ist der Grundton A, Zielton ist der Grundton D auf Zählzeit „1" im fünften Takt (in diesem Fall das D über dem A). Auf den restlichen drei Zählzeiten spielen wir der Reihe nach die drei Halbtöne unter D (also | A B C C# | D …). Ein genialer Übergang, oder? Er kann natürlich auch in Achtelnoten gespielt werden.

Übergang Takt 4 von A nach D (aufwärts | A B C C# | D…)

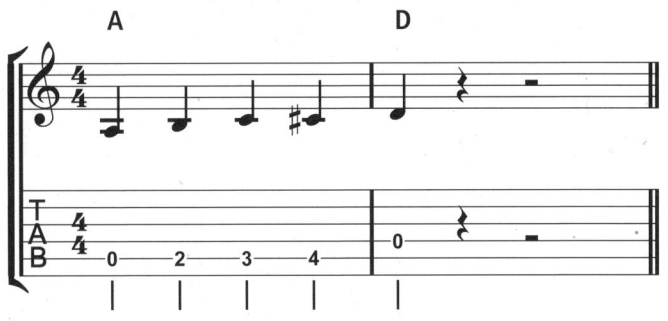

Übergang Takt 4 (aufwärts 1)

Diskographie	Tonart	Kapodaster	Anmerkungen
Ernestine – Koko Taylor „Royal Blues", „Crucial Chicago Blues" ab 2:04	A	kein	Hier werden die Töne des A-Taktes in Achtel-Triolen gespielt, also jeweils dreimal angeschlagen.
Ain´t That Lovin´ You – Eric Clapton „Blues" ab 0:56	E	7. Bund	Der Song verwendet kein typisches Blues-Schema.
You Ain´t Worth A Good Woman – Koko Taylor „Old School" ab 1:19	G	10. Bund	Der Song verwendet das Standard Blues-Schema.
Ramblin´ On My Mind – Robert Johnson „The Centennial Collection" CD 1 Track 18 ab 1:26	F	8. Bund	Der Song verwendet das Standard Blues-Schema.

Das Salz in der Blues-Suppe 4: Akkordübergänge

2. Aufgang: | – A Bb B C C# | D ...

Der 4. Takt hat wieder vier Zählzeiten. Startton ist der Grundton A, Zielton ist der Grundton D (in diesem Fall auch das D über dem A). Dieses Mal spielen wir alle Halbtöne zwischen A und D. Wir haben also die Töne A A# B C C# und im nächsten Takt D. Aber das sind ja fünf Töne im A-Takt?! Richtig, deshalb spielen wir keine Viertelnoten, sondern die im letzten Kapitel besprochenen Vierteltriolen (das erste Triolenviertel ist bei diesem Übergang eine Pause). Klingt wieder viel komplizierter, als es ist! Hör einfach mal in CD Track 75 rein.

Übergang von A nach D Takt 4 (aufwärts – Vierteltriolen)

Übergang Takt 4 (aufwärts 2)

Diskographie	Tonart	Kapodaster	Anmerkungen
Barbara Ann – Brian Wilson „Live At The Roxy Theatre" ab 1:33	F#	9. Bund	Grundsätzlich findet das Standard Blues-Schema Verwendung, aber manchmal werden in der ersten Zeile 6 Takte auf der I. Stufe gespielt.
Honey Hush – Albert Collins „Collins Mix – The Best Of" ab 1:37, 2:45	C	3. Bund	Standard Blues-Schema

3. Abgang: | A G F# E | D ...

Der 4. Takt hat wie immer vier Zählzeiten. Startton ist der Grundton A, Zielton ist der Grundton D (in diesem Fall das D unter dem A). Auf den restlichen drei Zählzeiten zwischen diesen beiden Tönen werden die drei Töne der Tonleiter gespielt, die zwischen A und D liegen. Natürlich verwenden wir bluestypisch die kleine Septime G, da dieser Ton im Gegensatz zur großen Septime G# auch im Akkord enthalten ist.

Übergang Takt 4 von A nach D (abwärts – Viertelnoten)

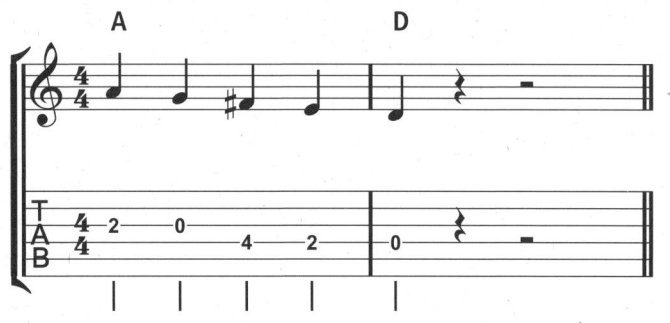

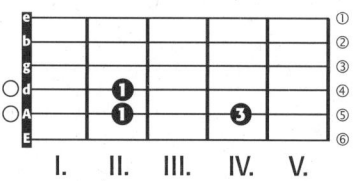

Übergang Takt 4 (Viertelnoten abwärts)

Das Salz in der Blues-Suppe 4: Akkordübergänge

Diskographie	Tonart	Kapodaster	Anmerkungen
Long Tall Sally – The Beatles „Live At The BBC" / „Past Masters"	G	10. Bund	Nach drei Takten mit *Stopps* kommt dieser Übergang im 4. Takt.
I'm Tore Down – Freddie King „The Very Best Vol. 1" ab 0:35, 1:04, 1:54	D	5. Bund	*Intro „from the five"*, dann Standard Blues-Schema.
I'm Tore Down – Eric Clapton „From The Cradle" ab 0:35, 1:04	C	3. Bund	Der Song verwendet das Standard Blues-Schema.

Stopps, vgl. S. 124 / 130

Intros, vgl. S. 56

Takt 8: Von A nach E (I zur V)

Natürlich gibt es auch ähnliche Übergänge von A nach E. Hier haben sich drei Übergänge etabliert.

1. Aufgang: | A – C# – D – D# | E ...

Dieser Aufgang entspricht dem ersten Übergang von A nach D. Aber hier spielen wir die drei Halbtöne unter E.

Übergang Takt 8 von A nach E (aufwärts – Viertelnoten)

CD-Track 109

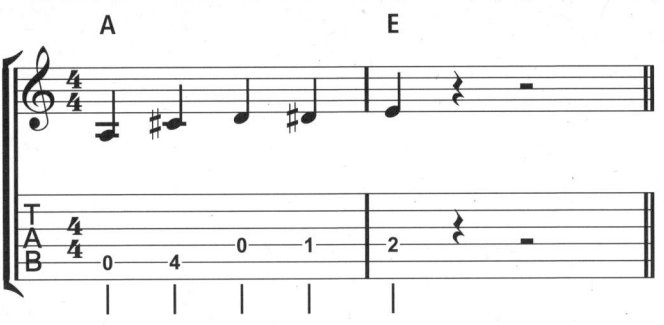

Übergang Takt 8 (Viertelnoten aufwärts)

Während das ungegriffene D klingt, wechselt man in die 1. Lage.

Diskographie	Tonart	Kapodaster	Anmerkungen
You Shook Me – Led Zeppelin „Led Zeppelin" ab 2:45	E	7. Bund	An dieser Stelle wird der Übergang als Achteltriole gespielt.

2. Abgang: | A – G – F# – F | E ...

Ein schöner Abgang! Grundton A, die kleine Septime G, dann *chromatisch* (in Halbtönen) abwärts bis zum E.

chromatisch, vgl. S. 117ff

Übergang Takt 8 von A nach E (abwärts – Viertelnoten)

CD-Track 110

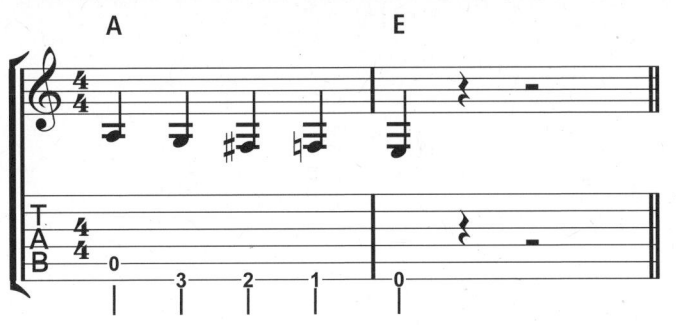

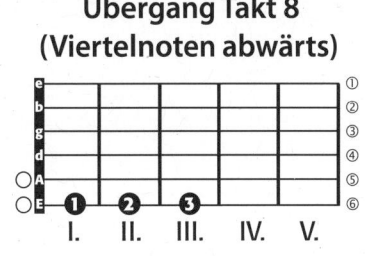

Übergang Takt 8 (Viertelnoten abwärts)

Das Salz in der Blues-Suppe 4: Akkordübergänge

3. Abgang: | A – Ab – G – Gb – F | E ...

Selten, aber sehr interessant ist folgende Variante, wieder mit Vierteltriolen, aber dieses Mal abwärts.

Übergang Takt 8 von A nach E (abwärts – Vierteltriolen)

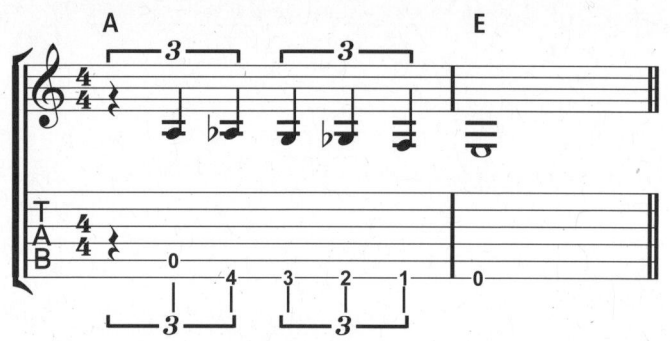

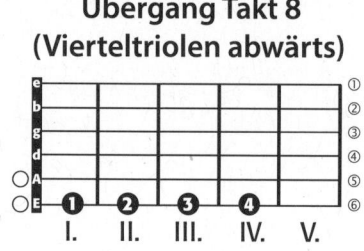

Übergang Takt 8 (Vierteltriolen abwärts)

Diskographie	Tonart	Kapodaster	Anmerkungen
She Loves My Automobile – ZZ Top „Degüello" ab 1:40	A	kein	

Takt 9: Von E nach D (V zur IV)

1. Eb auf dem letzten Viertel von Takt 9

Ein weiterer Standard aus der Bluestrickkiste. Eigentlich handelt es sich nur um einen Ton (Eb, *gesprochen Es*), aber der klangliche Effekt ist großartig! Das Eb wird entweder als Achtel oder seltener als Viertel gespielt.

Übergang Takt 9 von E nach D (abwärts – Viertelnoten)

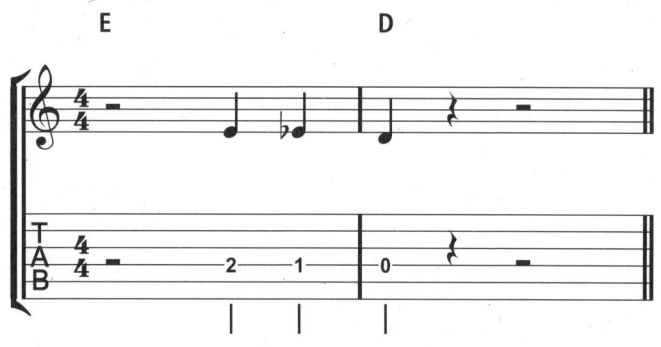

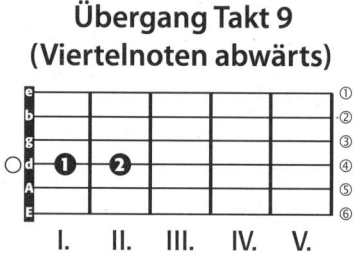

Übergang Takt 9 (Viertelnoten abwärts)

Diskographie	Tonart	Kapodaster	Anmerkungen
Road Runner – Aerosmith „Honkin´ On Hobo" ab 0:46, 1:09	E	7. Bund	

Das Salz in der Blues-Suppe 4: Akkordübergänge

2. Eb auf dem letzten Achtel von Takt 9

Übergang Takt 9 von E nach D (abwärts – Achtelnoten)

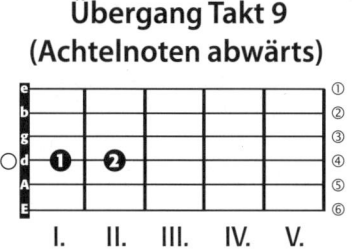

Übergang Takt 9 (Achtelnoten abwärts)

Diskographie	Tonart	Kapodaster	Anmerkungen
Ernestine – Koko Taylor „Royal Blues" / „Crucial Chicago Blues" ab 0:47, 1:28	A	kein	Hier werden die Töne des A-Taktes in Achtel-Triolen gespielt, also jeweils dreimal angeschlagen.
Bad Love – Luther Allison „Bad Love" ab 0:38, 1:27	Dm	5. Bund	Bei diesem Song wird das *Standard Blues-Schema in Moll* gespielt.
You Shook Me – Led Zeppelin „Led Zeppelin" ab 1:54, 4:41	E	7. Bund	Der Song verwendet das Standard Blues-Schema.
Poor Boy – Paul Butterfield „The Original Lost Elektra Sessions" ab 0:26, 2:02	G	10. Bund	

Standard Blues-Schema in Moll, vgl. S. 188

Mehrstimmige Riffs

Der Standard Blues-Riff in Viertelnoten

Als nächstes erarbeiten wir uns den absoluten Standard-Riff, der wahrscheinlich die meistgespielte Gitarrenbegleitung überhaupt ist. Die Töne sind alle bekannt. Neu ist nur, dass wir jetzt immer **zwei Töne gleichzeitig** spielen.

Blues Riff 2, vgl. S. 21

Wenn wir uns das nächste Notenbeispiel anschauen, erkennen wir, dass dort drei der vier Töne von *Blues Riff 2* verwendet werden:

Die ungegriffene A-Saite und die beiden Töne auf der D-Saite (abwechselnd 2. und 4. Bund). Gespielt wird das Ganze so: Der Zeigefinger der Greifhand greift am 2. Bund der D-Saite und bleibt – wie bei Blues Riff 2 – auch dort liegen, wenn der Ringfinger im 4. Bund greift. Wir benutzen **nur Abschläge**, um einen gleichmäßigen Sound zu erreichen.

Zeigefinger liegen lassen

Der **Zeigefinger** soll die ganze Zeit (außer natürlich bei den Wechseln zu D oder E) auf dem 2. Bund liegen bleiben. Dadurch ersparen wir uns zwei unnötige Bewegungen: Zeigefinger hoch (wenn der Ringfinger greift) und Zeigefinger wieder runter. Wenn das gar nicht klappen will, kann man die beiden unnötigen Bewegungen mit dem Zeigefinger natürlich machen, aber sobald das Tempo etwas schneller wird, halten diese überflüssigen Bewegungen ziemlich auf. Deshalb empfehle ich dringend daran zu arbeiten, dass der Zeigefinger liegen bleibt. Du kannst natürlich trotzdem schon die nächsten Beispiele lernen. Versuche aber jedes Mal beim Üben daran zu denken, dass du am Anfang kurz das „Zeigefinger liegen lassen" übst, bis es schließlich klappt. Es lohnt sich!

Vorübung für Blues Riff 35 (zweistimmig – Viertelnoten)

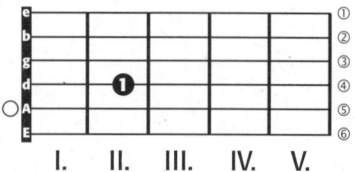

Blues Riff 35 (Standard Blues-Riff – Viertelnoten)

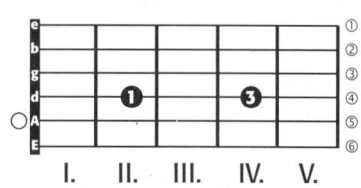

Variation des Standard-Riffs in Viertelnoten

Blues Riff 3, vgl. S. 22

Bei *Blues Riff 3* haben wir die Septime kennengelernt, die mit dem kleinen Finger am 5. Bund gespielt wird. Natürlich können wir diesen Ton auch beim Standard Blues-Riff wieder verwenden:

Mehrstimmige Riffs

Blues Riff 36 (Standard Blues-Riff – Variation mit Septime)

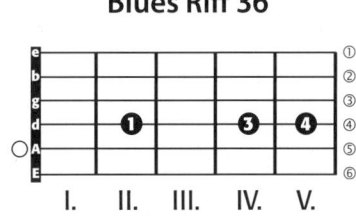

114 CD-Track

Der Standard Blues-Riff in Achtelnoten

Bei sehr schnellen Rock'n'Roll-Songs spielt man den Standard-Riff in Viertelnoten (gerne auch mit *Synkopen*, siehe nächstes Kapitel), so wie eben geübt. Im Normalfall spielt man aber Achtelnoten, entweder als gerade Rock-Achtel oder als Shuffle-Achtel.

Synkopen, vgl. S. 109

Blues Riff 37 (Standard Blues-Riff – Achtelnoten)

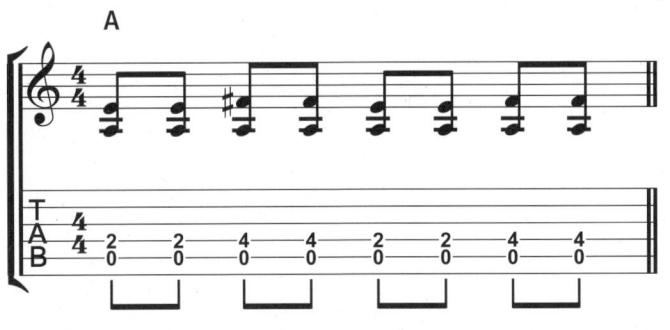
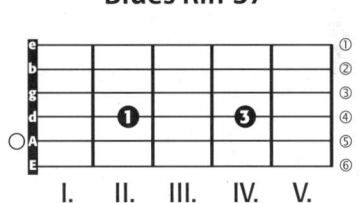

115 CD-Track

Diskographie	Tonart	Kapodaster	Anmerkungen
Promised Land – Chuck Berry „The Best Of"	C	3. Bund	Zwei Takte Intro, dann *8-taktiges Blues-Schema*.
Dust My Broom – Elmore James „King Of The Slide Guitar"	D	5. Bund	Der Song verwendet das Standard Blues-Schema beim Gitarrensolo und bei den Strophen mit Gesang das Quick Change-Schema.
Blues Before Sunrise – Eric Clapton „From the Cradle"	C#	4. Bund	Bei dieser Aufnahme wird das Standard Blues-Schema gespielt.
How Many More Years – Howlin' Wolf „Howlin' Wolf / Moanin' In The Moonlight" / „Chess Pieces – The Very Best Of Chess" (Sampler, div. Künstler)	F#	9. Bund	Die Aufnahme ist etwas zu hoch gestimmt, zwischen F# und G. Der Riff wechselt mit anderen Riffs (siehe *Spieltechniken 1: Slides*").
You Don't Have To Go – Jimmy Reed „The Vee Jay Years" (6 CD Box) / auf jeder „The Best Of" Dieses Pattern passt zu etlichen Hits von Jimmy Reed. Versuche bei diesem Song doch mal, die Reihenfolge der 3 Akkorde herauszuhören.	F	8. Bund	Grundsätzlich handelt es sich um das Standard-Schema bzw. Quick Change-Schema, aber es wird öfter mal der eine oder andere Takt eingeschoben, manchmal auch nur ein halber Takt ... Viel Erfolg!

8-taktiger Blues, vgl. S. 185

Slides, vgl. S. 39

Mehrstimmige Riffs

Variationen des Standard-Riffs in Achtelnoten

Natürlich können wir auch bei der Achtelversion wieder die Septime einbauen:

Blues Riff 38 (Standard Blues-Riff – Achtelnoten mit Septime)

Blues Riff 2, vgl. S. 21

Weitere Blues-Schemata, vgl. S. 184ff

Diskographie	Tonart	Kapodaster	Anmerkungen
Baby What´s Wrong – The Animals „The Complete Animals" ab 0:23 0:51	C	3. Bund	Der Song verwendet das 24-taktige Blues-Schema (siehe Anhang „*Weitere Blues-Schemata*").
You Don´t Have To Go – Jimmy Reed „The Vee Jay Years" (6 CD Box) / auf jeder „The Best Of"	F	8. Bund	Wechselt sich mit dem Standard-Riff (vorheriges Beispiel) ab. Auch hier gilt wieder: Dieses Pattern passt zu etlichen Hits von Jimmy Reed.
Look On Yonder Wall – Elmore James „King Of The Slide Guitar"	E	7. Bund	Nach dem 4-taktigen Intro wird das Quick Change-Schema gespielt.
Ernestine – Koko Taylor „Royal Blues" / „Crucial Chicago Blues"	A	kein	Nach vier Takten Intro (2 Takte A mit Stopps, dann Turnaround) beginnt das Quick Change-Schema.

Der Standard-Riff in Einzelnoten

Bei langsameren Blues-Balladen kommt auch die folgende Variation sehr gut.

Wir greifen exakt dasselbe wie beim letzten Beispiel, schlagen aber immer nur eine der beiden Saiten an, und zwar immer abwechselnd. Dieses Pattern fängt immer mit einem Auftakt an, die erste Achtelnote ist jeweils im vorherigen Takt.

Blues Riff 39 (Standard Blues-Riff – Einzelnoten)

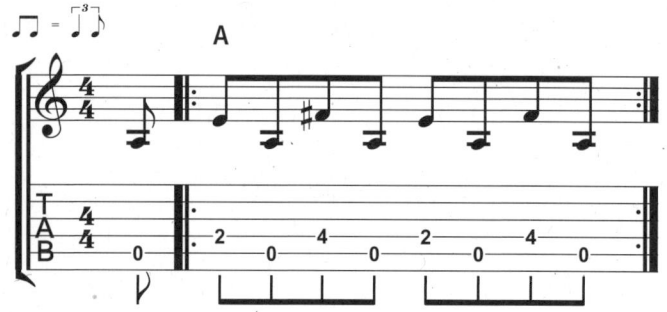

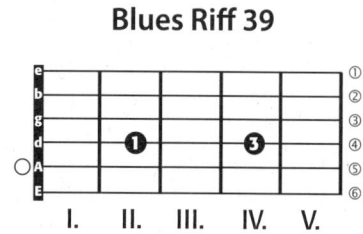

Mehrstimmige Riffs

Diskographie	Tonart	Kapodaster	Anmerkungen
That´s All Right – Lowell Fulson „1954 – 1963 The Complete Chess Masters"	Eb	6. Bund	Nach dem 4-taktigen Intro wird das Standard Blues-Schema gespielt.

Der Standard Blues-Riff in Einzelnoten mit Septime.

Blues Riff 40 (Standard Blues-Riff – Einzelnoten mit Septime)

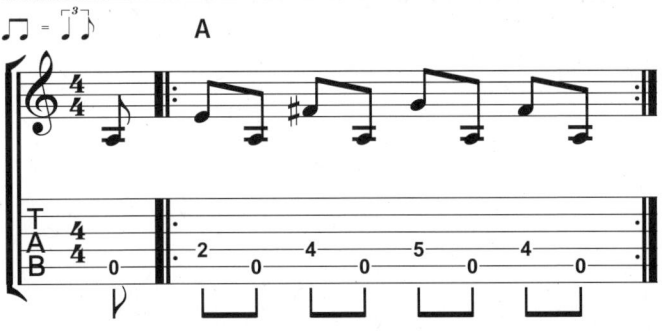
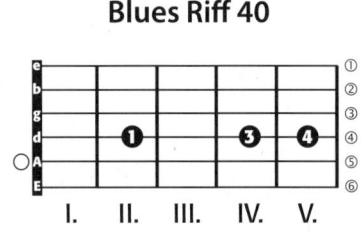

Diskographie	Tonart	Kapodaster	Anmerkungen
Baby, What You Want Me To Do – Jimmy Reed „The Vee Jay Years" (6 CD Box) / auf jeder „The Best Of"	E	7. Bund	Nach zwei Takten Intro beginnt das Standard Blues-Schema.
Shake Your Moneymaker – Elmore James „King Of The Slide Guitar"	D	5. Bund	Der Song verwendet das Standard Blues-Schema.
Honky Tonk Part 1 – Bill Doggett „Honky Tonk (The Bill Doggett Collection, Vol. 1)"	F	8. Bund	
Take It Easy – The Animals „The Complete Animals"	E	7. Bund	Der Song verwendet das Standard Blues-Schema.

Wie immer bist du herzlich eingeladen, dir eigene Variationen auszudenken. Denk nur mal an **Chuck Berry**, der fast jeden seiner großartigen Songs mit einer Variation dieses Standard-Riffs gespielt hat. Das Faszinierende daran ist, dass er immer wieder neue Variationen erfunden hat und sich ziemlich selten wiederholt. Als Anregung gebe ich dir folgende Beispiele mit auf den Weg:

Nur auf den Zählzeiten „2" und „4" wird die Sexte gespielt ...

Blues Riff 41 (Variation – Sexte nur auf „2" und „4")

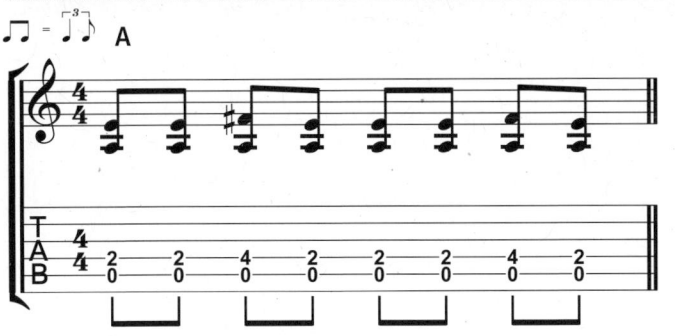
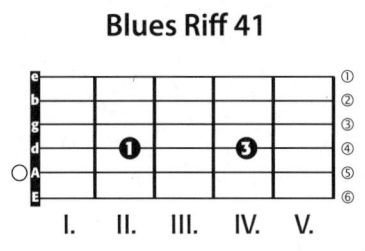

Mehrstimmige Riffs

Diskographie	Tonart	Kapodaster	Anmerkungen
Blues Suede Shoes – Eddie Cochran „The Best Of"	A	kein	Hier wird das Standard Blues-Schema verwendet, die letzten 2 Takte bleiben auf A. Manchmal werden die ersten 4 Takte auch 2x gespielt (*16-taktiges Schema*). Achte auf die *Stopps* in den ersten 4 bzw. 8 Takten der Strophe, bevor es zum D geht. Bei dem Tempo von über *180 bpm* ist hier ausnahmsweise *Wechselschlag* angesagt.

16-taktiges Blues-Schema, vgl. S.184

Stopps, vgl. S. 124 / 130

bpm, vgl. S. 198

Wechselschlag, vgl. S. 168

Hier wird der Wechsel von der Moll-Terz zur Dur-Terz in der zweiten Takthälfte eingebaut.

CD-Track 120

Blues Riff 42 (Moll-Terz zur Dur-Terz – 2. Takthälfte)

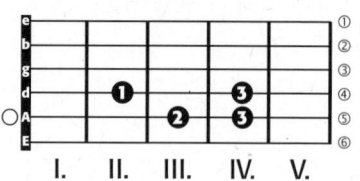

Hier wird der Wechsel von der Moll-Terz zur Dur-Terz in der ersten Takthälfte eingebaut.

CD-Track 121

Blues Riff 43 (Moll-Terz zur Dur-Terz – 1. Takthälfte)

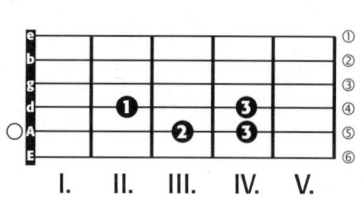

Dieses Beispiel verwendet eine Triole auf der Zählzeit „4" und einen Hammer On.

CD-Track 122

Blues Riff 44 (Triole & Hammer On auf „4")

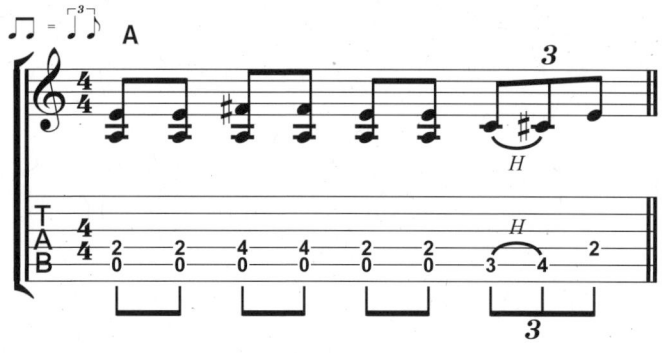
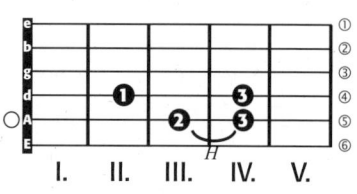

Garantiert Bluesgitarre lernen

Mehrstimmige Riffs

Diskographie	Tonart	Kapodaster	Anmerkungen
My Way – Eddie Cochran „The Best Of"	E	7. Bund	

Blues Riff 45 (Standard Blues-Riff – Rhythmische Variation)

Diskographie	Tonart	Kapodaster	Anmerkungen
Born To Be Wild – Steppenwolf auf jeder „Best Of"-Zusammenstellung	E	7. Bund	Steppenwolf spielen dieses Pattern in der Tonart E, also am 7. Bund, und schlagen gleichzeitig jeweils die tiefe ungegriffene E-Saite mit an.

Zum Abschluss dieses Kapitels ein Pattern, das alle bisher gelernten Techniken zusammenfasst: Es ist mehrstimmig, hat eine Triole mit einem Hammer On und eine Triole mit einem Slide. Das ist schon gar nicht mehr so leicht und sollte erst mal sehr <u>langsam geübt werden</u>!

„Wie übe ich richtig?", vgl. S. 177

Blues Riff 46 (zweistimmig mit Triole, Hammer On & Slide)

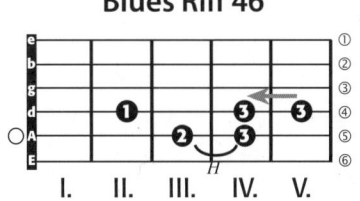

Erfinde weitere Variationen des Standard-Riffs.

Spieltechnik 4: Abgestoppte Töne (staccato)

Als nächstes beschäftigen wir uns mit einer Technik, die den Standard-Riff erst so richtig zum grooven bringt:

Die im Kapitel „*Spieltechnik 3: Dämpfen mit dem Handballen (Palm Mute)*" bereits erwähnten „staccato" gespielten Töne.

> ### Staccato
>
> **Staccatotöne** sind Töne, die mit einer der beiden Hände direkt nach dem Anschlag gestoppt werden, so dass der Ton zwar klar hörbar, aber sehr kurz abgehackt klingt.
> Ein **Punkt** über oder unter der Note kennzeichnet Staccatotöne.

Palm Mute, vgl. S. 64

Technische Ausführung:

Bei *gegriffenen Tönen* lässt man den Druck der Greifhand leicht nach. Die Finger berühren immer noch die Saiten, drücken sie aber nicht mehr herunter. Wenn man die Finger komplett von den Saiten wegnimmt, entstehen oft unbeabsichtigt Töne, weil die ungegriffenen Saiten zu schwingen beginnen, ähnlich einem *Pull Off*.

Pull Off, vgl. S. 106

Ungegriffene Töne stoppt man, indem man die Saite(n) mit einem oder mehreren Fingern berührt. Die Saiten werden nicht heruntergedrückt, sonst können wieder ungewollte Töne entstehen, ähnlich einem *Hammer On*.

Hammer On, vgl. S. 45

Man kann die Saiten auch mit der Anschlagshand stoppen. Hierbei ist es egal, ob es sich um gegriffene oder ungegriffene Saiten handelt. Nach dem Anschlag dreht man die Hand etwas und bewegt sie in Richtung der Saiten, so dass die Handkante der Anschlagshand die Saiten berührt. Wenn man diese Bewegung etwas fester ausführt, kann man Perkussionsgeräusche erzeugen, die natürlich im Rhythmus ausgeführt werden müssen. Wenn man die Finger streckt, die nicht das Plektrum halten, kann man alle sechs Saiten mit einer Bewegung stoppen. Natürlich könnte man auch nur den kleinen Finger der Anschlagshand strecken, aber das fühlt sich ziemlich merkwürdig an, oder? Zumindest bei mir ...

Shuffle mit Staccatotönen

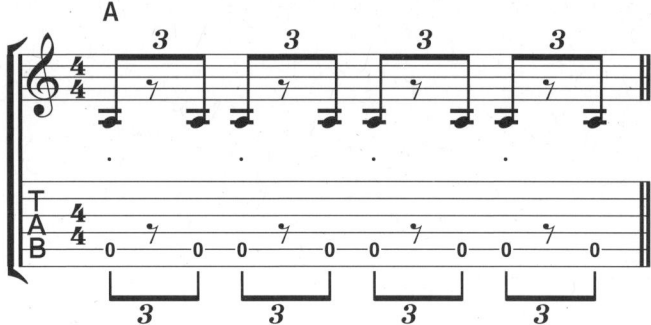

Aufgabe

- Spiele die Variationen des Standard-Riffs mit der neu gelernten Technik.

Tipp: Bei manchen Riffs klingt es besser, wenn man die Töne auf allen Zählzeiten staccato spielt, bei anderen Riffs klingt es besser, wenn man nur bestimmte Zählzeiten staccato spielt. Probiere selbst aus und entscheide, was dir gefällt und was nicht!

Closed Position (verschiebbare Patterns)

Spielen in allen 12 Tonarten

Bisher haben wir uns ausschließlich in der Tonart A bewegt, weil …

a) es so *spieltechnisch leichter* ist (die Grundtöne liegen auf ungegriffenen Saiten);

b) wir so die Patterns *besser vergleichen* können;

c) dies die *beliebteste Tonart* bei Bluesgitarristen ist.

Jetzt lernen wir, wie wir die bisher gelernten Patterns ganz einfach **in allen 12 Tonarten spielen** können. Dazu zeige ich dir nacheinander drei alternative Fingersätze, mit denen man die bisher gelernten Riffs (und natürlich alle zukünftigen) auch greifen kann.

Diese verschiedenen Alternativen nennt man <u>Fingersätze</u>. Prinzipiell würde jede einzelne dieser Alternativen ausreichen, um in allen Tonarten spielen zu können.

Fingersätze, vgl. S. 199

Wofür braucht man dann verschiedene Fingersätze, wenn man doch jeweils dieselben Töne spielt?

1. Der Hauptgrund ist, dass manche Patterns mit einem bestimmten Fingersatz deutlich leichter zu spielen sind. Andere Patterns sind mit einem anderen Fingersatz leichter zu spielen. Wenn man ein Pattern „im Ohr hat" und es auf der Gitarre spielen möchte, sucht man sich die Töne nach Gehör heraus. Dann überlegt man sich einen Fingersatz, der einem das Gitarristenleben möglichst leicht macht. Manche Patterns kann man mit verschiedenen Fingersätzen gleich gut spielen.

> **Klangfarbe**
>
> *Klangfarbe (auch „Timbre") ist der Charakter eines Tones. Vergleiche einmal den Ton am 15. Bund der tiefen E-Saite mit der ungegriffenen g-Saite. Die Tonhöhe ist dieselbe, aber trotzdem klingt es anders, da die Saitendicke und die Saitenlänge sich unterscheiden.*

2. Ein weiterer Grund ist, dass die gleichen Töne auf anderen Saiten anders klingen, da sich deren Klangfarbe verändert.

Warum müssen wir überhaupt in anderen Tonarten als A spielen?

1. *Sänger* haben für jeden Song eine bestimmte Tonart, in der sie diesen Song am besten singen können.

2. *Instrumentalisten* haben auch ihre Lieblingstonarten, in denen es sich mit dem jeweiligen Instrument besonders leicht spielen lässt. Bei Bläsern sind das zum Beispiel die Tonarten Eb und Bb, während Boogie- und Blues-Pianisten meist sehr gerne in der Tonart C spielen.

3. Derselbe Song klingt in verschiedenen Tonarten unterschiedlich.

Beispiel: Der Beatles-Song „Here Comes The Sun" erhält seinen Klang und seine ganze Atmosphäre erst dadurch, dass der Gitarren-Part (mit Kapo) sehr hoch gespielt wird. Derselbe Gitarrenpart ohne Kapo würde viel dunkler und weniger fröhlich klingen und der Song hätte eine völlig andere Stimmung!

Fingersatz 2

Einführung:

Auf der Gitarre ist es ziemlich leicht, ein Pattern in eine andere Tonart zu <u>übertragen</u>. Während man zum Beispiel beim Klavier darauf achten muss, welcher Finger in der neuen Tonart auf einer schwarzen und welcher auf einer weißen Taste landet, sind auf der

Transponieren (S. 88): Das Übertragen in eine andere Tonart nennt man „transponieren", vgl. auch Anhang, S. 201 „Kapodaster / Kapo", S. 160

Closed Position (Fingersatz 2)

Vorzeichen, vgl. S. 117/180

Gitarre alle Töne „gleichberechtigt". Es gibt keine schwarzen und weißen Bünde, alle Töne sehen gleich aus. Man kann also nicht erkennen, ob der Ton, den man gerade greift, ein Vorzeichen hat oder nicht. Das Verständnis (und die Übersicht auf dem Griffbrett) ist erst mal schwieriger als beim Klavier. Das Spielen in verschiedenen Tonarten ist dafür aber deutlich leichter auf einer Gitarre!

Das Problem:

Blues Riff 2, vgl. S. 21

Blues Riff 2 zum Beispiel besteht aus folgenden vier Tönen:

A-Saite: Ungegriffen – 4. Bund
D-Saite: 2. Bund – 4. Bund

Lagenspiel / Open Position, vgl. S. 20

Kapodaster, vgl. S. 160ff

Spielen wir jetzt alle Töne zum Beispiel einen Halbton höher (wir rutschen also mit der Hand in die 3. Lage), bleibt der Ton auf der ungegriffenen A-Saite derselbe und die vier Töne passen nicht mehr zusammen. Abhilfe schafft zunächst ein Kapodaster, den wir schon oft eingesetzt haben, um zu bekannten CDs in der entsprechenden Tonart mitzuspielen. Mit dem Kapo sind wir aber auch wieder an einen bestimmten Bund gebunden, nämlich an den, auf dem der Kapo klemmt.

Die Lösung:

vgl. Anhang „Gitarre stimmen mit gegriffenen Tönen" S. 165

Wenn wir es schaffen, das ungegriffene A als gegriffenen Ton zu spielen, können wir dieses Pattern auf dem Griffbrett hin und her schieben und somit mit anderen Grundtönen spielen. Jeweils am 5. Bund auf einer Saite ist derselbe Ton wie auf der nächsthöheren ungegriffenen Saite (Ausnahme: G-Saite 4. Bund = B-Saite).

Wir müssen also das A, das wir bisher auf der ungegriffenen A-Saite gespielt haben, am 5. Bund der tiefen E-Saite spielen. Und da der kleine Finger für genau diesen Bund zuständig ist, spielen wir jetzt den ersten Ton von Blues Riff 2 (also A) genau dort. Die restlichen drei Töne werden genauso gespielt wie vorher: Gleiche Finger, gleiche Bünde, gleiche Saiten! Nur der erste Ton wird jetzt anders gespielt!

Das klangliche Ergebnis bleibt natürlich gleich, da wir ja denselben Ton spielen, nur eben an einer anderen Stelle des Griffbretts. Es ändert sich lediglich – wie beschrieben – das Timbre ein wenig.

Blues Riff 2 (Fingersatz 2 – Grundton A)

Blues Riff 2 (Fingersatz 2 über A)

Wer möchte, kann sich anfangs die Abkürzungen der Finger unter die Töne schreiben: K – R – Z – R (also kleiner Finger, Ringfinger, Zeigefinger, Ringfinger).

Closed Position (Fingersatz 2)

Jetzt verschieben wir das Ganze wieder nach D:

Alles wird eine Saite höher gespielt, auch der „neue" Ton mit dem kleinen Finger, der jetzt auf der A-Saite am 5. Bund gegriffen wird.

Blues Riff 2 (Fingersatz 2 – Grundton D)

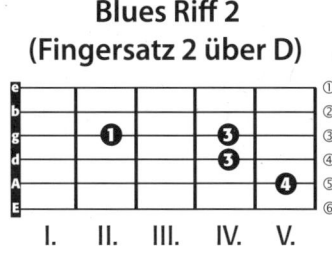

126 CD-Track

Und wenn wir das Ganze jetzt auf E schieben wollen … stellen wir fest, dass wir gar nicht eine Saite tiefer am 5. Bund greifen können, weil es keine tiefere Saite als die tiefe E-Saite gibt. Wir müssen uns für das E also etwas anderes überlegen:

Von jedem D aus gesehen liegt immer zwei Halbtöne höher ein E. Das Besondere an unserem neuen D-Pattern ist ja, dass es keine ungegriffene Saite mehr enthält und somit verschiebbar ist. Und das nutzen wir jetzt aus, indem wir das D-Pattern zwei Bünde höher nach E verschieben. Der _Fingersatz_ und die gespielten Saiten sind dieselben wie beim D-Pattern, aber alles wird zwei Bünde höher gespielt (oder anders ausgedrückt: Das D-Pattern wird in der 2. Lage gespielt und das E-Pattern auf denselben Saiten mit demselben Fingersatz in der 4. Lage). Die Töne dieses hohen E-Pattern sind exakt dieselben, die wir auch beim tiefen E-Pattern spielen würden, nur eben eine Oktave höher.

vgl. Anhang „Gitarre stimmen mit gegriffenen Tönen", S. 165

Fingersätze, vgl. S. 199

Blues Riff 2 (Fingersatz 2 – Grundton E)

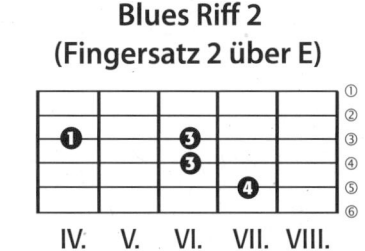

126 CD-Track

Auch hier ist der Fingersatz K – R – Z – R.

Das Wechseln zwischen den einzelnen Patterns demonstriere ich ausführlich auf CD-Track 126. Auf CD-Track 127 erkläre ich genau, wie man einen **Slide** einbaut, um vom A-Pattern zum E-Pattern (oder vom E-Pattern zum A-Pattern) zu wechseln.

Das Spielen mit dem neuen Fingersatz ist anfangs gar nicht so leicht, aber wir haben gerade eines der wichtigsten Prinzipien des Gitarrespielens kennengelernt. Mit dem eben Gelernten können wir auf einmal statt in einer Tonart **in allen 12 Tonarten** spielen! Bevor wir das ausprobieren, spielen wir aber zur Übung auch noch **Blues Riff 3** und **Blues Riff 4 mit dem neuen Fingersatz**.

vgl. auch Transponieren auf S. 88 / 201

Closed Position (Fingersatz 2)

Blues Riff 3 mit Fingersatz 2

Blues Riff 3, vgl. S. 22

Nachdem wir nun wissen, dass wir nur den Ton auf der ungegriffenen A-Saite ändern müssen und nachdem wir auch schon wissen, wie das geht, haben wir alle notwendigen Informationen, um *Blues Riff 3* in der neuen Lage zu spielen. Versuche doch mal selbstständig herauszufinden, wie man dieses Pattern spielt, und lies erst danach weiter, um zu kontrollieren, ob du alles richtig gemacht hast.

Wie beim vorherigen Beispiel ändert sich wieder nur der erste Ton des Patterns, der jetzt wieder mit dem kleinen Finger auf dem 5. Bund der nächsttieferen Saite gegriffen wird.

129 Play-along

Blues Riff 3 (Fingersatz 2 – Grundton A)

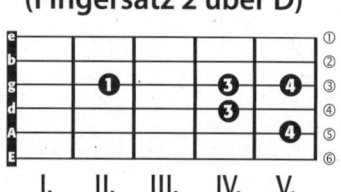

Das D-Pattern ist wie immer identisch zum A-Pattern, nur eine Saite höher:

Die meisten Gitarristen bewegen die Hand bei der Aufforderung „nach oben" anfangs intuitiv in die falsche Richtung. „Nach oben" heißt, dass wir die Anschlagshand von der Kopfplatte wegbewegen.

Beim E-Pattern stoßen wir wieder auf dasselbe Problem wie vorhin: Wir können das A-Pattern mangels tieferer Saite nicht eine Saite tiefer spielen. Deshalb spielen wir für das E-Pattern wieder das D-Pattern um zwei Bünde nach oben verschoben:

129 Play-along

Blues Riff 3 (Fingersatz 2 – Grundton E)

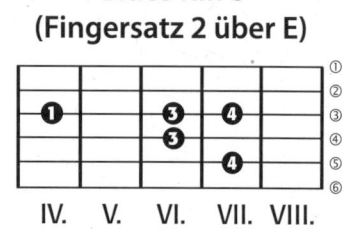

Closed Position (Fingersatz 2)

Blues Riff 4 mit Fingersatz 2

Wenn wir jetzt noch _Blues Riff 4_ in der neuen Lage spielen, dann spielen wir zum ersten Mal einen Riff über vier Saiten. Da sich im Vergleich zu **Blues Riff 3** nur ein Ton ändert, verzichte ich auf lange Erklärungen. Versuche doch wieder erst mal alleine, Blues Riff 4 in der neuen Lage zu spielen, bevor du dir die Noten anschaust.

Blues Riff 4, vgl. S. 24

Blues Riff 4 (Fingersatz 2 – Grundton A)

130 Play-along

Beim D-Pattern tritt das bekannte Problem auf, dass die B-Saite einen Ton zu tief gestimmt ist und man deshalb einen Bund höher greifen muss:

Blues Riff 4 (Fingersatz 2 – Grundton D)

130 Play-along

Aufgabe

- Schreibe den Fingersatz 2 der Greifhand unter die Noten von Blues Riff 4 – Grundton A.
- Finde selbst das E-Pattern. Es ist wieder das D-Pattern um 2 Bünde nach oben verschoben.

Trage Blues Riff 4 (Fingersatz 2 – Grundton E) hier ein!

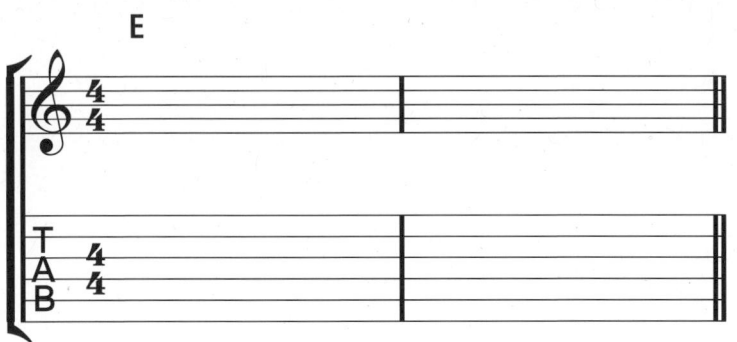
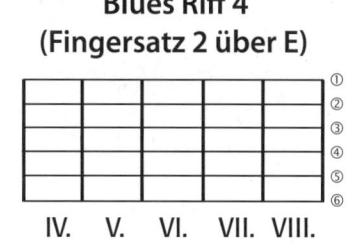

Die Lösungen findest du auf www.garantiert-bluesgitarre.de!

Closed Position (Fingersatz 2)

Blues Riff 2, vgl. S. 21

Transponieren, vgl. S. 201

Transponieren: In anderen Tonarten spielen

Jetzt spielen wir zum ersten Mal in einer anderen Tonart als A. Dazu nehmen wir das uns bekannte *Blues Riff 2* und **transponieren** es. Auf der Gitarre ist transponieren sehr einfach: Man verschiebt einfach seine Hand ein paar Bünde höher oder tiefer und spielt dasselbe wie vorher, nur an einem anderen Bund.

Bei anderen Instrumenten ist das teilweise anders: Zum Beispiel beim Klavier muss man beachten, ob man schwarze oder weiße Tasten spielen muss. Bei der Bluesharp braucht man sogar für jede Tonart ein eigenes Instrument!

Siehe „Alle Töne auf dem Griffbrett finden", S. 182/183

Nehmen wir mal an, wir wollen auf der Gitarre in der Tonart C spielen. Dazu müssen wir zuerst den Ton C auf der tiefen E-Saite finden. Das C ist auf der E-Saite am *8. Bund*. Wir greifen es mit dem kleinen Finger. Blues Riff 2 in der Tonart C wird also folgendermaßen gespielt:

Blues Riff 2 (Fingersatz 2 – I. Stufe, Grundton: C)

Der Fingersatz bleibt exakt derselbe wie vorher in der Tonart A! Wenn man nicht auf das Griffbrett schaut, merkt man gar nicht, dass man etwas anderes spielt (außer dass es höher klingt).

Um nach vier Takten von dem Pattern der I. Stufe zum Pattern der IV. Stufe zu wechseln, verschieben wir das Ganze einfach wieder eine Saite höher:

Blues Riff 2 (Fingersatz 2 – IV. Stufe, Grundton: F)

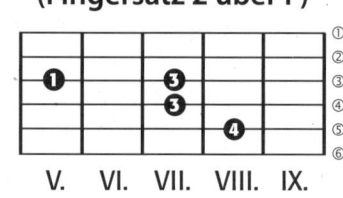

Darauf gehe ich später in „Praxis-Tipp: Spielen vs. Denken (Sind die Namen der Grundtöne egal?)", vgl. S. 98 nochmal genauer ein. Und im Anschluss daran lernen wir noch weitere Grundton-Muster kennen.

Der Grundton dieser IV. Stufe zu C heißt F, das muss man aber nicht unbedingt wissen. Wichtig ist erst mal, dass man das Muster kennt:

„Gleicher Finger – gleicher Bund – eine Saite höher".

Wie bereits bekannt wird das Pattern der V. Stufe zwei Bünde höher gespielt als das Pattern der IV. Stufe:

Closed Position (Fingersatz 2)

Wie bereits bekannt wird das Pattern der V. Stufe zwei Bünde höher gespielt als das Pattern der IV. Stufe:

Blues Riff 2 (Fingersatz 2 – V. Stufe, Grundton: G)

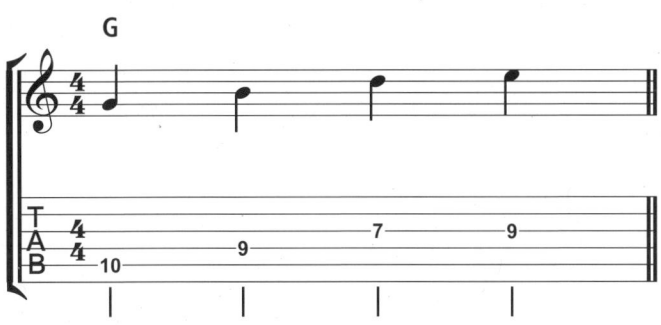

Wer es wissen möchte: Der Grundton dieser V. Stufe zu C heißt G ...

Aufgabe

- Spiele das 12-taktige Blues-Schema in der Tonart D, also fünf Bünde höher als A.
- Spiele Riff 2 bis 4 (mit Fingersatz 2) in verschiedenen Tonarten zu bekannten Hits. Beispiele sind bei der ersten Vorstellung von Riff 2 bis 4 (damals noch mit ungegriffener A-Saite) zu finden. Die Kapo-Angaben können jetzt ignoriert werden, man muss nur den entsprechenden Grundton auf der E-Saite finden, den kleinen Finger dorthin schieben und los geht´s. Viel Erfolg und viel Spaß!

Blues Riff 11 mit Fingersatz 2

Bei diesem Fingersatz kann man auch ganz bequem Riffs mit der kleinen Terz spielen. Bis auf den Grundton, der jetzt mit dem kleinen Finger gegriffen wird, hat sich ja nichts geändert ...

Blues Riff 11 (Fingersatz 2 – I. Stufe, Grundton: A)

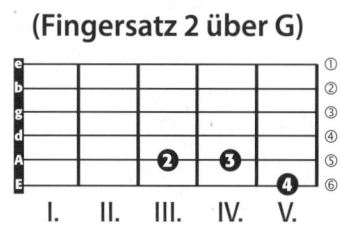

Aufgabe

- Spiele dieses Pattern auch in Achtelnoten (Riff 12).

Closed Position (Fingersatz 3)

Blues Riff 13/14 mit Fingersatz 2

Blues Riff 14, vgl. S. 37
Blues Riff 13, vgl. S. 37

Und so sieht <u>Blues Riff 14</u> mit dem neuen Fingersatz aus. Man kann natürlich erst den etwas einfacheren <u>Blues Riff 13</u> spielen, bevor man sich an diese Variation heranwagt.

CD-Track 133

Blues Riff 14 (Fingersatz 2)

Blues Riff 14 (Fingersatz 2 über A)

Aufgabe

- Spiele diesen Riff zu den Klassikern, die bei „Blues Riff 14" auf Seite 37 genannt wurden.
- Überlege dir selbstständig, wie du weitere, bereits im Buch vorgestellte Patterns mit dem neuen Fingersatz spielen kannst.

CD-Track 134-141

Fingersatz 3

Einführung:

Fingersätze, vgl. S. 199

Jetzt spielen wir dieselben Töne mit einem weiteren <u>Fingersatz</u>. Dieser Fingersatz unterscheidet sich deutlich von den beiden bisherigen Fingersätzen:

Fingersatz 3

E-Saite: 5. Bund (Mittelfinger)
A-Saite: 4. Bund (Zeigefinger) – 7. Bund (Kleiner Finger)
D-Saite: 4. Bund (Zeigefinger)

Lagenspiel / Open Position, vgl. S. 20

Nur ein Ton hat seine <u>Lage</u> geändert: Der Ton am 7. Bund der D-Saite lag vorher am 2. Bund der G-Saite. Wenn wir diese beiden Töne vergleichen, stellen wir fest:

Stimmen mit gegriffenen Tönen, vgl. S. 165

Es ist tatsächlich der gleiche Ton. Warum das so ist, wird klar, wenn man den Anhang „Stimmen mit gegriffenen Tönen" liest: Auf der nächsthöheren Saite befindet sich derselbe Ton jeweils 5 Bünde tiefer (außer beim Saitenpaar g – b, da sind es 4 Bünde). Aber obwohl nur ein Ton seine Lage geändert hat, hat sich der Fingersatz komplett geändert!

Closed Position (Fingersatz 3)

Blues Riff 2 (Fingersatz 3 – I. Stufe, Grundton: A)

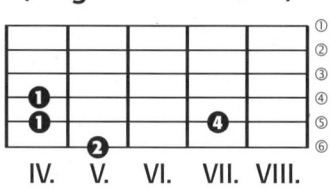

Aufgabe

- *Spiele einen 12-taktigen Blues im Standard Blues-Schema mit Blues Riff 2 und dem neuen Fingersatz. Das D-Pattern findet man wie immer einfach eine Saite höher, das E-Pattern entspricht dem D-Pattern um zwei Bünde noch oben verschoben. Versuche es erstmal alleine hinzubekommen. Schreibe bei Bedarf den Fingersatz wie oben angegeben unter die Noten.*

Die Lösungen findest du auf www.garantiert-bluesgitarre.de!

Und hier das zweitaktige Pattern mit Septime:

Blues Riff 3 (Fingersatz 3 – I. Stufe: Grundton: A)

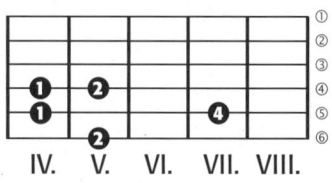

Aufgabe

- *Spiele einen 12-taktigen Blues mit dem einfachen Blues-Schema mit Blues Riff 3 und diesem neuen Fingersatz. Probiere wieder, ob du das D-Pattern und das E-Pattern alleine hinbekommst. Der Fingersatz entspricht dem vorherigen Beispiel.*

Die Lösungen findest du auf www.garantiert-bluesgitarre.de!

Als nächstes folgt das zweitaktige Pattern mit Oktave:

Blues Riff 4 (Fingersatz 3 – I. Stufe: Grundton: A)

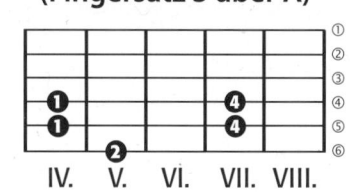

Closed Position (Fingersatz 3)

Aufgabe

- Spiele einen 12-taktigen Blues mit dem einfachen Blues-Schema mit Blues Riff 4 und Fingersatz 3.

Mit dem Fingersatz 2 konnte man problemlos Patterns mit der kleinen Terz spielen. Wenn man die kleine Terz in den Fingersatz 3 einbauen will, ist das etwas unbequemer:

CD-Track 138

Blues Riff 14 (Fingersatz 3 – I. Stufe: Grundton: A)

Blues Riff 14 (Fingersatz 3 über A)

Da wir nur vier Finger zum Greifen haben, aber fünf Bünde abdecken müssen (Bund 3 bis 7), müssen wir den Zeigefinger bis zum 3. Bund strecken und dann für den nächsten Ton am 4. Bund wieder hochrutschen. Das ist mir persönlich zu unbequem. Wenn ich die kleine Terz spielen will, nehme ich lieber Fingersatz 2 (oder Fingersatz 4, den wir im nächsten Abschnitt kennenlernen).

Boogie, vgl. S. 68ff

Jetzt kommen wir zu einem Pattern, das sich hervorragend mit dem Fingersatz 3 spielen lässt. Es ist eins von den *Boogie-Pattern*, die wir schon kennengelernt haben.

CD-Track 139

Blues Riff 34 (Fingersatz 3 – I. Stufe: Grundton: A)

Blues Riff 34 (Fingersatz 3 über A)

Diesen Riff kann man sehr gut mit den Fingern anstelle des Plektrums spielen:

Der Daumen schlägt abwechselnd den Grundton auf der tiefen E-Saite und die A-Saite an, und dazwischen schlägt jeweils der Zeigefinger die D-Saite an. Man kann die drei anzuschlagenden Saiten auch mit Daumen (tiefe E-Saite), Zeigefinger (A-Saite) und Mittelfinger (D-Saite) der Anschlagshand anschlagen. Mit dem Plektrum gespielt ist dieses Pattern deutlich schwieriger zu spielen!

Closed Position (Fingersatz 3)

Natürlich lassen sich auch Intros, Turnarounds und Endings mit Fingersatz 3 spielen:

Turnaround 1 (Fingersatz 3)

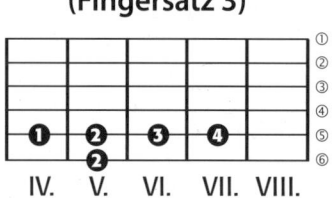

140 CD-Track

Turnarounds, vgl. S. 47ff

Ending 1 (Fingersatz 3)

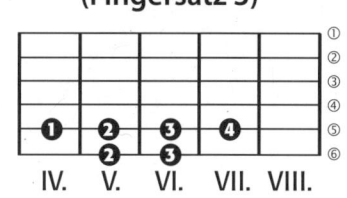

141 CD-Track

Endings, vgl. S. 59ff

Spiele weitere Patterns mit Fingersatz 3, bis du dich sicher fühlst.

Closed Position (Fingersatz 4)

Fingersatz 4

Fingersatz 4 hat eine Besonderheit: Mitten im Pattern wird die Lage gewechselt!

Um ein Pattern mit dem gleichen Grundton wie mit der ungegriffenen Saite zu spielen, muss man auf der nächsttieferen Saite 5 Bünde höher spielen, vgl. „Stimmen mit gegriffenen Tönen", S. 165

E-Saite: 5. Bund (Zeigefinger) – vom 7. Bund mit dem Ringfinger mit einem Slide in den 9. Bund rutschen
A-Saite: 7. Bund (Zeigefinger) – 9. Bund (Ringfinger)

Die einzelnen Töne werden nur jeweils eine Saite tiefer gespielt, die Anordnung aller vier Töne zueinander ist identisch zu Fingersatz 1. Der erste Ton wird aber statt mit der ungegriffenen Saite mit dem Zeigefinger gespielt.

Blues Riff 2 (Fingersatz 4 – I. Stufe: Grundton: A)

Blues Riff 2
(Fingersatz 4 über A)

Aufgabe

- Finde selbstständig das D-Pattern und das E-Pattern.
- Schreibe bei Bedarf den Fingersatz wie oben beschrieben in die Noten.

Trage den Fingersatz 4 von Blues Riff 2 (D und E) hier ein!

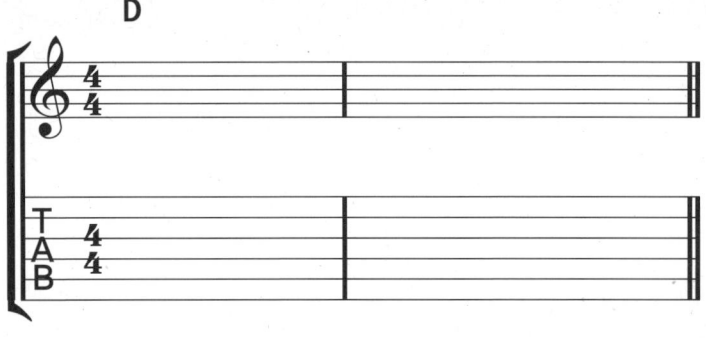

Blues Riff 2
(Fingersatz 4 über D)

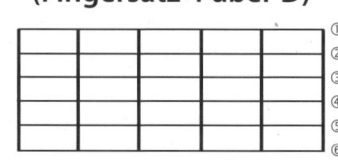

Die Lösungen findest du auf www.garantiert-bluesgitarre.de!

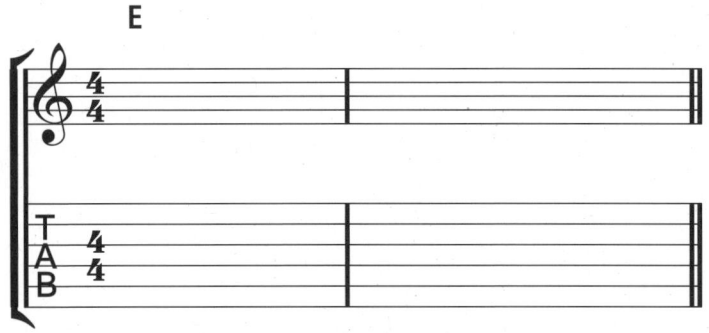

Blues Riff 2
(Fingersatz 4 über E)

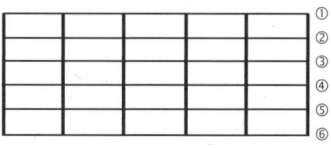

Closed Position (Fingersatz 4)

Und so spielt man den zweitaktigen Blues Riff 3 mit dem Fingersatz 4:

Blues Riff 3 (Fingersatz 4 – I. Stufe: Grundton: A)

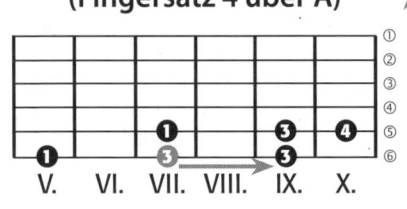

Blues Riff 3 (Fingersatz 4 über A)

Boogie, vgl. S. 68ff

Auch hier ist der Fingersatz ab dem zweiten Ton identisch zu Fingersatz 1 und Fingersatz 2, der Zeigefinger am 5. Bund ersetzt wieder die ungegriffene nächsttiefere Saite.

Aufgabe

- Probiere selbstständig, wie weitere Riffs aus diesem Buch mit diesem neuen Fingersatz gespielt werden.
- Spiele mit diesem neuen Fingersatz verschiedene Patterns durch das ganze Blues-Schema. Dazu kannst du die Playbacks der entsprechenden Riffs (mit den anderen Fingersätzen) verwenden. Natürlich muss mein gesprochener Kommentar ausgeblendet werden, da er sich ja auf einen anderen Fingersatz bezieht ...

Closed Position (Fingersatz 4)

Der Standard Blues-Riff in allen Tonarten

Der **Standard Blues-Riff** lässt sich mit diesem Fingersatz auch sehr gut als verschiebbare Version spielen, allerdings braucht man den Slide nicht, da der Ton am 9. Bund gar nicht gespielt wird. Beachte bitte die Fingersatzangabe unter den Noten und im Diagramm.

Blues Riff 37 verschiebbar (Fingersatz 4 – I. Stufe: A)

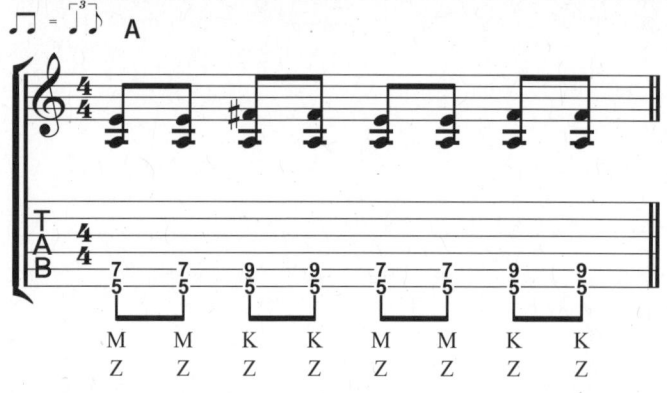

Manche Gitarristen spielen den 7. Bund auch mit dem Ringfinger. Das hängt davon ab, zwischen welchen beiden Fingern man die notwendige Streckung (vier Finger decken fünf Bünde ab) lieber machen möchte.

Übertrage den Fingersatz 4 auf die IV. und V. Stufe!

Die Lösungen findest du auf www.garantiert-bluesgitarre.de!

Aufgabe

- Spiele einen kompletten Blues mit dem neuen Fingersatz des Standard Blues-Riffs. Das D-Riff wird wie immer eine Saite höher gespielt als das A-Riff, das E-Riff ist vom D-Riff aus noch einmal 2 Bünde höher. Wenn du sicher bist, baue Intro, Turnaround und Ending ein.

- Spiele das Standard Blues-Riff mit dem neuen Fingersatz zu verschiedenen CDs mit. Beachte die jeweils von mir genannte Tonart und schiebe den Zeigefinger auf den entsprechenden Ton auf der tiefen E-Saite (für die Tonart C also z. B. auf den 8. Bund). Für den nächsten Akkord auf der IV. Stufe springst du von dort aus eine Saite höher. Den Akkord der V. Stufe findest du von der IV. Stufe aus noch einmal zwei Bünde höher.

„Kapodaster-Griffbrett-übersicht", vgl. S. 160

Closed Position (Fingersatz 4)

Wenn man noch die Septime mit einbaut, sieht das Ganze so aus:

Blues Riff 38 verschiebbar (Fingersatz 4 – I. Stufe: A)

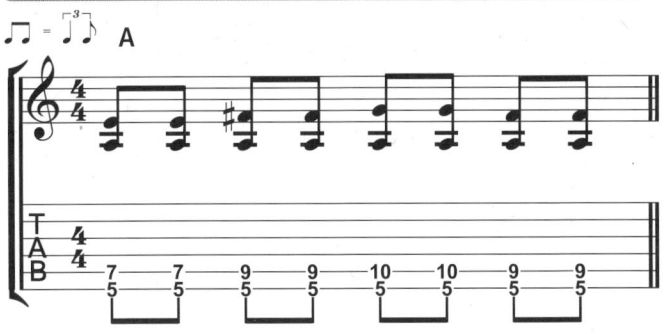

Wie im Griffdiagramm angezeigt, wird der Ton am 10. Bund mit dem kleinen Finger gespielt. Dafür muss man die Greifhand schon ziemlich strecken. Wenn das noch nicht klappt, kann man dieses Pattern ein paar Bünde höher spielen (dort sind die Bundstäbchen ja enger zusammen) und sich dann Bund für Bund runterarbeiten. So wird die Greifhand nach und nach an die Überstreckung gewöhnt.

Eine letzte Anregung, wie man die Variationen des Standard Blues-Riffs auf den Fingersatz 4 überträgt:

Blues Riff 43 verschiebbar (Fingersatz 4 – I. Stufe: A)

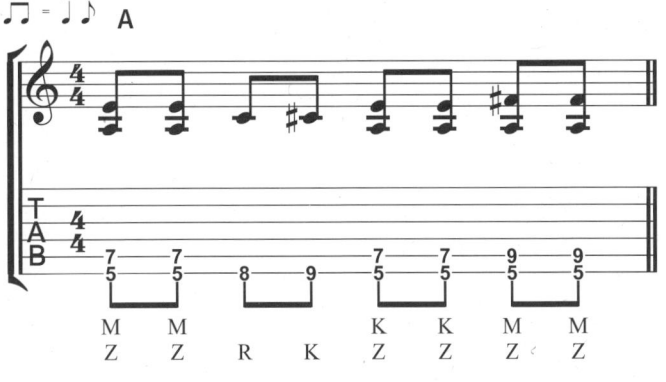

Aufgabe

- Spiele weitere Variationen des Standard Blues-Riffs mit dem neuen Fingersatz.

Mittlerweile sind die Aufgaben ziemlich groß, auch wenn sie teilweise nur aus einem Satz bestehen. Deshalb hier noch einmal ein paar Tipps zur Ausführung:

- Zuerst sollte man ein Pattern mit dem neuen Fingersatz langsam üben.
- Dann langsam ein ganzes Blues-Schema durchspielen.
- Dann kann man langsam das Tempo steigern.
- Schließlich kann man zur CD mitspielen.

Je nach Schwierigkeit und Umfang kann das durchaus ein paar Tage dauern! Parallel kann man natürlich weitere Aufgaben aus den vorherigen Kapiteln wiederholen oder erweitern (also zum Beispiel weitere Patterns mit einem neuen Fingersatz spielen).

Und ganz wichtig: Immer wieder schon bekannte Dinge spielen. Das macht nämlich einfach Spaß (und wegen des Spielens haben wir uns doch alle ursprünglich eine Gitarre zugelegt, oder?) und außerdem wird man erst durch mehrfache Wiederholung sicher. Neue Patterns und Fingersätze brauchen nämlich Zeit, um „sich zu setzen".

Tipps zum Üben

Praxis-Tipp: Spielen vs. Denken

Wie man die Tonart eines Songs findet, vgl. S. 175

Grundton-Muster, vgl. S. 99ff

Sind die Namen der Grundtöne egal?

Auf der Bühne ist es erst mal völlig egal, wie die Töne heißen, die man gerade spielt!

Zunächst sucht man sich den Grundton (durch Raushören, siehe Anhang *"Wie man die Tonart eines Songs findet..."* oder indem man die anderen Musiker fragt), dann entscheidet man sich für einen Fingersatz, bewegt den Finger, der den ersten Ton spielt (nennen wir ihn „Startfinger") an den entsprechenden Bund und spielt dann das Pattern, für das man sich entschieden hat. Bei den Akkordwechseln springt der Startfinger entsprechend dem *Grundton-Muster* auf den Startton der IV. beziehungsweise V. Stufe und dann spielt man ab dort das Pattern.

Müsste ich mir erst überlegen: „Hm, der Grundton ist A, dann ist die IV. Stufe D ... D finde ich am 5. Bund auf der A-Saite...", dann wäre ich schon lange aus dem Rhythmus, egal wie schnell ich diese Überlegungen anstelle. Natürlich ist es wichtig, dass man die Namen der Töne kennt, zum Beispiel wenn man sich mit den Mitmusikern absprechen will.

Aber in der Praxis – ob beim Proben, im Studio oder auf der Bühne – kommt es darauf an, dass man ohne langes Nachdenken die richtigen Töne SPIELT, und das geht nur durch Fingersätze, Patterns und Grundton-Muster, die man so lange übt, bis man sie automatisiert hat. Der Sinn des Automatisierens einer Bewegung ist ja gerade, dass man die richtigen Töne ohne nachzudenken sofort abrufen kann.

Wichtig sind also zwei Dinge:

1. Ich muss den **Grundton der I. Stufe** finden.

2. Ich muss wissen, wo ich die **Grundtöne der anderen beiden Stufen** im Verhältnis zum Grundton finde.

Wie man die Tonart eines Songs findet, vgl. S. 175

„Alle Töne auf dem Griffbrett finden", vgl. S. 182/183

1. Grundton finden

a) Den Grundton der I. Stufe finde ich entweder *nach Gehör* ...

b) ... oder ich lerne die Töne auf dem Griffbrett *auswendig* (zumindest die auf der tiefen E- und auf der A-Saite).

2. Die beiden anderen Grundtöne der IV. und V. Stufe finden

Es gibt auf dem Griffbrett **vier Muster (Shapes)**, wie die Töne zueinander angeordnet sind. Ich nenne das die vier Grundton-Muster (von denen wir zwei bereits kennen). Im anschließenden Kapitel werden alle Grundton-Muster besprochen.

Die vier Grundton-Muster

Die vier Grundton-Muster

Als wir anfangs mit den ungegriffenen Saiten gespielt haben, war der Grundton des I-Akkordes auf der (ungegriffenen) A-Saite. Der Grundton des IV-Akkordes war am gleichen Bund (in diesem Falle also auch ungegriffen) auf der nächsthöheren Saite (D-Saite). Der Grundton des V-Akkordes lag vom Grundton A aus am gleichen Bund (ungegriffen) auf der nächsttieferen Saite (E-Saite).

Dieses Verhältnis der Grundtöne zueinander gilt natürlich nicht nur bei den ungegriffenen Saiten, sondern auch bei allen Bünden, sprich in allen Lagen. Wenn der Grundton des I-Akkordes am 3. Bund liegt, dann findet man die anderen beiden Grundtöne natürlich am 3. Bund der nächsthöheren und nächsttieferen Saite.

Wie wir im Kapitel „*Closed Position*" gesehen haben, ist dies nicht die einzig mögliche Anordnung der drei Grundtöne für die drei Akkorde/Pattern, die wir in einem Blues üblicherweise benötigen. Es folgt eine Auflistung der vier gebräuchlichen Grundton-Muster (inklusive grafischer Darstellung auf dem Griffbrett):

Closed Position, vgl. S. 83ff

Grundton-Muster 1:

I. Stufe	IV. Stufe	V. Stufe
A-Saite	D-Saite gleicher Bund	E-Saite gleicher Bund

Dies ist das Grundton-Muster, mit dem wir uns am Anfang ausschließlich beschäftigt haben, als wir die ungegriffenen Saiten als Grundtöne für jede der drei Stufen genommen haben. Natürlich kann man die drei Grundtöne auf jeden beliebigen Bund schieben (als Beispiel habe ich den 1. Bund für die I gewählt).

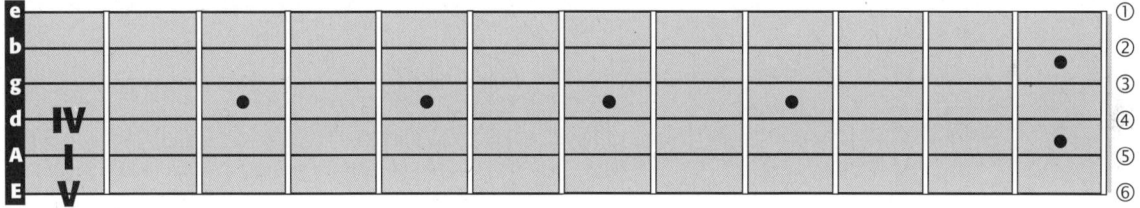

Grundton-Muster 2:

I. Stufe	IV. Stufe	V. Stufe
E-Saite	A-Saite gleicher Bund	A-Saite 2. Bünde höher

Das Verhältnis I zu IV ist wie bei Grundton-Muster 1, aber die I liegt auf der E-Saite. Da es von dort aus keine tiefere Saite mehr gibt, suchen wir uns die V eine Oktave höher. Wir finden sie immer zwei Bünde höher als die IV. Wir haben dieses Grundton-Muster bei der Einführung von *Fingersatz 2* kennengelernt. Auch hier kann man die drei Grundtöne auf jeden beliebigen Bund schieben, ich habe als Beispiel wieder den 1. Bund für die I gewählt.

Fingersatz 2, vgl. S. 83, der Fingersatz, bei dem man mit dem kleinen Finger anfängt ...

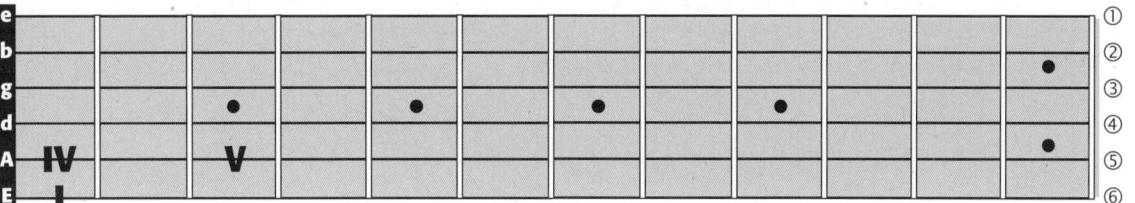

Die vier Grundton-Muster

Grundton-Muster 3:

I. Stufe	IV. Stufe	V. Stufe
A-Saite	E-Saite 2 Bünde tiefer	E-Saite gleicher Bund wie I

Wenn der Grundton auf der A-Saite liegt und man die IV und die V höher spielt (auf derselben Saite wie bei Grundton-Muster 4 oder auf der nächsthöheren Saite wie bei Grundton-Muster 2), dann kommt man schnell in zu hohe Register. Dann spielt man die IV und die V besser tiefer als die I.

Man kann sich das **Grundton-Muster 3** auf mehrere Arten herleiten.

Ausgehend von der Oktave:

Ausgehend von jedem beliebigen Ton auf der D-Saite liegt die Oktave jeweils **2 Saiten und 2 Bünde tiefer**.

Ausgehend von Grundton-Muster 1:

Die **V** ist auf der E-Saite **am selben Bund** wie die **I**. Von der **V** aus gesehen ist die **IV** jeweils **2 Bünde tiefer**.

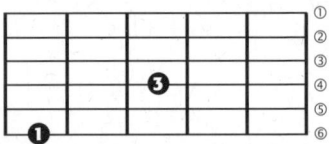
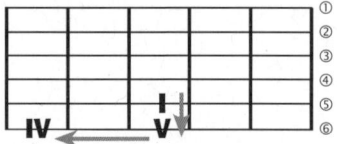

Natürlich kann man die drei Grundtöne wieder auf jeden beliebigen Bund schieben, ich habe als Beispiel den 3. Bund für die I gewählt.

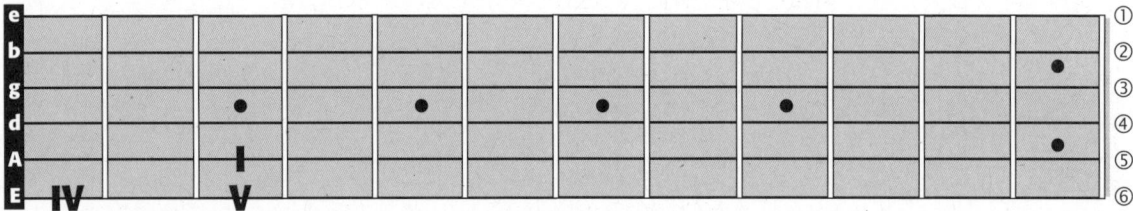

Grundton-Muster 4:

I. Stufe	IV. Stufe	V. Stufe
E-Saite	E-Saite 5 Bünde höher	E-Saite 7 Bünde höher
A-Saite	A-Saite 5 Bünde höher	A-Saite 7 Bünde höher

Dies ist wahrscheinlich das einfachste und logischste Grundton-Muster: Man spielt einfach für alle drei Akkorde / Stufen genau dasselbe Pattern auf exakt denselben Saiten und schiebt es einfach auf den jeweils zugrunde liegenden Grundton. Ich habe als Beispiel den 1. Bund für die I gewählt.

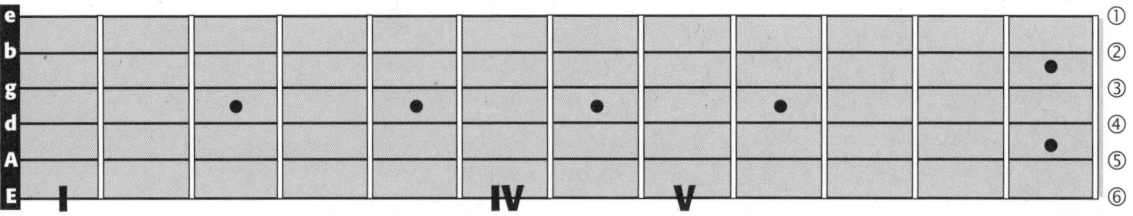

Es fällt auf, dass die V immer 2 Bünde höher ist als die IV (außer bei Grundton-Muster 1, da ist die V ja eine Oktave tiefer).

Die vier Grundton-Muster

Aufgabe

- Spiele die verschiedenen Gundton-Muster mit verschiedenen Fingersätzen durch das komplette Blues-Schema.

Achtung: Dies ist eine ziemlich umfangreiche Aufgabe! Vier verschiedene Fingersätze kombiniert mit vier verschiedenen Grundton-Mustern ergibt 16 Möglichkeiten, dasselbe Pattern in einer Tonart zu spielen!!! Kombiniert man das noch mit den 12 möglichen Tonarten …

Am besten setzt man sich erst mal mit einem Fingersatz auseinander, indem man ihn mit den verschiedenen Grundton-Mustern spielt. Wenn das in einer Tonart klappt, probiert man andere Tonarten. Und dann erst kommt der nächste Fingersatz an die Reihe. Am meisten Spaß macht das natürlich, wenn man zu CD-Aufnahmen mitspielt.

Kombination von verschiedenen Fingersätzen

Natürlich kann man die Fingersätze auch beliebig miteinander kombinieren.

Als Beispiel habe ich beim A und beim D Fingersatz 3 verwendet und beim E Fingersatz 2. Der Vorteil bei dieser Kombination ist, dass man das komplette Blues-Schema in der gleichen Lage (Bund 4 bis 7) spielen kann.

CD-Track 149

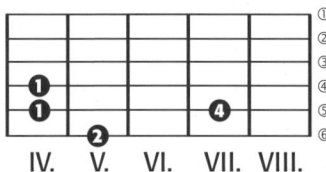
Blues Riff 2 (Fingersatz 3 über A)

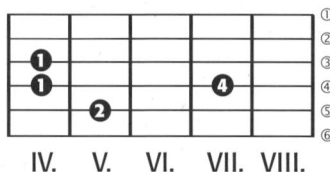
Blues Riff 2 (Fingersatz 3 über D)

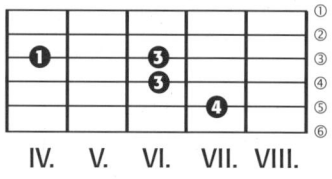
Blues Riff 2 (Fingersatz 2 über E)

Aufgabe

- Probiere weitere Kombinationen von Fingersätzen aus. Merke dir, welche Kombinationen praktisch sind und aus welchen Gründen.
- Spiele einen ganzen Blues mit Intro, Turnaround und Ending ausschließlich in dieser Lage (Bund 4 bis 7).

Tonmaterial 6: Neutrale Riffs ohne Terz

150-160 CD-Track

Neutrale Riffs ohne Terz (die über Dur und Moll passen)

Die folgenden Riffs lassen sich sowohl als Moll- als auch als Dur-Riffs verwenden, da sie keine Terz enthalten. Mindestens eines der folgenden (oder ein sehr ähnliches) Riff befindet sich im Live-Repertoire von fast jeder Bluesband, da diese Art Groove eine gute Stimmung im Publikum garantiert. Songs mit einem der folgenden Grooves eignen sich also sehr gut gegen Ende des regulären Programms, um die Stimmung noch mal richtig anzuheizen, oder als Zugabe.

1 – 8 – 7 – 5

150 CD-Track
151 Play-along

Blues Riff 47 („Buddy Guy-Riff" / „Tore Down-Riff": 1–8–7–5)

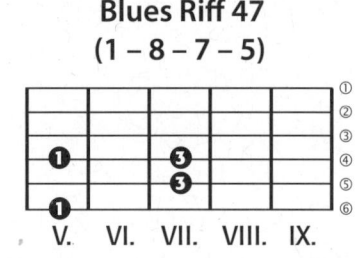

Dieses Pattern wird nur mit dem Zeigefinger (alle Töne am 5. Bund) und dem Ringfinger (alle Töne am 7. Bund) gespielt. Besonders gut klingt dieses Pattern, wenn jeweils die erste Achtelnote von jeder Zweiergruppe *staccato* gespielt wird. Wenn auf einer Session jemand nach dem „**Buddy Guy-Riff**" oder dem „**Tore Down-Riff**" fragt, will er, dass man dieses Pattern spielt.

Staccato, vgl. S. 82

Diskographie	Tonart	Kapodaster	Anmerkungen
I'm Tore Down – Eric Clapton „From The Cradle"	C	3. Bund	Ein echter Klassiker, im Original von Freddie King. Standard Blues-Schema.
Side Tracked – Freddie King „Just Pickin'"	G	10. Bund	Eines von Freddies vielen erfolgreichen Instrumentals.
Everything´s Gonna Be Alright – Little Walter „The Chess Years 1952 – 1963" / „Blues With A Feelin'"	G	10. Bund	Es wird das Quick Change-Schema verwendet. Im 2. Takt jeder Zeile wird der Basslauf wie bei Freddie Kings „Going Down" und Eric Claptons Version von „Sweet Home Chicago" (Album: „Sessions For Robert J") gespielt (siehe Kapitel „*Riffs in Moll*").
I Got My Eyes On You – Buddy Guy „This Is Buddy Guy"	G	10. Bund	Standard Blues-Schema. Viele tolle Variationen des Patterns.
That Will Never Do – Freddie King „Is A Blues Master"	C	3. Bund	Standard Blues-Schema. Auch bei dieser Aufnahme gibt es einige coole Variationen!

„Riffs in Moll", S. 116

Tonmaterial 6: Neutrale Riffs ohne Terz

Diskographie	Tonart	Kapodaster	Anmerkungen
Don't Have To Worry – Earl Hooker „Simply The Best" / „For Your Love"	C	3. Bund	Hier wird das Standard Blues-Schema verwendet.
Got To Hurry – Yardbirds „Rarities"	A	kein	Standard Blues-Schema, kein Turnaround.
You – Henrik Freischlader „Get Closer"	F#	8. Bund	Kein Standard Blues-Schema

Bei den oben genannten Songs werden von den jeweiligen Bassisten / Gitarristen etliche Variationen angeboten. Ich zeige hier ein paar Beispiele für mögliche Variationen.

Das Playback auf CD Track 151 eignet sich für alle Variationen in diesem Kapitel.

Die hier gezeigte Variation enthält eine Triole mit einem Hammer On. Man könnte zusätzlich auch den letzten Ton durch ein Hammer On erzeugen, das ist aber etwas schwieriger zu spielen.

Blues Riff 48

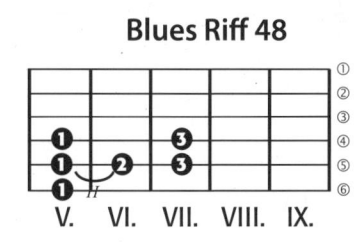

Diskographie	Tonart	Kapodaster	Anmerkungen
I Walked All Night Long – Albert King „More Big Blues"	Ab	11. Bund	Es wird das Quick Change-Schema gespielt. Die Aufnahme ist etwas höher gestimmt.

Hier ist eine meiner Lieblingsvarianten, die zwei Triolen enthält:

Blues Riff 49

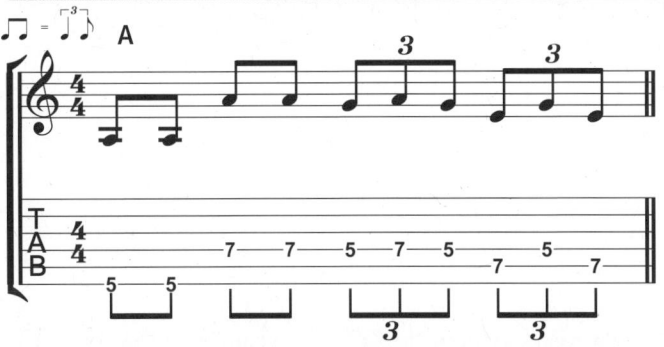

Diskographie	Tonart	Kapodaster	Anmerkungen
Hey Lawdy Mama – Junior Wells „Hoodoo Man Blues"	A	kein	Hier wird ein ganz ähnliches Pattern gespielt – mit vielen Variationen zum Heraushören …

Tonmaterial 6: Neutrale Riffs ohne Terz

Aufgabe

- *Versuche noch weitere Variationen aus den Songempfehlungen (und weiteren, die dir über den Weg laufen ☺) herauszuhören und zu erfinden.*

1 – 5 – 7 – 8

Hierbei handelt es sich um dieselben Töne wie im vorherigen Beispiel, sie werden aber in einer anderen Reihenfolge gespielt.

Blues Riff 50 (1 – 5 – 7 – 8 Basis Pattern – Viertelnoten)

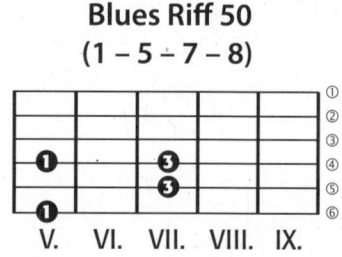

Diskographie	Tonart	Kapodaster	Anmerkungen
Shake It Baby – John Lee Hooker „The Ultimate Collection: 1948 – 1990"	E	7. Bund	Wenn John Lee Hooker dieses Pattern spielt, finde ich es jedes Mal wieder unglaublich, wie höllisch einfache Viertelnoten grooven können!

Dasselbe Pattern, aber in Achteln statt in Vierteln gespielt.

Blues Riff 51 (1 – 5 – 7 – 8 Basis Pattern – Achtelnoten)

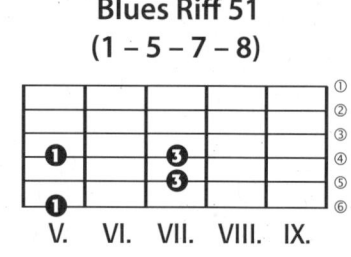

Diskographie	Tonart	Kapodaster	Anmerkungen
Checkin´ Up On My Baby – Sonny Boy Williamson II „The Chess Years"	A	kein	

Garantiert Bluesgitarre lernen

Tonmaterial 6: Neutrale Riffs ohne Terz

Auch zu diesem Pattern zeige ich wieder ein paar Beispiele für mögliche Variationen:

Blues Riff 52

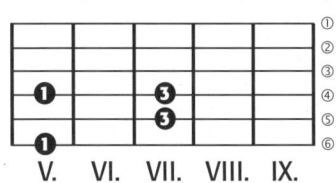

Blues Riff 52
(1 – 5 – 7 – 8)

Diskographie	Tonart	Kapodaster	Anmerkungen
Yonder Wall – Junior Wells „Hoodoo Man Blues"	A	kein	Es wird das Standard Blues-Schema ohne Turnaround verwendet.

Blues Riff 53

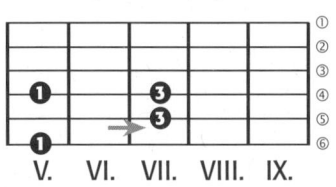

Blues Riff 53
(mit Slide)

Diskographie	Tonart	Kapodaster	Anmerkungen
Ships On The Ocean – Junior Wells „Hoodoo Man Blues"	B	2. Bund	Bei dieser Aufnahme wird das Standard Blues-Schema verwendet.

Im nächsten Beispiel gibt es sogar gleich zwei Variationen zum Preis von einer.

Blues Riff 54

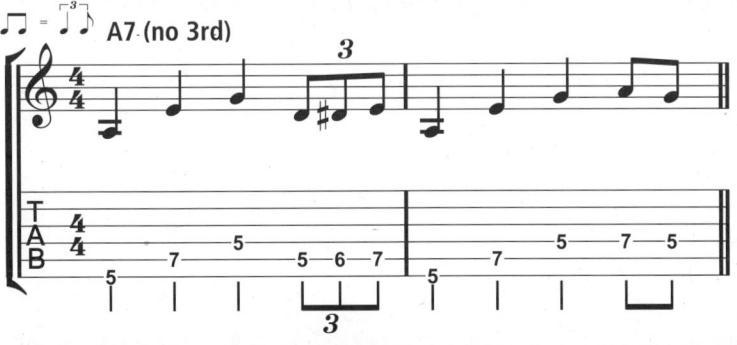

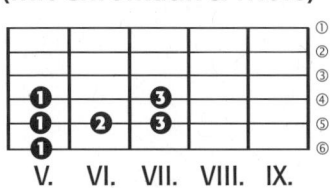

Blues Riff 54
(mit Chromatik & Triole)

Diskographie	Tonart	Kapodaster	Anmerkungen
My Baby (She´s So Good To Me) – Gary Moore / Scars „Scars"	E	7. Bund	Der Bass spielt immer abwechselnd die beiden gezeigten kleinen Fills.

Spieltechnik 5: Pull Off (Abzugsbindung)

Pull Off (Abzugsbindung)

Auch beim **Pull Off** handelt es sich um eine Spieltechnik, bei der zwei (unterschiedliche) Töne mit einem Anschlag erzeugt werden.

Hammer On, vgl. S. 45ff

Der zweite Ton wird durch Abziehen eines Fingers der Greifhand auf einen tieferen Bund auf derselben Saite erzeugt. Der zweite Ton kann sowohl eine ungegriffene Saite als auch ein gegriffener Ton sein.

Pull Off

Der **Pull Off** ist in gewisser Weise die Umkehrung eines **Hammer Ons**. Auch hier werden zwei Töne unterschiedlicher Tonhöhe mit nur einem Anschlag erzeugt. Allerdings ist beim Pull Off der zweite Ton **tiefer** und wird durch seitliches Abziehen der Saite erzeugt, ohne sie neu anschlagen zu müssen.

 In den Noten wird das mit einem „P" über oder unter einem Bindebogen (Legatobogen) gekennzeichnet.

Sehr beliebt ist die Kombination von Achteltriolen und Pull Off, zum Beispiel so …

1 – 5 – 7 – 8 Variation mit Pull Off und Triole

Blues Riff 55

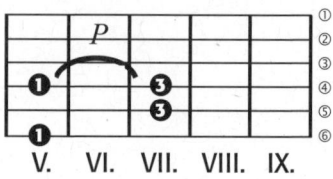

Blues Riff 55
(1 – 5 – 7 – 8)

Diskographie	Tonart	Kapodaster	Anmerkungen
The Blues Is Alright – Gary Moore „After Hours"	D	5. Bund	Diese Aufnahme verwendet das Standard Blues-Schema.
Soul Fixin´ Man – Luther Allison „Bad Love"	A	kein	Auch diese Aufnahme verwendet das Standard Blues-Schema.
Off The Hook – Earl Hooker „Do You Remember The Great Earl Hooker" / „There´s A Fungus Amung Us"	C	3. Bund	Standard Blues-Schema. Die Aufnahme ist etwas zu hoch gestimmt.
Let Me Stir In Your Pot – Carey Bell „Deep Down" / „Crucial Chicago Blues" (Sampler von Alligator Records)	G	10. Bund	Bei dieser Aufnahme gibt es viele interessante Variationen von den Patterns aus diesem Kapitel, sowohl aufwärts als auch abwärts gespielt.

Synkopen (Vorzieher), vgl. S. 107
Chromatische Durchgangstöne, vgl. S. 117ff

Jeweils eine weitere Variation findest du im Kapitel „*Rhythmus 8: Synkopen (Vorzieher)*" und im Kapitel „*Chromatische Durchgangstöne*".

 Aufgabe

■ Versuche noch weitere Variationen aus den genannten Songs (und weiteren, die dir über den Weg laufen ☺) herauszuhören und zu erfinden.

Rhythmus 8: Synkopen (Vorzieher)

Synkopen (Vorzieher)

Synkopen können auch einfache Riffs ziemlich aufwerten. Hör dir zum Beispiel mal den Anfang des **Ray Charles**-Hits „*What´d I Say*" an. Obwohl der Riff nur aus vier simplen Tönen besteht, geht der Song tierisch ab. Das liegt daran, dass bei der Wiederholung der vier Töne im zweiten Takt der erste Ton jeweils etwas zu früh gespielt wird.

Synkope

*Die **Synkope** ist ein rhythmisches Gestaltungsmittel, bei dem eigentlich unbetonte Taktteile (z.B. „und") betont werden. Dadurch entsteht eine Akzentverschiebung im ursprünglichen Taktgefüge, die rhythmische Spannung erzeugt und für Blues, Jazz, Funk, Rock und Reggae stilprägend ist.*

*In den Noten wird das mit einem **Haltebogen** gekennzeichnet, der den betonten Notenwert durch einen unbetonten vorwegnimmt.*

Haltebogen, vgl. S. 41

161 CD-Track

Oder etwas theoretischer ausgedrückt:
Eine Synkope, auf deutsch treffenderweise „**Vorzieher**" genannt, ist das Vorziehen eines Tons (oder eines Akkordes) von einer betonten Zählzeit auf eine unbetonte Zählzeit.

Betont:	eins		zwei		drei		vier	
Unbetont:		und		und		und		und

Wichtig ist, dass auf der Hauptzählzeit, die dem Vorzieher folgt, nicht wieder ein Ton angeschlagen wird, denn dann ist es ja kein Vorzieher, sondern einfach eine zusätzliche, eigenständige Note. Auf der nächsten Hauptzählzeit findet sich also entweder eine Pause oder der vorgezogene Ton klingt weiter, aber es wird kein neuer Ton angeschlagen.

Zu hören sind alle Vorzieher-Beispiele auf **CD Track 161**, denn das ist anschaulicher und besser zu nachzuvollziehen als die beste Erklärung!

Synkope 1 (Vorgezogene „1")

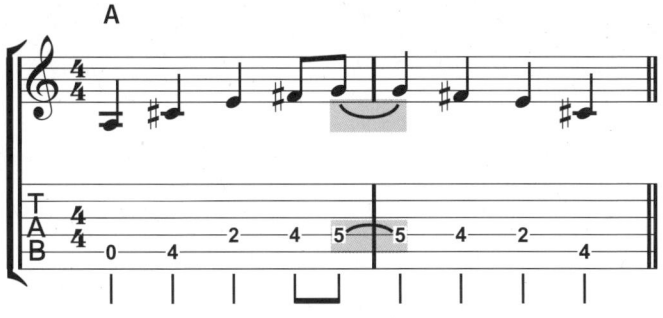
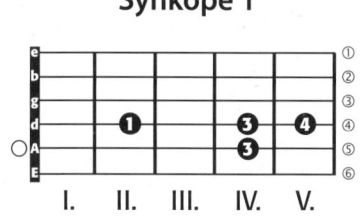

161 CD-Track

Synkope 2 (Vorgezogene „1" mit Achtelnote auf „1und")

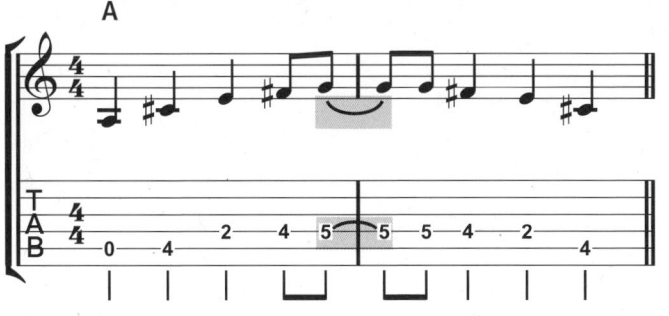
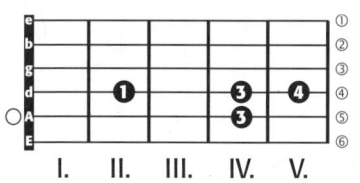

Rhythmus 8: Synkopen (Vorzieher)

161 CD-Track

Synkope 3 (Vorgezogene „1" mit Achtelpause auf der „1")

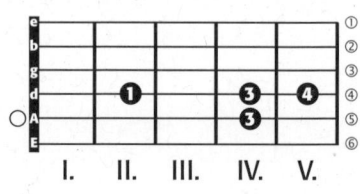

Ohne Synkope (Auf jeder Hauptzählzeit befindet sich ein Ton)

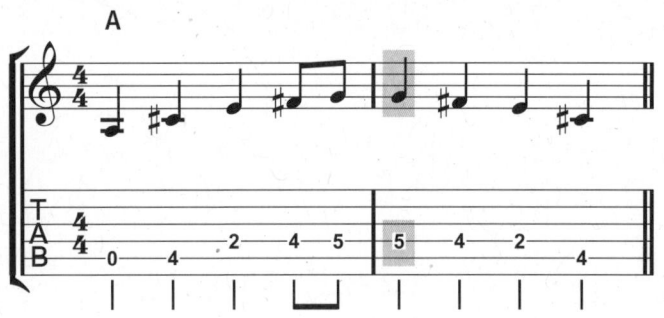
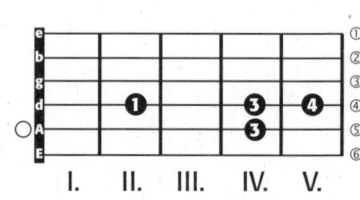

Shuffle, vgl. S. 31ff

Natürlich kann man auch beim Shuffle eine Achtelnote vorziehen. Beachte, dass beim *Shuffle* die zweite Achtelnote jeweils später gespielt wird. Deshalb wird auch der Vorzieher etwas später gespielt, nämlich genau da, wo die zweite Shuffle-Achtel hingehört.

Sechzehntelsynkopen

Man kann nicht nur um eine Achtelnote vorziehen, sondern auch um eine Sechzehntelnote. Wenn es eher rockig klingen soll, nimmt man Achtel-Vorzieher, wenn es eher funky klingen soll, passen Sechzehntel-Vorzieher besser. Die Synkopen werden in der Regel von allen Musikern einer Band gemeinsam gespielt.

162 CD-Track

Blues Riff 56 (Vorgezogene „3" mit Achtelnote auf der „3und")

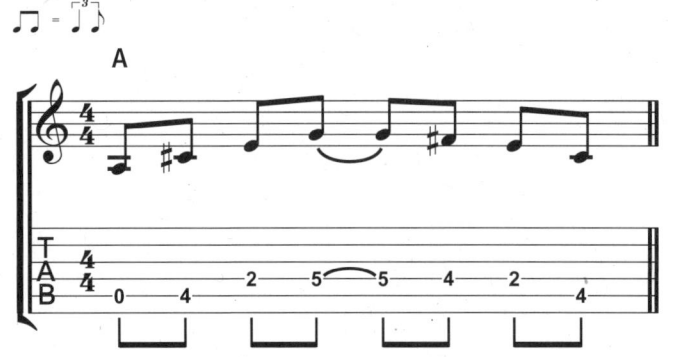
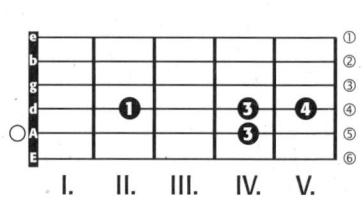

Garantiert Bluesgitarre lernen

Rhythmus 8: Synkopen (Vorzieher)

Hier eine rhythmische Variation mit geraden Achteln. Ein echter Klassiker!

Blues Riff 57 (Vorgezogene „3" mit geraden Achteln)

Diskographie	Tonart	Kapodaster	Anmerkungen
Key To The Highway – Freddie King „Getting Ready…" / „King Of The Blues" ab 0:21	C#	4. Bund	Hier wird ein *8-taktiges Blues-Schema* verwendet. Die Akkordfolge wird im Anhang „Weitere Blues-Schemata" vorgestellt.

Weitere Blues-Schemata, vgl. S. 185

Und noch eine Variation:

Blues Riff 58 (Vorgezogene „3" – Variation)

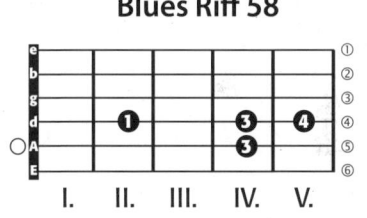

Dieses Pattern klingt auch sehr gut, wenn man den vierten Ton kurz spielt und auf der Zählzeit „3" eine Pause lässt.

Blues Riff 59 wird mit geraden Achteln in der 5. Lage gespielt.

Blues Riff 59 (Vorgezogene „1" – 5. Lage)

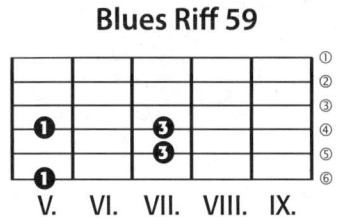

Garantiert Bluesgitarre lernen

Rhythmus 8: Synkopen (Vorzieher)

Diskographie	Tonart	Kapodaster	Anmerkungen
What´d I Say – Ray Charles „His Greatest Hits"	E	7. Bund	Es wird das Standard Blues-Schema verwendet.
What´d I Say – Freddie King „My Feeling For The Blues"	D	5. Bund	Schöne Cover-Version mit dem typischen Freddie King-Sound.
Stranger Blues – Elmore James „Shake Your Money Maker: The Best Of The Fire Sessions"	D	5. Bund	Es wird das _24-taktige Blues-Schema_ verwendet. Die Aufnahme ist etwas zu tief gestimmt.

Weitere Blues-Schemata, vgl. S. 185

Aufgabe

■ Hör dir das Riff von „I Wish You Would" von Billy Boy Arnold heraus. Es verwendet Grundton, Septime und Oktave in der Tonart G und basiert auch auf einem Vorzieher. Dazu eignet sich der Fingersatz vom _Buddy Guy/Tore Down-Riff_ hervorragend. Dieser Song wurde u. a. auch von den Yardbirds unter Verwendung desselben Riffs und derselben Tonart gecovert.

Buddy Guy/Tore Down-Riff, vgl. S. 102

Ein Klassiker der Musikgeschichte:

Blues Riff 60 (Vorgezogene „3" und „1")

Diskographie	Tonart	Kapodaster	Anmerkungen
(I Can´t Get No) Satisfaction – Rolling Stones „Hot Rocks 1964-1971"	E	7. Bund	Bei dieser Aufnahme wird folgende Variation gespielt: Der 1. Ton ist auch schon die Quinte (also derselbe wie der 2. Ton). Die Rolling Stones spielen dieses Pattern in der Tonart E, also eine Saite tiefer. Es wird kein Blues-Schema verwendet.
Just Playin´ My Axe – Buddy Guy „A Man And The Blues"	E	7. Bund	Bei dieser Aufnahme wird folgende Variation gespielt: Als 2. Ton wird auch der Grundton (also derselbe wie der 1. Ton) gespielt. Außerdem wird der 1. Ton im 2. Takt nicht gespielt. Es wird das _24-taktige Blues-Schema_ gespielt.

Weitere Blues-Schemata, vgl. S. 185

Rhythmus 8: Synkopen (Vorzieher)

Dieses Pattern verbindet den Standard Blues-Riff mit kleiner Terz, Hammer On und Vorzieher:

Blues Riff 61 (Vorgezogene „1")

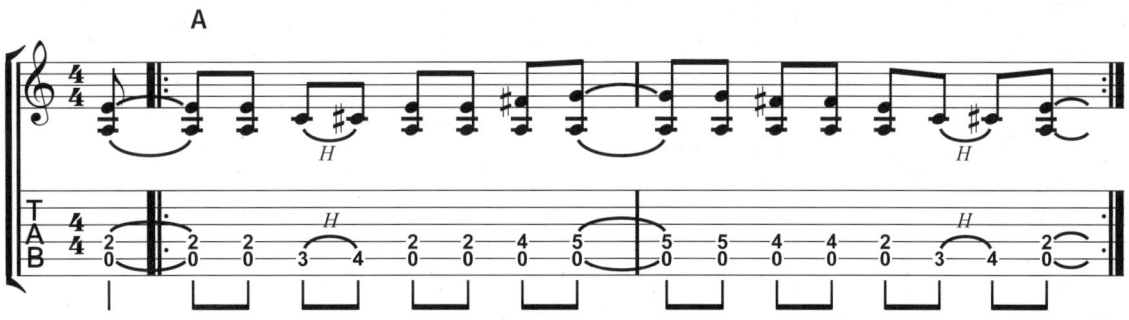

Diskographie	Tonart	Kapodaster	Anmerkungen
Am Arsch vorbei – Andi Saitenhieb	A	kein	Ein toller Riff von unserem Lieblingsgitarristen …☺

Riffs in Moll

Moll-Riffs mit den bereits bekannten Tönen

Bisher haben wir die Moll-Terz nur als Verzierung in Dur-Patterns kennengelernt. Sie war ein Spannungston und hat sich jedesmal in die Dur-Terz „aufgelöst". Das heißt einfach nur, dass nach der Moll-Terz direkt die Dur-Terz gespielt wurde. In diesem Kapitel lernen wir die Moll-Terz als eigenständigen Ton kennen.

Das allererste Pattern mit gegriffenen Tönen, das wir gelernt haben, bestand aus den drei Tönen des A-Dur-Akkordes, die nacheinander gespielt wurden. Das nächste Pattern verwendet die drei Töne des A-Moll-Akkordes.

Blues Riff 62 – Moll Riff 1

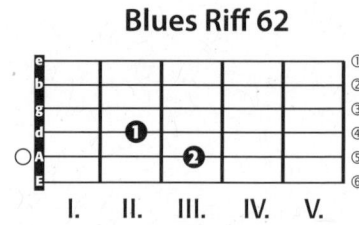

Weitere Blues-Schemata, vgl. S. 185

Diskographie	Tonart	Kapodaster	Anmerkungen
St. James Infirmary – Bobby „Blue" Band „Turn On Your Love Light – The Duke Recordings Vol. 2"	F-Moll	8. Bund	Bei diesem Jazz Standard wird ein <u>8-taktiges Schema</u> verwendet.

Wenn wir die Oktave dazunehmen, könnte zum Beispiel dieses Pattern entstehen:

Blues Riff 63 – Moll Riff 2

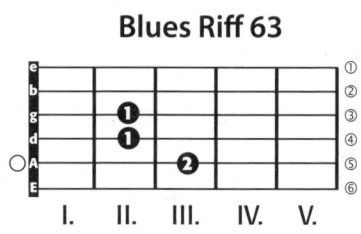

Diskographie	Tonart	Kapodaster	Anmerkungen
Chitlin Con Carne – Junior Wells „Hoodoo Man Blues"	A-Moll	kein	Hier wird eine Abwandlung des Standard Blues-Schemas gespielt: In der letzten Zeile werden das E und das D durch C und B ersetzt.

Tonmaterial 7: Quarte

Die Quarte

Einen Halbton über der großen Terz finden wir die Quarte. Die Quarte liegt vom Grundton aus gesehen auf demselben Bund der nächsthöheren Saite. Sie ist der vierte Ton der Tonleiter und entspricht somit auch der IV. Stufe.

Es gibt etliche bekannte Riffs, die nur aus Grundton, kleiner Terz und Quarte bestehen!

Riffs mit Grundton, kleiner Terz & Quarte

Blues Riff 64 – Moll Riff 3

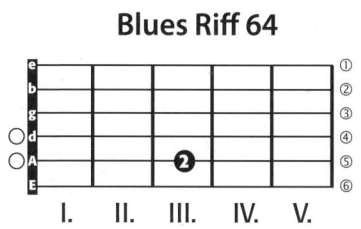

Diskographie	Tonart	Kapodaster	Anmerkungen
Green Onions – Booker T & The MGs auf jeder „Best of"	F	8. Bund	Nach 4 Takten Intro wird das Standard Blues-Schema mit Mollakkorden gespielt.
Yonder Wall – Junior Wells „Hoodoo Man Blues"	A	kein	Nach 4 Takten Intro wird das Standard Blues-Schema mit Mollakkorden gespielt.
Help Me – Rice Miller aka Sonny Boy Williamson II „His Best"	F	8. Bund	Hier wird das Standard Blues-Schema mit Mollakkorden verwendet.
Strange Woman – Muddy Waters „Live (At Mr. Kelly's)"	G	10. Bund	Hier wird das Standard Blues-Schema mit Mollakkorden verwendet.

Blues Riff 65 (Der Standard Moll-Riff)

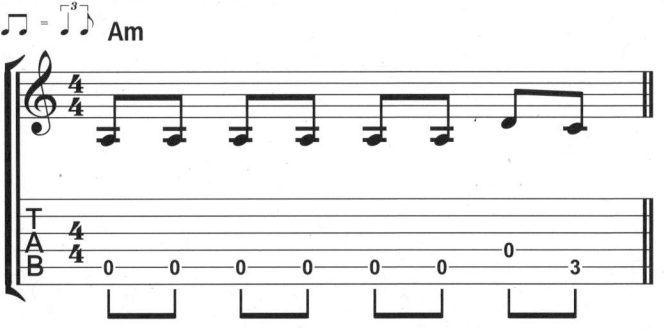

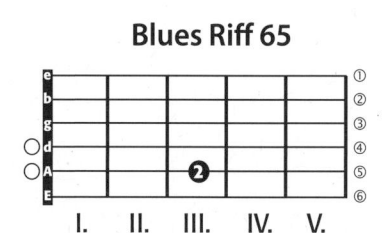

Es gibt zwei Möglichkeiten, dieses Pattern zu spielen:

Entweder man spielt das Pattern wie oben gezeigt und greift mit dem Mittelfinger oder man spielt statt der ungegriffenen D-Saite den 5. Bund auf der A-Saite. Dann spielt man am besten mit dem Zeigefinger und dem Ringfinger.

Riffs in Moll

Diskographie	Tonart	Kapodaster	Anmerkungen
My Mother Thinks I´m Something – Gatemouth Moore „Best Of The Blues" / „Pioneers Of Rhythm & Blues, Vol. 10"	C	3. Bund	
You Shook Me – Led Zeppelin „Led Zeppelin" ab 0:19	E	7. Bund	Standard Blues-Schema.

Blues Riff 66 (Standard Moll-Riff – Variation 1)

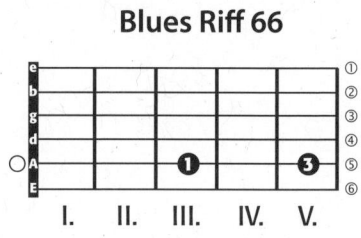

Diskographie	Tonart	Kapodaster	Anmerkungen
You Shook Me – Earl Hooker „Simply The Best" ab 0:19	D	5. Bund	Besonders gut klingt dieser Riff, wenn die Zählzeiten 1, 3 und 4 kurz gespielt werden (siehe *Staccato*-Punkte unter den Notenköpfen).

Staccato, vgl. S. 82 ↑

Blues Riff 67 (Standard Moll-Riff – Variation 2)

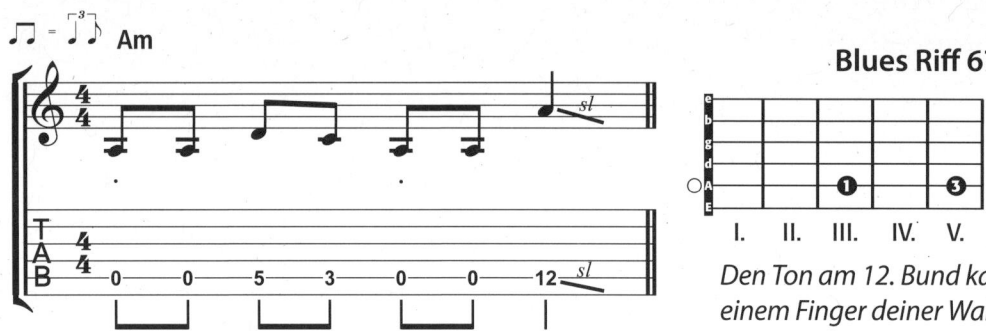

Den Ton am 12. Bund kannst du mit einem Finger deiner Wahl spielen.

Diskographie	Tonart	Kapodaster	Anmerkungen
King Bee – Muddy Waters „I´m A King Bee"	E	7. Bund	
I´m Mad Again – The Animals „The Complete Animals"	E	7. Bund	

Riffs in Moll

Aufgabe

- *Erfinde weitere Variationen mit diesen Tönen.*
- *Versuche das Haupt Riff von „One More Heartache" (The Paul Butterfield Blues Band – „The Resurrection of Pigboy Crabshaw") herauszuhören. Es verwendet nur Grundton, kleine Terz und Quarte (Tonart D: Kapo 5. Bund oder auf der D-Saite spielen).*

Im Kapitel „Das Salz in der Blues-Suppe 5: Stopp-Chorus" gibt es zwei weitere Variationen.

Stopp-Chorus, vgl. S. 124ff

Riffs mit Quinte, Septime und Oktave

Und hier noch mal ein Rumba-Riff. Die Quinte und die Septime liegen bei diesem Riff unter dem Grundton. Wir spielen in der 3. Lage und greifen mit dem Zeigefinger und dem Ringfinger.

Blues Riff 68 (Rumba Riff)

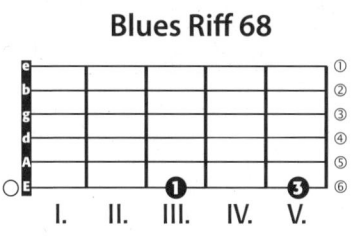

CD-Track 175

Diskographie	Tonart	Kapodaster	Anmerkungen
I Loved Another Woman – Gary Moore „Blues For Greeny"	D	5. Bund	Nach 4 Takten Intro wird das Standard Blues-Schema mit Mollakkorden gespielt.
All Your Love – Gary Moore „Still Got The Blues"	Am	kein	Hör dir zum Vergleich auf jeden Fall auch einmal das Original von Otis Rush an.
All Your Love – Otis Rush „The Essential Otis Rush – The Classic Cobra Recordings 1956 – 1958"	F#m	9. Bund	Die Aufnahme von Otis Rush ist etwas tiefer als F# gestimmt.

Und so sieht dasselbe Pattern in **Closed Position** aus:

Blues Riff 69 (Blues Riff 68 in Closed Position 1 Oktave höher)

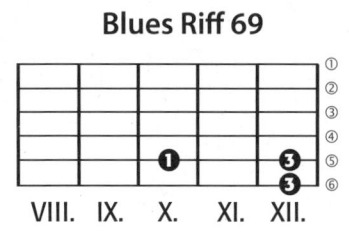

CD-Track 175

Die Töne sind eine Oktave nach oben transponiert, da es in der tieferen Oktave keine Möglichkeit gibt, die Quinte als gegriffenen Ton zu spielen.

Riffs in Moll

Aufgabe

- Mit demselben Griffmuster spielt man auch den Riff vom Led Zeppelin-Klassiker „Whole Lotta Love" vom Album „Led Zeppelin II". Die Töne liegen hier am 5. und 7. Bund (Tonart E). Finde die Reihenfolge der Töne heraus und spiele zur Original-CD mit.

Freddie King Basslauf, vgl. S. 102

Und hier noch – <u>wie versprochen</u> – der Blues Riff, der dem Basslauf in Freddie Kings „*Going Down*" und Eric Claptons „*Sweet Home Chicago*" u.a. entspricht. Er wird jeweils im 2. Takt jeder Zeile des Quick Change Blues-Schemas gespielt (Takt 2, 6 und 10):

Blues Riff 70 (Basslauf)

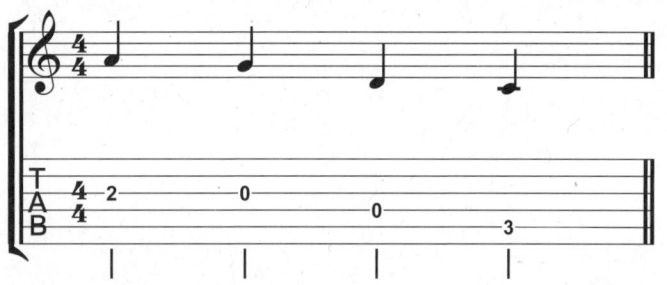
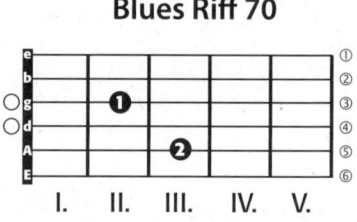

Diskographie	Tonart	Kapodaster	Anmerkungen
Going Down – Freddie King „Getting Ready ..." / „King Of The Blues"	D	5. Bund	Bei dieser Aufnahme wird das Quick Change-Schema verwendet.
Everything's Gonna Be Alright – Little Walter „The Chess Years 1952 – 1963" / „Blues With A Feelin'"	G	10. Bund	Auch hier wird das Quick Change-Schema verwendet.
Sweet Home Chicago – Eric Clapton „Session For Robert J."	E	7. Bund	Bei dieser Aufnahme wird das Quick Change-Schema verwendet. Der gezeigte Basslauf kommt nur im 1. Chorus in Takt 2 vor.

Riffs in Moll, vgl. S. 112ff

Das nächste Beispiel ist ein Klassiker, der alle Töne aus dem Kapitel „<u>Riffs in Moll</u>" zusammenfasst:

Blues Riff 71 (mit Bending um einen Viertelton)

Beim Bending wird die Saite mit der Greifhand quer zum Griffbrett gezogen, so dass sich die Saitenspannung verändert und der Ton um einen Viertel-, Halb- oder Ganzton höher klingt.

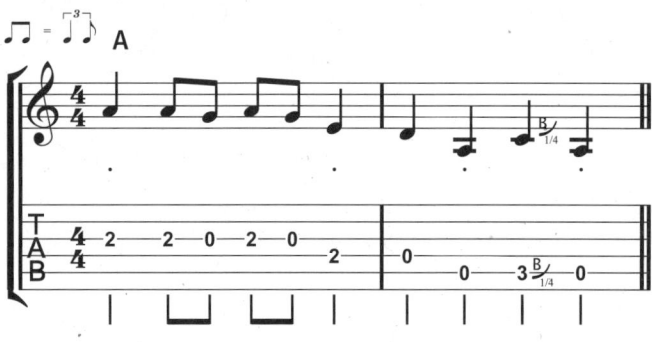
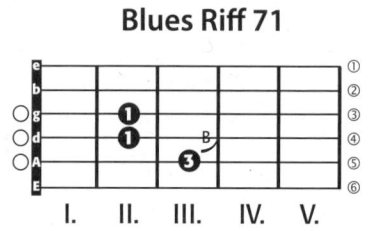

Tonmaterial 8: Chromatische Durchgangstöne

Diskographie	Tonart	Kapodaster	Anmerkungen
Good Morning Little Schoolgirl – Junior Wells „Hoodoo Man Blues"	A	kein	
Good Morning Little Schoolgirl – Jonny Lang „Lie To Me"	D	5. Bund	Dieser Song wurde schon Ende der 30er Jahre des letzten Jahrhunderts von Sonny Boy Williamson I aufgenommen und ist ein echter Bluesharp-Klassiker.
Howlin´ For My Darling – Hubert Sumlin „Black Top Blues-A-Rama Vol. 6"	A	kein	

Chromatische Durchgangstöne

Chromatische Durchgangstöne nennt man die Töne, die zwischen zwei Tönen einer verwendeten Tonleiter liegen, die aber selbst nicht in der Tonleiter vorkommen. Auf die Gitarre übertragen bedeutet das:

Man verbindet Ganztöne mit den dazwischen liegenden Halbtönen, indem man von einem Bund zum anderen greift, ohne einen auszulassen.

Chromatik (CD-Track 179)

Mit **Chromatik** bezeichnet man die Färbung der Stammtöne einer Tonleiter durch **Erniedrigen oder Erhöhen um einen Halbton**.

♯ Das ♯-Versetzungszeichen **erhöht** die angezeigte Note um einen Halbton.

♭ Das ♭-Versetzungszeichen **erniedrigt** die angezeigte Note um einen Halbton.

Du hast schon oft chromatische Durchgangstöne gehört, ohne es bewusst zu bemerken. Wenn du dir das folgende Beispiel anhörst, weißt du, welcher Klang gemeint ist.

Diskographie	Tonart	Kapodaster	Anmerkungen
Merry Go Round – Gary Moore „Blues For Greeny" 0:07 – 0:15			Beim Intro spielt der Bass etliche chromatische Durchgangstöne. Der Song beginnt auf der V (siehe „Intros", Intro-Typ 4).

Intros, vgl. S. 55

Der chromatische Blues Standard-Riff

Ein sehr beliebtes und oft verwendetes Pattern ist das „**chromatische Blues Standard-Riff**". Es verwendet **Fingersatz 3**. Man verbindet die drei Akkordtöne mit den beiden chromatischen Durchgangstönen zwischen der großen Terz und der Quinte und spielt es mit geraden Achtelnoten.

Blues Riff 72 (Der chromatische Blues Standard-Riff) — CD-Track 180

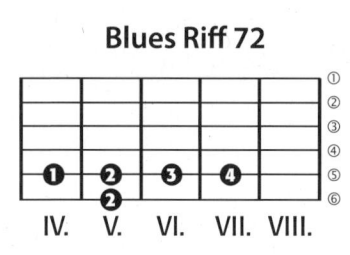

Blues Riff 72

Tonmaterial 8: Chromatische Durchgangstöne

Diskographie	Tonart	Kapodaster	Anmerkungen
Universal Rock – Earl Hooker „Simply The Best"	D	5. Bund	Bei dieser Aufnahme werden die ersten 3 Töne statt als Viertelnoten jeweils als zwei Achtelnoten gespielt. Es wird das Standard Blues-Schema verwendet.
Ain't No Need To Go No Further – Paul Butterfield „The Original Lost Elektra Sessions"	F	8. Bund	Dieser Song verwendet kein Standard Blues-Schema.
My Babe – Little Walter „The Chess Years 1952 – 1963"	F	8. Bund	Diese Aufnahme entspricht exakt dem chromatischen Standard-Riff, wobei die ersten drei Töne kurz gespielt werden. Dieser Song verwendet kein Standard Blues-Schema.

Blues Riff 73 (Variation 1 des chrom. Blues Standard-Riffs)

181 CD-Track

Synkope/ Vorzieher, vgl. S. 107

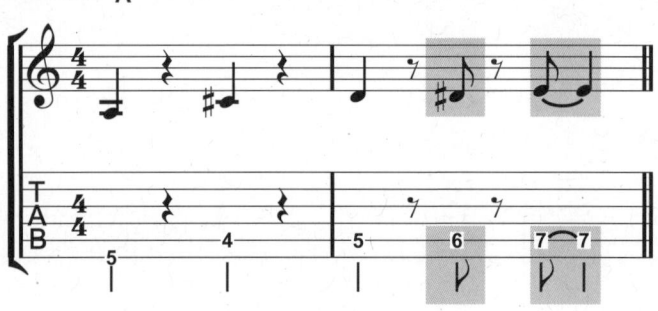
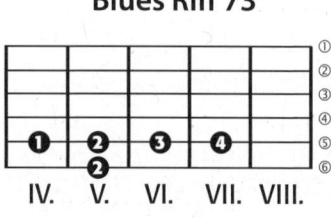

Diskographie	Tonart	Kapodaster	Anmerkungen
Hallelujah, I Love Her So – Eddie Cochran „The Best Of"	G	10. Bund	Hier liegt eine rhythmische Variation des chromatischen Blues Standard-Riffs vor. Dem Song liegt keins der bekannten Blues-Schemata zugrunde. Dieses Pattern wird im Original 2 Bünde tiefer in der Tonart G gespielt.
Hallelujah, I Love Her So – The Animals „The Complete Animals"	G	10. Bund	Die Animals spielen einen etwas anderen Rhythmus. Versuche, ihn herauszuhören und spiele mit.

Sechzehntelnoten, vgl. S. 122ff

Im nächsten Abschnitt und im Kapitel „*Rhythmus 9: Sechzehntelnoten*" gibt es weitere Variationen des chromatischen Standard-Riffs.

Tonmaterial 8: Chromatische Durchgangstöne

Weitere Patterns mit chromatischen Durchgangstönen

Im Blues wird normalerweise auf allen drei Akkorden die kleine Septime gespielt. Ein schöner chromatischer Übergang ist zum Beispiel der Halbton zwischen der kleinen Septime und der Oktave, also die große Septime. Bei einem A-Pattern wäre das zum Beispiel der Ton G#. Er liegt am 1. Bund der G-Saite zwischen der ungegriffenen G-Saite (Septime G) und dem 2. Bund G-Saite (Oktave A).

Blues Riff 74 (1-5-7-8 Variation mit chromat. Durchgangston)

Dieses Pattern ist ein weiteres Beispiel aus der Rubrik „Neutrale Riffs ohne Terz". Die letzten beiden Töne klingen besonders gut, wenn sie nicht angeschlagen, sondern mit der Greifhand gehämmert werden (siehe „Spieltechnik 2: Hammer On"). Bei diesem Groove klingt das Quick Change-Schema sehr gut.

Hammer On, vgl. S. 45

Der chromatische Blues Standard-Riff und der gerade besprochene Aufgang mit Quinte, kleiner Septime und großer Septime in einem Riff:

Blues Riff 75 (Variation 2 des chromatischen Standard-Riffs)

Diskographie	Tonart	Kapodaster	Anmerkungen
When The Lights Go Out – Jimmy Witherspoon „The Complete Jimmy Witherspoon" / „Chess Pieces – The Very Best Of Chess" (Sampler, diverse Künstler)	G	10. Bund	

Im **Blues Riff 76** auf der nächsten Seite werden die zweistimmigen Akkorde, die wir bereits aus dem Kapitel „Mehrstimmige Patterns – Der Standard Blues-Riff" kennen, mit dem Aufgang verbunden.

Der Standard Blues-Riff, vgl. S. 76

Tonmaterial 8: Chromatische Durchgangstöne

Blues Riff 76 (Rhythmisches Riffs mit chromatischem Auftakt)

Diskographie	Tonart	Kapodaster	Anmerkungen
Moving On – Gary Moore „Still Got The Blues"	A	kein	Bei diesem Pattern werden gerade Achtelnoten gespielt.

Blues Riff 77 (Achtel Riff mit chromatischem Auftakt)

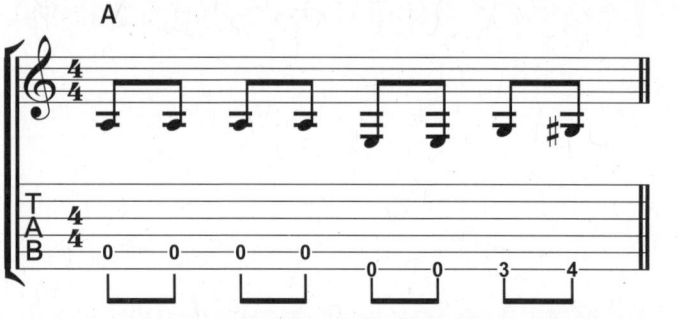
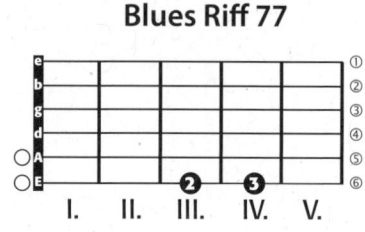

Diskographie	Tonart	Kapodaster	Anmerkungen
Nadine – Chuck Berry „The Best Of"	Bb	1. Bund	Dieses Pattern wird auch mit geraden Achtelnoten gespielt.

Buddy Guy/Tore Down-Pattern, vgl. S. 102

Das nächste Beispiel ist ein Pattern mit Triolen und zwei chromatischen Durchgangstönen. Dieses Pattern kann über Moll und Dur gespielt werden, da es keine Terz enthält. Der Fingersatz entspricht dem *Buddy Guy/Tore Down-Pattern*. Der Ton am 6. Bund der A-Saite ist eine sogenannte **Blue Note**. Man nennt ihn in der Fachsprache „verminderte Quinte".

Blues Riff 78 (mit Blue Note & Triolen)

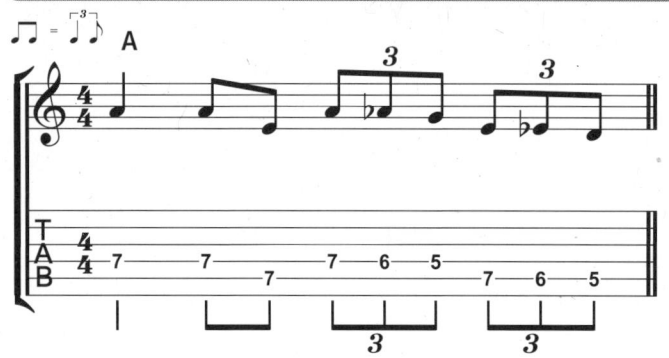

Tonmaterial 8: Chromatische Durchgangstöne

Diskographie	Tonart	Kapodaster	Anmerkungen
Early In The Morning – Junior Wells „Hoodoo Man Blues"	A	kein	

Das folgende Pattern verbindet die Sexte und die Quinte chromatisch.

Blues Riff 79 (mit verminderter Sexte und Triole)

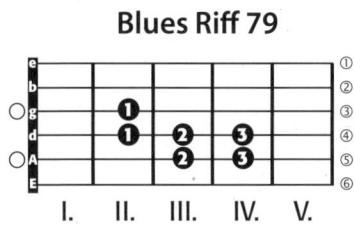

Blues Riff 79

Diskographie	Tonart	Kapodaster	Anmerkungen
Sad Hours – Little Walter „The Chess Years" (4 CD Box)	F	8. Bund	Der einzige uns unbekannte Ton ist das „F" auf dem 3. Bund der D-Saite. Es dient als Übergang zwischen der Sexte und der Quinte (4. u. 2. Bund D-Saite). Die Aufnahme ist etwas höher als F gestimmt.

Rhythmus 9: Sechzehntelnoten

Sechzehntelnoten

Nachdem wir im Laufe dieses Buches bereits Ganze Noten, Halbe Noten, Viertelnoten und Achtelnoten kennengelernt haben, bereiten uns Sechzehntelnoten keine Schwierigkeiten mehr:

Jede der genannten Noten ist jeweils halb so lang wie die vorherige, oder – anders gesagt – sie wird doppelt so schnell gespielt (bei gleichem Tempo). Wenn wir – ausgehend von den uns schon bekannten geraden Achtelnoten – das Anschlagstempo noch einmal verdoppeln, erhalten wir Sechzehntelnoten. Wie der Name schon sagt, passen in einen 4/4-Takt sechzehn dieser Noten.

Sechzehntelnoten

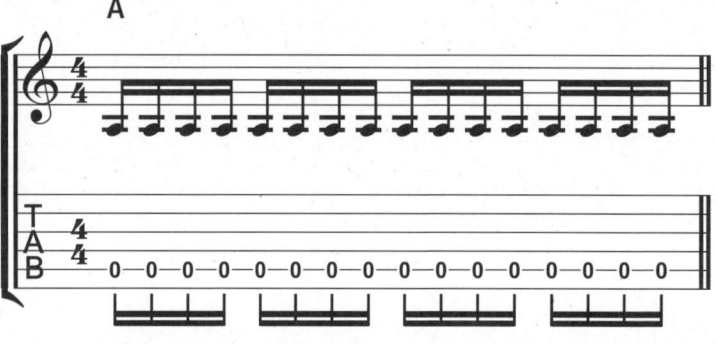

Diskographie	Tonart	Kapodaster	Anmerkungen
Going Down – Freddie King „Getting Ready ..." / „King Of The Blues"	D	5. Bund	

Blues Riff 80 (Variation 3 des chromatischen Standard-Riffs)

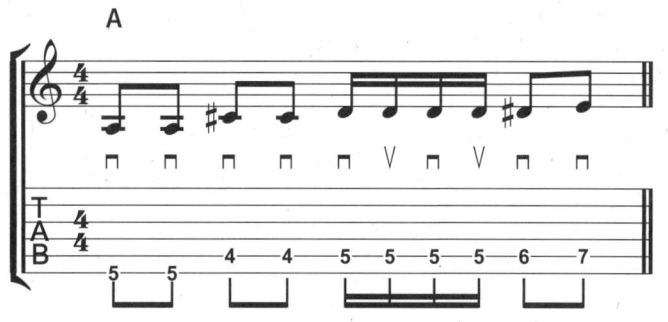

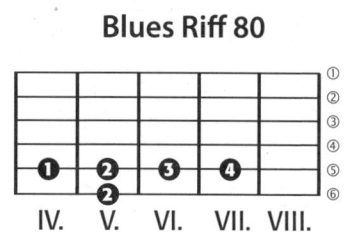

Rhythmus 9: Sechzehntelnoten

Diskographie	Tonart	Kapodaster	Anmerkungen
Long Grey Mare – Gary Moore „Blues For Greeny"	A	kein	Bei dieser Aufnahme wird das Standard Blues-Schema gespielt.
Killing Floor – Howlin´ Wolf „The Real Folk Blues / More Real Folk Blues"	A	kein	Nach dem Intro wird das Standard Blues-Schema gespielt.

Ein funky Pattern mit Hammer On, das über Dur und Moll passt, da es keine Terz enthält:

Blues Riff 81 (mit Sechzehntelnoten & Hammer On)

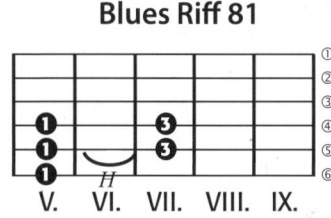

190 CD-Track

Wir verwenden den Fingersatz des *Buddy Guy/Tore Down-Patterns*.

Buddy Guy/Tore Down-Riff, vgl. S. 102

Diskographie	Tonart	Kapodaster	Anmerkungen
Snatch It Back And Hold It – Junior Wells „Hoodoo Man Blues"	B	2. Bund	Hier wird das Standard Blues-Schema gespielt.
Screamin´ – Paul Butterfield „The Paul Butterfield Blues Band" ab 0:09	F	8. Bund	Bei dieser Aufnahme werden die letzten beiden Töne vertauscht.

Das folgende Riff ist im Stile von „*Crossroads*" in der **Cream**-Version. Ein Klassiker!

Blues Riff 82 (mit Sechzehntel-Synkope)

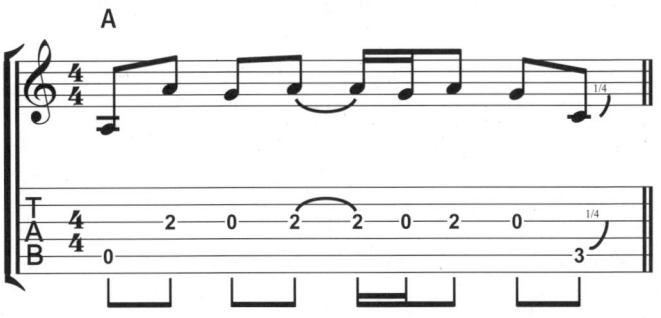
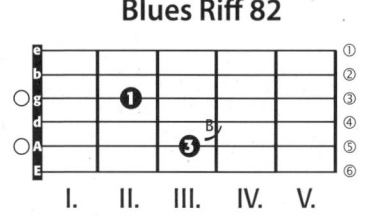

191 CD-Track

Besonders gut klingt es, wenn man den letzten Ton etwas höher zieht („**Bending**"). Alternativ kann hier auch noch mal die Oktave (2. Bund G-Saite) gespielt werden.

Diskographie	Tonart	Kapodaster	Anmerkungen
Crossroads – Cream „Wheels Of Fire" / „The Very Best Of"	A	kein	Wechselt zwischen Standard Blues-Schema (Intro & Instrumental-Teile) und Quick Change-Schema (Gesang).

Im Original ist dieser Song von Robert Johnson, zu finden auf der Doppel-CD „The Centennial Collection". Des weiteren finden sich auf dieser CD die Originalversionen von „Sweet Home Chicago", „Dust My Broom", „Love In Vain", „Walkin´ Blues"...

Das Salz in der Blues-Suppe 5: Stopp-Chorus

Weitere Blues-Schemata, vgl. S. 184ff

Blues Stopp-Chorus

Ein **Stopp-Chorus** ist ein Chorus, bei dem die ersten vier Takte nicht komplett durchgespielt werden, sondern Pausen eingelegt werden. Ab der IV. Stufe, also dem 5. Takt, wird wieder normal weitergespielt. Ein Quick Change-Schema wird normalerweise nicht mit Stopps gespielt. Häufig wird auch ein 16-taktiges Blues-Schema mit Stopps gespielt (beim 16-taktigen Blues-Schema wird die erste Zeile zweimal gespielt, siehe Anhang „Weitere Blues-Schemata"). Zusammenfassung:

Bei einem Stopp-Chorus werden die ersten Takte – entweder vier oder acht – mit Stopps auf demselben Grundton gespielt, dann wird zur IV. Stufe gewechselt und ohne Stopps weitergespielt.

Hör dir am besten die Beispiele auf der beiliegenden CD oder die Songempfehlungen an, und dann ist ganz schnell klar, wie es klingen soll.

Beim einfachsten Stopp-Chorus spielt man einfach den Grundton oder einen entsprechenden Akkord jeweils auf die Zählzeit „1" der ersten vier Takte (beim 16-taktigen Blues-Schema sind es acht Takte).

Stopp-Chorus ohne Auftakt

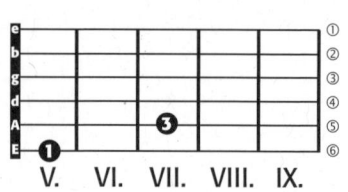

Man kann auch nur den Grundton (also den unteren von den beiden Tönen) spielen oder einen Akkord mit mehr als zwei Tönen.

Diskographie	Tonart	Kapodaster	Anmerkungen
Stop Messin´ Around – Gary Moore „Still Got The Blues" ab 1:07, 1:51	C	3. Bund	Es wird das Standard Blues-Schema gespielt.
I'm Tore Down – Freddie King „The Very Best Vol. 1" ab 0:29, 0:51, 1:41	D	5. Bund	Im ersten Chorus gibt es vier Stopps, beim zweiten und dritten Chorus acht.
Rip It Up – Elvis Presley auf „The Complete 50´s Masters" ab 0:02, 0:26	A	kein	Der Stopp ist jeweils zwei Takte lang. Bei diesem Song wird ein ungewöhnliches Schema gespielt: Es ist ein einfaches Blues-Schema, aber die 2. Zeile wird wiederholt. Ein Chorus ist also 16 Takte lang.
Hide Away – Freddie King „Just Pickin" ab 1:28	E	7. Bund	Standard Blues-Schema.

Das Salz in der Blues-Suppe 5: Stopp-Chorus

Eine etwas seltener vorkommende, sehr markante Variante klingt so:

Stopp-Chorus ohne Auftakt – Variation mit zweitem Anschlag

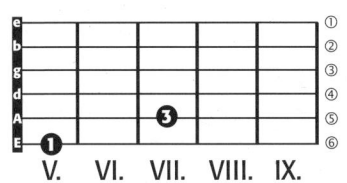

Man kann natürlich auch bei dieser Variante nur den Grundton oder ganze Akkorde spielen.

Diskographie	Tonart	Kapodaster	Anmerkungen
Ernestine – Koko Taylor „Royal Blues" / „Crucial Chicago Blues" ab 1:39	A	kein	Zusätzlich zur 2. Betonung werden bei dieser Aufnahme die Stopps noch mit einem Auftakt gespielt. Auftakte schauen wir uns gleich genauer an ...

Häufig werden die Stopps jeweils mit einem Auftakt versehen. Beliebt ist zum Beispiel der uns schon bekannte Standard Moll-Riff (Quarte, Moll-Terz, Grundton):

Stopp-Chorus mit Auftakt 1

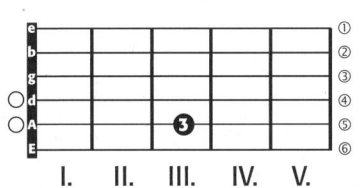

Innerhalb von einem Song werden die Stopps immer identisch gespielt. Im letzten Takt der Stopps wird meist ein Fill oder Aufgang gespielt, der zur IV. Stufe überleitet.

Diskographie	Tonart	Kapodaster	Anmerkungen
Confessin´ The Blues – Chuck Berry „Blues" ab 0:04	Bb	1. Bund	Der Song verwendet das einfache Blues-Schema.
I´m A Man – Bo Diddley „His Best"	G	10. Bund	
Honey Hush – Albert Collins „Collins Mix – The Best Of" ab 1:32, 2:39	C	3. Bund	Standard Blues-Schema.

Das Salz in der Blues-Suppe 5: Stopp-Chorus

Dieser klassische Stopp-Chorus beinhaltet eine weitere Variation des Standard Moll-Riffs.

Stopp-Chorus mit Auftakt 2

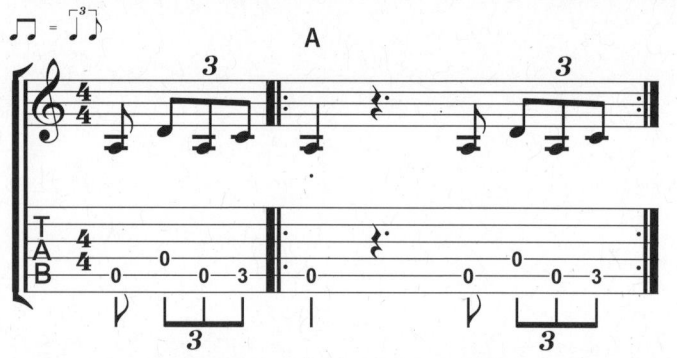
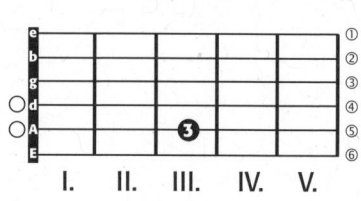

Diskographie	Tonart	Kapodaster	Anmerkungen
Mannish Boy – Muddy Waters „The Chess Box"	A	kein	Es wird das Standard Blues-Schema gespielt.
Milk Cow Blues – Eddie Cochran „The Best Of" ab 0:45, 2:14	A	kein	Standard Blues-Schema, dann 16-Takter mit Stopps, dann Solo mit Quick Change-Schema, dann 16-Takter mit Stopps.

Beim nächsten Pattern sind die Töne vom Auftakt tiefer als der Grundton (Quinte und Septime):

Stopp-Chorus mit Auftakt 3

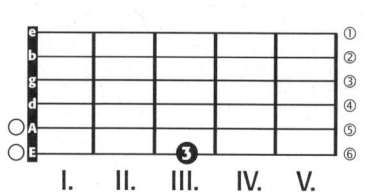

Diskographie	Tonart	Kapodaster	Anmerkungen
Soul Fixin´ Man – Luther Allison „Bad Love" ab 0:44, 1:06	A	kein	Der Song verwendet das Standard Blues-Schema.
She's A Good 'Un – Otis Rush „Ain´t Enough Comin´ In" ab 1:14, 3:42	D	5. Bund	Hier handelt es sich um eine 8-taktige Strophe mit Stopps (8 Takte I).

Arpeggio, vgl. S. 20

Beim folgenden Pattern wird ein komplettes *Arpeggio* als Auftakt gespielt. Die vier Töne sind Grundton, große Terz, Quinte und kleine Septime des A-Akkordes. Zuerst die in alle Tonarten verschiebbare Version.

Das Salz in der Blues-Suppe 5: Stopp-Chorus

Stopp-Chorus mit Auftakt 4

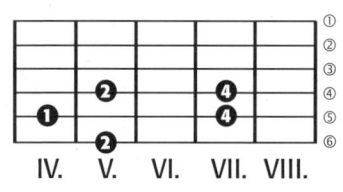

Natürlich kann man diese Stopps auch in der 1. Lage mit ungegriffenen Saiten spielen:

Stopp-Chorus mit Auftakt 4 (mit ungegriffener Saite)

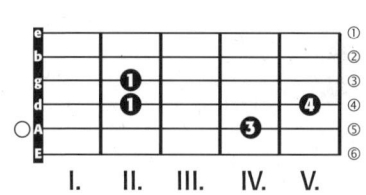

Diskographie	Tonart	Kapodaster	Anmerkungen
End Of The Blues – Earl Hooker „Smooth Slidin´" / „Do You Remember The Great Earl Hooker" / „There´s A Fungus Amung Us" ab 1:28, 3:37	D	5. Bund	Der Song verwendet das Standard Blues-Schema.
Talk To Me Baby (I Can't Hold Out) – Elmore James „A Complete Introduction To Chess" (Sampler von CHESS) 0:25, 0:50	D	5. Bund	Die Aufnahme ist etwas zu tief gestimmt und verwendet das Standard Blues-Schema.

Bei einem Song in einer Moll-Tonart würde man das letzte Beispiel mit einem Moll-Arpeggio spielen. Hier werden nacheinander Grundton, Moll-Terz, Quinte und große Sexte des A-Moll-Akkordes gespielt. Zuerst wieder die in alle Tonarten verschiebbare Version.

Stopp-Chorus mit Auftakt 5

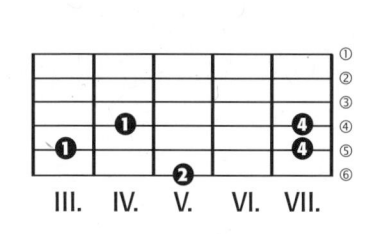

Das Salz in der Blues-Suppe 5: Stopp-Chorus

Und auch diese Stopps können natürlich in der 1. Lage mit ungegriffenen Saiten gespielt werden:

Stopp-Chorus mit Auftakt 5 (mit ungegriffenen Saiten)

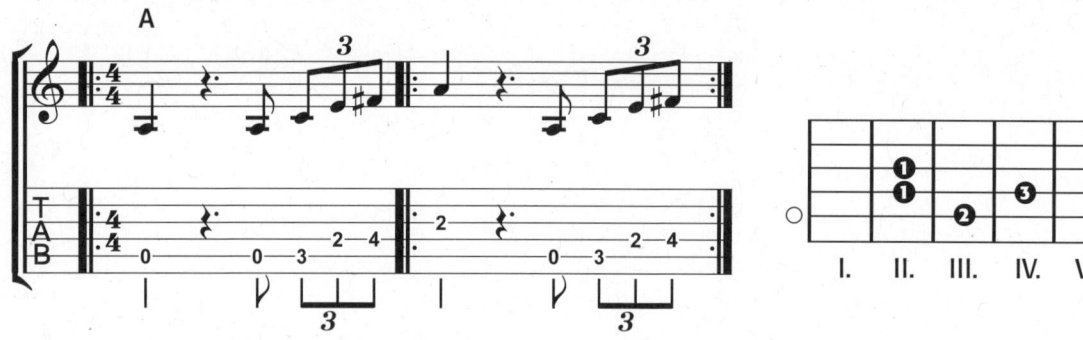

Diskographie	Tonart	Kapodaster	Anmerkungen
Cotton Picking Blues – Son Seals „The Son Seals Blues Band" „Crucial Chicago Blues" (Sampler von Alligator Records)	C	3. Bund	Der Song verwendet das Standard Blues-Schema.

Aufgabe

■ *Tausche doch mal die Töne der letzten beiden Beispiele aus. Wie klingt das Dur-Arpeggio mit der Sexte? Und wie klingt das Moll-Arpeggio mit Septime?*

Ein beliebter chromatischer Auftakt sieht so aus:

Stopp-Chorus mit Auftakt 6

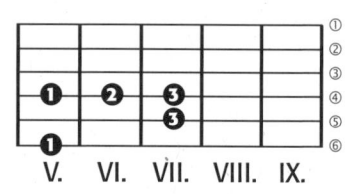

Diskographie	Tonart	Kapodaster	Anmerkungen
Sweet Home Chicago – The Blues Brothers „Original Soundtrack Recording" ab 0:54	E	7. Bund	Der Song verwendet das Quick Change-Schema.

Das Salz in der Blues-Suppe 5: Stopp-Chorus

Diskographie	Tonart	Kapodaster	Anmerkungen
I´m Ready – Muddy Waters „I'm Ready" ab 0:33, 1:51, 2:45	D	5. Bund	Bei diesem Song wird in den Strophen das 16-taktige Blues-Schema gespielt, also 8 Takte lang Stopps. Außerdem wird der Grundton auf der Zählzeit „2und" nochmal angeschlagen (vgl. *Stopp-Chorus ohne Auftakt*).

Stopp-Chorus ohne Auftakt – Variation mit 2. Anschlag, vgl. S. 125

Noch ein paar weitere Hörtipps zum Thema Stopp-Chorus:

Diskographie	Tonart	Kapodaster	Anmerkungen
Long Tall Sally – The Beatles „Past Masters" ab 0:02, 0:19, 0:51	G	10. Bund	Ein echter Rock´n´Roll-Klassiker.
Everybody´s Trying To Be My Baby – The Beatles „Beatles For Sale" ab 0:19, 0:53, 1:43, 2:00	E	7. Bund	Hier wird das Standard Blues-Schema gespielt.
Tore Down – Freddie King „Getting Ready…" / „King Of The Blues") ab 0:54, 1:19, 2:41	D	5. Bund	Im 1. Chorus vier Stopps und beim 2. und 3. Chorus acht Stopps.
The Stumble – Freddie King „Just Pickin' (Let's Hide Away And Dance Away With Freddy King & Freddy King Gives You A Bonanza Of Instrumentals)"	E	7. Bund	Die beiden Songteile sind jeweils 8 Takte lang. Die Stopps beim 2. Teil sind gleich aus zwei Gründen interessant: Während der Stopps wechseln die Akkorde und der Rhythmus. Die Cover-Version von Gary Moore vereinfacht die Stopps.
The Stumble – Gary Moore „Still Got The Blues (Remastered Edition)" ab 0:14, 0:41	E	7. Bund	Kommentar siehe oben.
Jailhouse Rock – The Blues Brothers „Original Soundtrack Recording" Sehr coole Variation zum Thema Stopp-Chorus: Auf der Zählzeit „1" wird der Akkord angeschlagen, auf der Zählzeit „3und" davor wird jeweils der Akkord einen Halbton tiefer angeschlagen.	D	5. Bund	*16-taktiges Blues-Schema* mit Stopps. Jeweils 8 Takte I mit Stopps, ab der IV Rumba-Pattern 1. In der 3. Strophe wird in den ersten Takten auch das Rumba-Riff gespielt. Für die letzten paar Chorusse wird zum 12-taktigen Standard Blues-Schema gewechselt.

Weitere Blues-Schemata, vgl. S. 184ff

Aufgabe

- Finde die Stopp-Chorus-Patterns mit ungegriffenen Saiten auch mit verschiebbaren Fingersätzen (also ohne ungegriffene Saiten), damit du sie in allen Tonarten einsetzen kannst.
- Wenn du bei Aufnahmen einen Stopp-Chorus findest (und das passiert häufig!), hör dir heraus, wie die Stopps gespielt werden.

Das Salz in der Blues-Suppe 6: Ungewöhnliche Stopps

Rock'n'Roll Stopp-Chorus

Eine vor allem im Rock'n'Roll oft vorkommende Sonderform des Stopp-Chorus ist:

Die Band spielt immer abwechselnd einen Takt und macht dann einen Takt Pause. Der Wechsel muss nicht ganz genau taktweise passieren, oft wird der Stopp auf die erste Achtel der Pausentakte gesetzt. Da es hierfür keinen Namen zu geben scheint, habe ich mit **Rock'n'Roll Stopp-Chorus** einfach einen passenden vergeben.

Diskographie	Tonart	Kapodaster	Anmerkungen
No Particular Place To Go – Chuck Berry „The Best Of" ab 0:05	G	10. Bund	
Surfin' U. S. A. – The Beach Boys „Surfin' U. S. A."	Eb	6. Bund	
Road Runner – Aerosmith „Honkin' On Hobo" ab 1:16	E	7. Bund	
Don't Want Much – The Animals „The Complete Animals"	G	10. Bund	

Ungewöhnliche Stopps

Der Stopp-Chorus ist unter Blues-Musikern allgemein bekannt und kann bei einer Session mit einem entsprechenden (Hand-)Zeichen problemlos in jeden beliebigen Song eingebaut werden. Allerdings werden aber auch hin und wieder andere Stopps gespielt als die zuvor beschriebenen.

Die folgenden Stopps sollten deshalb unbedingt vorher abgesprochen und geprobt werden, weil sie eben nicht Standard sind. Dafür bringen sie eine willkommene Abwechslung und geben dem Song eine gewisse Originalität.

Diskographie	Tonart	Kapodaster	Anmerkungen
BOOM BOOM Out Goes The Light – Little Walter „The Chess Years 1952 – 1963"	E	7. Bund	In jedem gesungenen Chorus wird ein 2-taktiger Stopp in den Takten 7 bis 8 gespielt. Im 1. Chorus und im 1. Chorus nach dem Solo sind zusätzlich noch Stopps in den ersten beiden Takten. (Beim 1. Chorus ist die 2. Pause noch länger und der 2. Takt dadurch ein 6/4-Takt ...)
Looking Back – Gary Moore „Back To The Blues"	G	10. Bund	Die Stopps sind in jedem gesungenen Chorus in den Takten 9, 10 und 11.
You Fired Yourself – Otis Rush „Any Place I'm Going" ab 1:16	Gm	10. Bund	Die Stopps sind im 9. und 10. Takt, also auf der V und der IV.

Das Salz in der Blues-Suppe 7: Weitere Besonderheiten

Stil-/Groove-Wechsel

Dieser Trick ist ein großartiges Mittel, um einen Song interessanter zu gestalten: Nach einigen Chorussen wird mitten im Song die Stilistik oder der Groove gewechselt!

Diskographie	Tonart	Kapodaster	Anmerkungen
All Your Loving – Otis Rush „The Essential Otis Rush – The Classic Cobra Recordings 1956 – 1958"	F#	9. Bund	Die Aufnahme ist etwas zu hoch gestimmt. Erst Blues Rumba, ab 1:32 Shuffle, ab 2:17 wieder Blues Rumba.
Milkcow´s Calf Blues – Eric Clapton „Sessions For Robert J"	A	kein	Erst straight, ab 1:18 Shuffle, ab 1:31 wieder straight.
Milkcow´s Calf Blues – Robert Johnson „The Centennial Collection") Take 3 (CD 2 Track 20)	A	kein	Erst straight, ab 1:10 Shuffle, ab 1:21 wieder straight.
Terraplane Blues – Eric Clapton „Sessions For Robert J"	Bb	1. Bund	Erst straight, ab 1:32 Shuffle, ab 1:44 wieder straight.
Terraplane Blues – Robert Johnson „The Centennial Collection"	A	kein	Erst straight, ab 1:20 Shuffle, ab 1:30 wieder straight.
Power Of The Blues – Gary Moore „Power Of The Blues"	A	kein	Erst Bluesrock, ab 0:55 Shuffle, ab 1:41 wieder Bluesrock.
Woke Up This Morning – Gary Moore „After Hours (Digitally Remastered Edition)"	C	3. Bund	Erst Blues Rumba, ab 1:20 Shuffle, ab 2:20 wieder Blues Rumba.
Twenty Flight Rock – Eddie Cochran „The Best Of"	A	kein	Wechsel zwischen Blues Rumba Riff 1 und verschiedenen Variationen der Viertelnoten-Riffs (Riff 3, Riff 4 etc.). Tempo _220 bpm_!
Hide Away – Freddie King „Just Pickin"	E	7. Bund	Erst Shuffle, ab 1:49 straight, ab 2:08 wieder Shuffle.

↓ *bpm, vgl. S. 198*

False Intro (Schein-Intro)

Einen tollen Überraschungseffekt kann man erzielen, indem man einen Song viel zu langsam oder ruhig anfängt und auf einmal das Tempo anzieht und losrockt.

Diskographie	Tonart	Kapodaster	Anmerkungen
Ain´t That Good News – Otis Rush „Ain´t Enough Comin´ In"	G	10. Bund	Balladen-Intro für Up-Tempo Bluesrock.
Texas Strut – Gary Moore „Still Got The Blues"	A	kein	Balladen-Intro für Up-Tempo Bluesrock.
The Blues Is Alright – Gary Moore „After Hours"	D	5. Bund	Balladen-Intro für flotten Shuffle-Groove.

Das Salz in der Blues-Suppe 7: Weitere Besonderheiten

Unplugged Chorus als Intro

Eine weitere sehr coole Variation ist, wenn man erst mal einen Chorus alleine auf der akustischen Gitarre spielt und dann zur verzerrten E-Gitarre wechselt während gleichzeitig die ganze Band einsetzt. Besonderes Schmankerl ist das stilechte Platten-Knistern und der alte Grammophon-Sound in Anlehnung an die Aufnahmequalität der frühen Blues-Alben. ☺

Diskographie	Tonart	Kapodaster	Anmerkungen
Enough Of The Blues – Gary Moore „Back To The Blues"	G	10. Bund	1. Chorus auf akustischer Resonator-Gitarre, dann steigt die Band ein und Gary Moore wechselt zu seinem typischen verzerrten Les Paul-Sound.
Sekänd Händ Intro – Schorsch & de Bagasch „Sekänd Händ Blues"	G	10. Bund	Als Intro wird der Song nur teilweise gespielt, und zwar nur mit akustischer Resonator-Gitarre und Gesang, dann steigt die Band nahtlos zum zweiten Song ein und Schorsch wechselt zur verzerrten E-Gitarre. Der erste Song wird später auf dem Album noch mal in voller Länge und mit Band gespielt.
The Blues – Henrik Freischlader „The Blues"	Eb	6. Bund	Der 1. Chorus wird mit akustischer Resonator-Gitarre gespielt, dann steigt die Band ein und Henrik Freischlader wechselt zur verzerrten E-Gitarre.

Shout Chorus

Bei einem Shout Chorus spielt die ganze Band oder zumindest große Teile von ihr eine Zeit lang (oftmals einen ganzen Chorus) dieselben Betonungen. Ein Shout Chorus ist ein toller Höhepunkt und wird deshalb meist gegen Ende des Songs gespielt.

Diskographie	Tonart	Kapodaster	Anmerkungen
Rock Around The Clock – Bill Haley „Rock Around The Clock [Original Studio Versions]" ab 1:31	A	kein	Der wohl bekannteste Shout Chorus der Musikgeschichte *„Bap Bap Bap – Bap Bap Badabadap ..."*
Tore Down – Freddie King „Getting Ready..." / „King Of The Blues" ab 2:16	D	5. Bund	Hier ist der Shout Chorus ausnahmsweise nur drei Takte lang.
The Foxtrott – Earl Hooker „Smooth Slidin´" / „Do You Remember The Great Earl Hooker" / „There´s A Fungus Amung Us" ab 0:15, 0:32	Bb	1. Bund	Earl Hooker benutzt das Shout Chorus-Prinzip als Turnaround.
We´re Ready – Junior Wells „Hoodoo Man Blues" ab 0:06	A	10. Bund	Das Intro wird komplett in Viertel-Triolen nach dem Shout Chorus-Prinzip gespielt.

Akkorde

Akkorde

Akkorde nennt man den Zusammenklang von mehreren Tönen.

Unseren ersten Kontakt mit einfachen Zweiklängen hatten wir schon im Kapitel „Mehrstimmige Riffs". Dort hatten wir den Standard Blues-Riff und seine Variationen kennengelernt. Man kann Akkorde aber auf verschiedene Arten einsetzen:

> ### Akkord
>
> Ein **Akkord** ist der Zusammenklang von mindestens drei Tönen.
>
> A7   Akkorde werden in Symbolen aus Buchstaben und Zahlen dargestellt.
>
>   In der Notenschrift wird dieser Zusammenklang in Form übereinander geschichteter Noten dargestellt.

Mehrstimmige Riffs, vgl. S. 76

1. Mehrstimmige Riffs
Man kann mehrstimmige Riffs dafür nutzen, die Begleitung voller klingen zu lassen. Das ist vor allem bei kleinen Bandbesetzungen – zum Beispiel im Trio mit Schlagzeug und Bass – wichtig. Diese Möglichkeit haben wir mit dem Standard Blues-Riff schon kennengelernt.

2. Rhythmische Akzente setzen
Man kann mit Akkorden rhythmische Akzente setzen, sogenannte „Kicks", mit denen man eine Bläsergruppe [engl. „Horn Section"] imitiert. Genau diese Technik werden wir auf den nächsten Seiten lernen.

3. Wandergitarre / Fingerstyle Guitar
Bei der sogenannten **Wandergitarre** greift man Akkorde, schlägt die Saiten mit einem bestimmten rhythmischen Muster eigener Wahl an und singt dazu. Dies ist eine sehr beliebte „Lagerfeuer-Spieltechnik".

Bei der **Fingerstyle Guitar** greift man auch Akkorde, zupft die Saiten aber einzeln. Das klingt wesentlich filigraner und wird in allen erdenklichen Stilistiken eingesetzt (z.B. „The Sound Of Silence" von Simon und Garfunkel oder „Nothing Else Matters" von Metallica). Diese Spieltechnik ist aber deutlich leiser als die Wandergitarre und daher am Lagerfeuer ungeeignet. Während Wandergitarre hier nicht unser Thema ist, ist ein Folgeband zum Thema Fingerstyle-Blues / Delta Blues / Country Blues in Planung.

4. Solospiel
Selbst im Solo können Akkorde verwendet werden, um es voller klingen zu lassen oder um das Solo zu einem Höhepunkt zu bringen. Damit beschäftigen wir uns im Folgeband über Blues Soli, Lead Guitar & Improvisation.

Hier und jetzt aber lernen wir, wie wir eine Bläsergruppe imitieren, indem wir „Kicks" spielen, also rhythmische Akzente. Dazu müssen wir zwei Dinge lernen:

WAS wir spielen und WIE wir es spielen.

„Was" spielen? „Wie" spielen? – Akkordgriffe und Abstopp-Technik

vgl. Staccato, S. 82

Zur Frage „Was spielen?" lernen wir einen einfachen, verschiebbaren Zweiklang kennen. Im Blues und Rock werden Zweiklänge oft auch als Akkorde [engl. *Chords*] bezeichnet, obwohl – entgegen der ursprünglichen Definition – ja nur zwei Töne zusammenklingen. Zum Thema „Wie spielen" lernen wir das *Abstoppen* von Akkorden mit der Greifhand, so dass sie ganz kurz erklingen. Danach zeige ich einige Blues-typische Rhythmen, in denen diese kurzen Akzente vorkommen. Und schließlich gibt es noch dreistimmige Akkorde und einige bekannte Riffs und Spieltechniken.

Akkorde

Der 1. Blues-Akkord

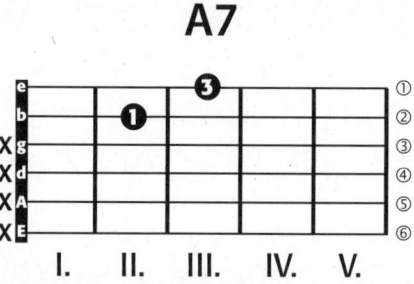

Als erstes lernen wir einen einfachen A7-Akkord kennen. Der *Zeigefinger* greift den Ton am 2. Bund der B-Saite, der *Ringfinger* greift den Ton am 3. Bund der hohen E-Saite. Dieser Fingersatz ist wichtig, weil der Mittelfinger bei der dreistimmigen Variante später noch einen dritten Ton zu diesem Akkord greifen soll.

Intervall, vgl. S. 180

Der zweistimmige A7-Akkord beinhaltet die Terz und die Septime zum jeweiligen Grundton. Dieses spannungsreiche <u>Intervall</u> nennt man **Tritonus**. Der Grundton und die Quinte des Akkordes werden nicht gespielt. Meist spielt der Bass den Grundton, so dass er doch zu hören ist.

Ein Griff, drei Akkorde

Das Geniale an diesem Akkordgriff ist: Wir können ihn verschieben, um andere 7er-Akkorde bestehend aus Septime und großer Terz zu erhalten.

Greifen wir ihn einen Bund tiefer, dann erhalten wir einen D7-Akkord (Töne: C und Fis). Greifen wir ihn einen Bund höher, finden wir einen E7-Akkord (Töne: D und Gis).

Der Fingersatz ist jeweils identisch.

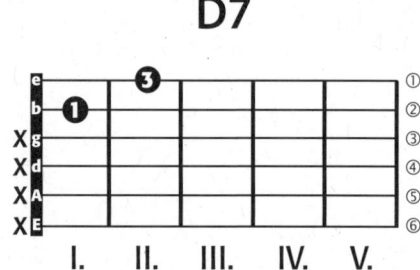
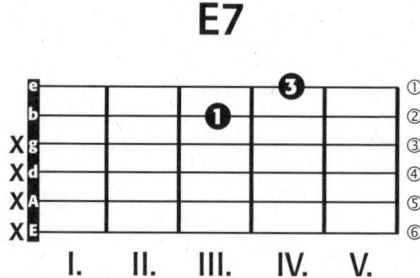

Das einfachste Pattern für Akkorde ist natürlich wieder die Ganze Note. Aber im Gegensatz zum Beginn dieses Buches spielen wir jetzt einen Akkord, also mehrere Töne gleichzeitig.

In den Noten gebe ich wieder je einmal das A-Pattern, das D-Pattern und das E-Pattern an. Beim Akkordwechsel werden die Finger nicht von den Saiten genommen, sondern der Akkordgriff rutscht komplett zum entsprechenden Bund. So braucht man nicht jedes Mal den Akkordgriff neu zu formen! Wir schlagen den Akkord in jedem Takt auf der Zählzeit „1" an und lassen ihn für den Rest des Taktes klingen.

Akkorde (Ganze Noten)

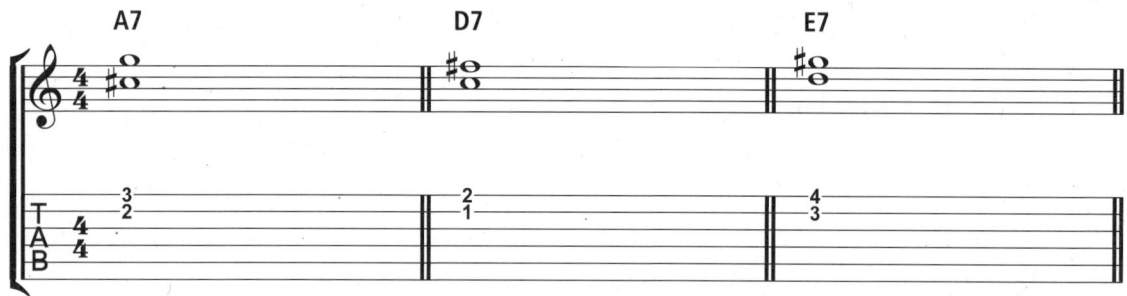

Akkorde

Aufgabe

- Spiele ein komplettes 12-taktiges Blues-Schema mit diesen Akkorden. Beginne mit dem einfachen Blues-Schema. Spiele dann ein Standard Blues-Schema und zuletzt ein Quick Change-Schema mit den gezeigten Akkordgriffen. Spiele natürlich auch wieder zu CDs mit, wenn du dich sicher genug fühlst. Dieses Pattern passt fast immer …

Akkorde (Halbe Noten)

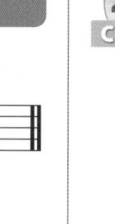
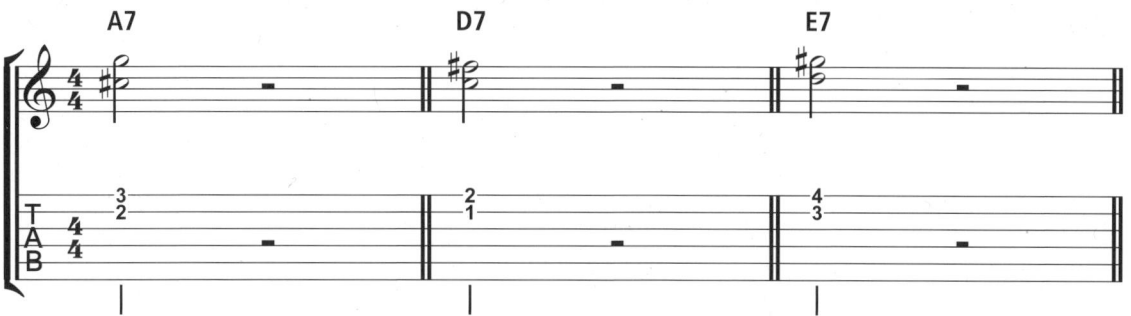

In jedem Takt wird der entsprechende Akkord auf der Zählzeit „1" angeschlagen und auf der Zählzeit „3" abgestoppt. Dazu lockern wir leicht den Druck der Greifhand ohne die Saiten ganz loszulassen. Spiele auch bei diesem und den folgenden Beispielen wieder das 12-taktige Blues-Schema und zu den CD-Empfehlungen …

Akkorde (Viertelnoten)

In jedem Takt wird der entsprechende Akkord auf der Zählzeit „1" angeschlagen und auf der Zählzeit „2" abgestoppt.

Akkorde (Staccato)

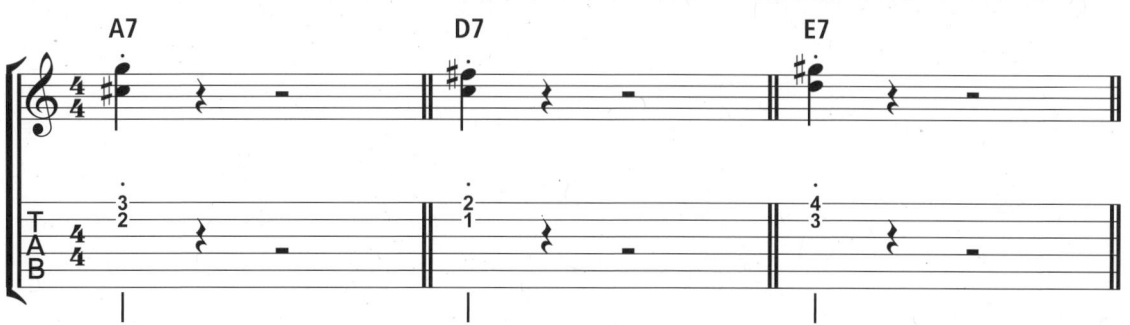

In jedem Takt wird der entsprechende Akkord auf der Zählzeit „1" angeschlagen und gleich wieder abgestoppt. Beachte den Punkt über den Noten, der diese _Staccato-Spielweise_ anzeigt.

Staccato, vgl. S. 82

Akkorde

Verbalisieren

Beim Erlernen neuer Rhythmen ist eine Technik namens Verbalisieren sehr hilfreich. Dabei imitiert man einen Rhythmus mit dem Mund. Lange Töne spricht man mit der Silbe „Ba", kurze abgehackte Töne mit der Silbe „Bapp". Höre dir dazu auch CD Track 210 an.

Imitieren einer Bläser-Gruppe: Akkord-Kicks

Nachdem wir nun mit den neuen Akkorden (hoffentlich) problemlos durchs Blues-Schema kommen und die kurzen Akkord-Kicks beherrschen, zeige ich jetzt noch ein paar interessante rhythmische Variationen.

Blues Riff 83 (Kicks auf den Zählzeiten „1" und „2und")

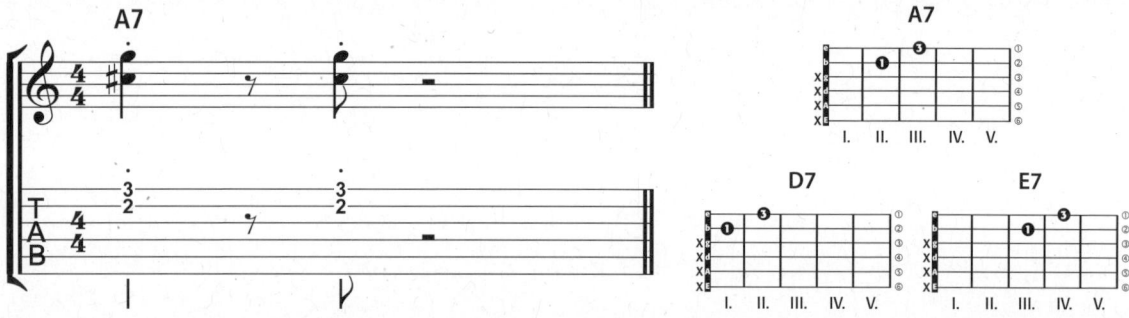

Diskographie	Tonart	Kapodaster	Anmerkungen
Talk To Your Daughter – Snooks Eaglin „The Sonet Blues Story" ab 0:26	G	10. Bund	Achtung: Es gibt zwei verschiedene CDs „The Sonet Blues Story"!

Blues Riff 84 (Kicks auf den Zählzeiten „1und" und „3")

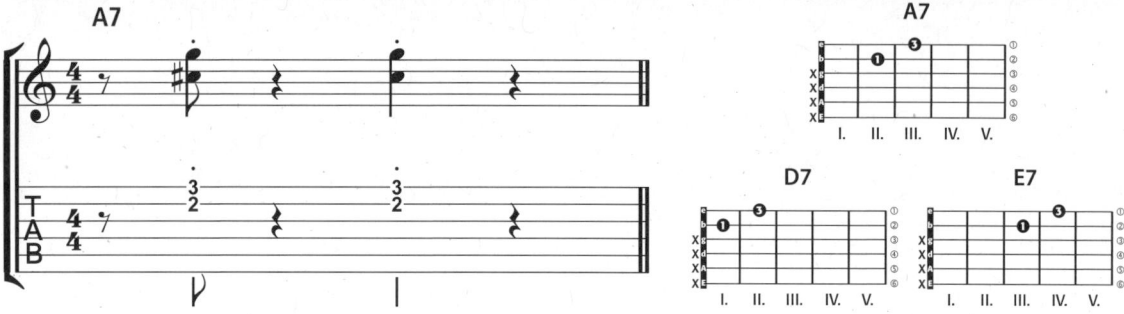

Ein sehr beliebtes zweitaktiges Pattern, das die beiden vorherigen eintaktigen Beispiele zusammenfasst:

Blues Riff 85 (Zweitaktiges Pattern aus Blues Riff 84 / 83)

Improvisation 4: Comping

Diskographie	Tonart	Kapodaster	Anmerkungen
Nut Popper #1 – Paul Butterfield „The Original Lost Elektra Sessions" ab 0:14	D	5. Bund	Diese Aufnahme verwendet das Standard Blues-Schema.
Talk To Your Daughter – Snooks Eaglin „The Sonet Blues Story" ab 0:10	G	10. Bund	Achtung: Es gibt zwei verschiedene CDs „The Sonet Blues Story"!

Aufgabe

- Versuche, solche Akkord-Kicks auf bekannten Aufnahmen zu entdecken und die Rhythmen mit den hier gezeigten Akkorden nachzuspielen.
- Erfinde eigene Rhythmen und spiele sie mit den hier gezeigten Akkorden zu bekannten Songs.

Comping

Wenn man nicht ständig nur ein bestimmtes rhythmisches Pattern spielt, sondern willkürlich zwischen verschiedenen Rhythmen wechselt, dann spricht man auch von „*Comping*". Diese Art der Begleitung ist in Blues- und Jazz-Musik gleichermaßen beliebt und verbreitet.

Comping

*Unter **Comping** versteht man die rhythmisch-harmonische Begleitung durch den Gitarristen bzw. Pianisten. Im Gegensatz zur Rock- und Popmusik, wo sich die Begleitfunktion des Gitarristen bzw. Pianisten vorwiegend auf Grundton bezogene Dreiklänge und die Beibehaltung eines festen Rhythmus bezieht, bietet das Comping Raum für Variation und Improvisation.*

Comping, vgl. S. 198

Aufgabe

- Spiele nicht nur ein Pattern pro Chorus, sondern wechsle die Rhythmen ab. Steigere den Schwierigkeitsgrad langsam:

1. Spiele zwei Patterns abwechselnd.
2. Wechsele willkürlich zwischen den beiden geübten Pattern.
3. Übe den Wechsel zwischen einem der beiden schon geübten und einem neuen Pattern (erst abwechselnd, dann frei).
4. Wechsele willkürlich zwischen den drei bisher geübten Pattern.
5. Baue nach und nach mehr Patterns ein.

Auf **CD Track 215** demonstriere ich diese Begleittechnik. Natürlich kann man meine Gitarre wieder *ausblenden* und dann selbstständig zu diesem Playback spielen.

Tipps zum Üben, vgl. S. 5

Dreistimmige Akkorde

Dreistimmige Akkorde

Die dreistimmigen Akkordgriffe sind direkt aus den zweistimmigen abgeleitet. Beim A7-Griff greifen wir mit dem *Zeigefinger* ein kleines **Barré**, das heißt der *Zeigefinger* greift mehr als eine Saite gleichzeitig. Bei diesem Griff greift er die B- und die G-Saite gleichzeitig. Beim D7- und beim E7-Griff kommt der *Mittelfinger* dazu, er greift den Ton auf der G-Saite.

Barré

*Der Begriff **Barré** [franz. Balken] bezeichnet eine Spieltechnik auf der Gitarre, bei der nur ein Finger der Greifhand über mehrere oder alle Saiten in einem Bund greift.*

Im Notenbild wird der Barré häufig mit einer Klammer [angezeigt, in Griffdiagrammen mit einem Balken über den betreffenden Saiten.

Kicks mit dreistimmigen Akkorden

Der Dominant-Sept-Akkord enthält Grundton, großer Terz, Quinte und kleine Septime. Bei den hier gezeigten dreistimmigen Voicings (vgl. S. 201) wird jeweils einer der vier Töne weggelassen.

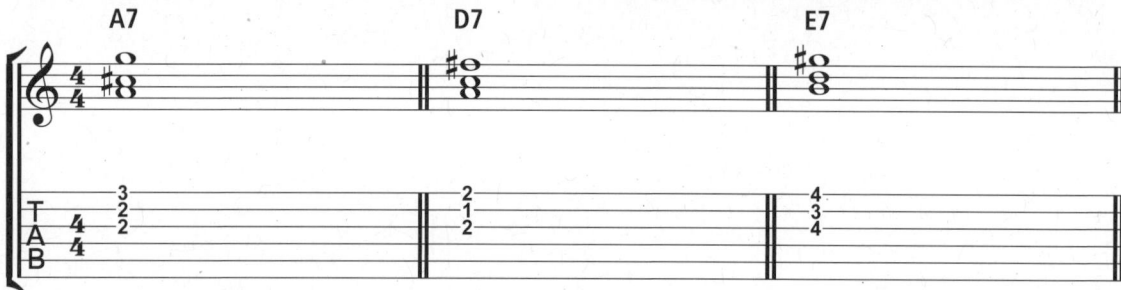

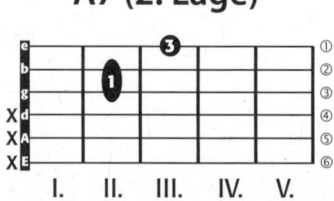
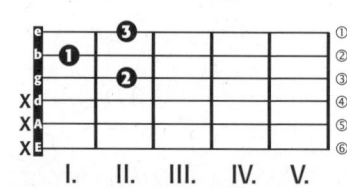
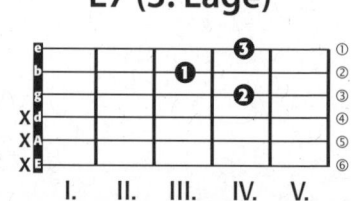

Diskographie	Tonart	Kapodaster	Anmerkungen
32-20 Blues – Robert Johnson „The Centennial Collection"	A	kein	Robert Johnson spielt hier immer wieder den gezeigten D7-Griff, allerdings in der 8. Lage als A7 (siehe Griffdiagramm links). Johnson schlägt die drei Saiten gleichzeitig mit den Fingern der Anschlagshand an, während der Daumen dazu den Grundton spielt. Die Aufnahme ist ungefähr einen Viertelton zu tief gestimmt.
Before You Accuse Me – Eric Clapton „Unplugged"	E	7. Bund	Eric Clapton spielt im Intro den E7-Akkord und schiebt ihn in Halbtönen tiefer. (siehe Griffdiagramm links). Auch Clapton spielt die Akkordtöne mit den Fingern und den Basston mit dem Daumen der Anschlagshand.

Chromatische Akkordumspielung

Aufgabe

- Spiele die Rhythmen aus dem Abschnitt über **zweistimmige Akkorde** mit den neuen dreistimmigen Akkorden.

Zweistimmige Akkorde, vgl. S. 134

Chromatische Akkordumspielung

Um die Akkord-Kicks noch interessanter zu gestalten, kann man hin und wieder auch mal einen Halbton tiefer rutschen (einen Halbton höher rutschen geht auch, wird aber seltener gemacht). Dadurch wird der Eindruck einer Akkordänderung angedeutet, obwohl gar kein wirklicher Harmoniewechsel vorgenommen wird.

Blues Riff 86 (Riff 83 mit chrom. Akkord-Umspielung)

Blues Riff 87 (Riff 83 mit chrom. Akkord-Umspielung, 2-taktig)

Blues Riff 88

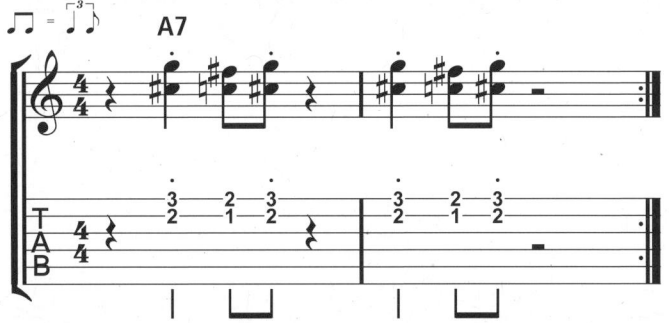

Diskographie	Tonart	Kapodaster	Anmerkungen
I´m Ready – Muddy Waters „I'm Ready"	D	5. Bund	Bei dieser Aufnahme wird der Riff mit anderen Akkorden gespielt.

Blues-Stilistik 3: Slow Blues

Aufgabe

- *Spiele diese Riffs auch mit den 3-stimmigen Akkorden.*
- *Erfinde für verschiedene Riffs aus diesem „Akkorde"-Kapitel weitere Variationen mit chromatischen Umspielungen.*
- *Baue die chromatischen Umspielungen auch in dein Comping ein (siehe „Improvisation 4: Comping").*

Comping, vgl. S. 137

Slow Blues

Die eben gelernten Griffbilder kann man auch wunderbar in einem **Slow Blues** einsetzen.

Dazu schlagen wir die Töne *nicht gleichzeitig* an, sondern spielen sie *nacheinander* im Triolen-Rhythmus. Hierzu streicht man pro Triole entweder mit dem Plektrum von oben über die Saiten oder man schlägt die Saiten in folgender Reihenfolge mit den Fingern der Anschlagshand an: *Mittelfinger, Zeigefinger* und *Daumen*. Erfahrenere Fingerpicker können auch *Ringfinger, Mittelfinger* und *Zeigefinger* nehmen, dann bleibt der Daumen frei, um den passenden Grundton auf den tiefen Saiten anzuschlagen.

Blues Riff 89 (Slow Blues 1)

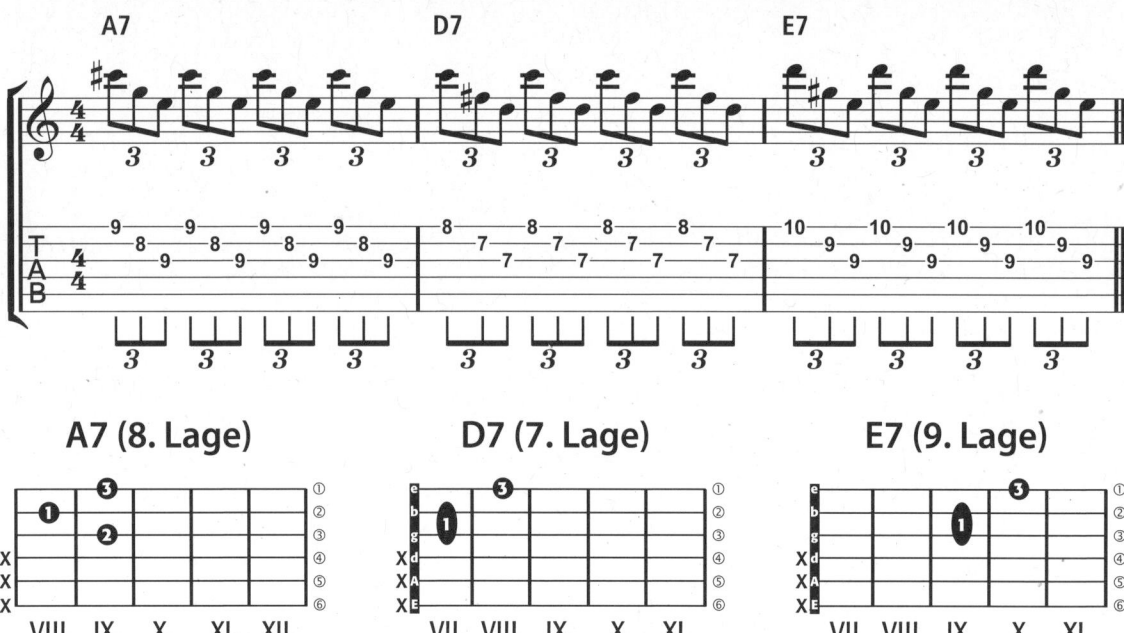

Achtung: Die Griffe werden in neuer Lage gespielt, so dass sich die Akkorde jetzt umgekehrt haben. Der D7-Griff wird in der 8. Lage zum D7-Akkord, der A7-Griff in der 7. Lage zum D7-Akkord und in der 9. Lage zum E7-Akkord.

Diskographie	Tonart	Kapodaster	Anmerkungen
Red House – Jimi Hendrix „Are You Experienced"	Bb	1. Bund	Jimi Hendrix spielt dieses Triolen-Pattern als Intro. Nach 4 Takten Intro beginnt das Quick Change Blues-Schema.

Blues-Stilistik 3: Slow Blues

Blues Riff 90 (Slow Blues 2)

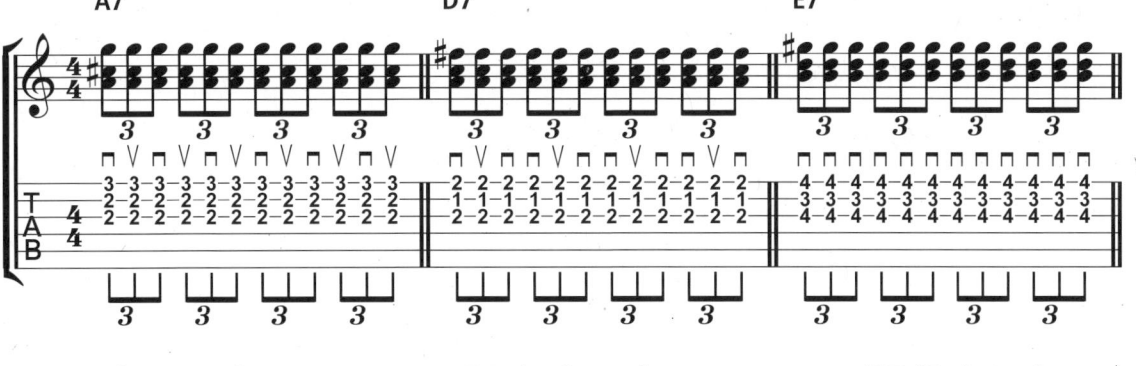

Auf- und Abschlag, vgl. S. 168

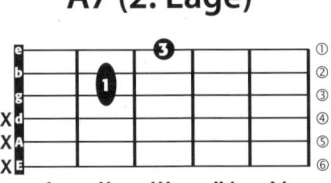
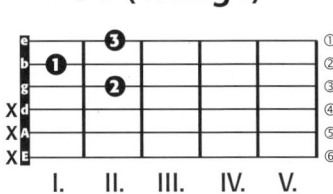
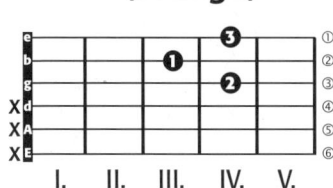

Beachte die Anschlagsrichtung: Es gibt insgesamt drei verschiedene Möglichkeiten, von denen ich in jedem Takt eine andere gezeigt habe. Auf dem zugehörigen *CD-Track* gehen wir diese drei Möglichkeiten gemeinsam durch.

Diskographie	Tonart	Kapodaster	Anmerkungen
Just A Feeling – Little Walter „The Chess Years 1952 – 1963"	A	kein	Die 2. Gitarre im Hintergrund spielt Akkorde in Triolen.

Aufgabe

- Spiele die gezeigten Begleitungen zu langsamen Blues-Songs mit. Mach dir klar, wo der Grundton ist und verschiebe die Akkorde in die entsprechende Tonart.

Blues Riff 91 (Der 6/9-Slide Riff)

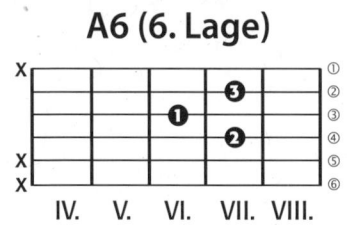

Der Griff sieht genauso aus wie der D7 vorhin, aber wir greifen auf anderen Saiten und an einem anderen Bund. Besonders gut klingt es, wenn man in den höheren Griff reinrutscht (*Spieltechnik 1: Slides*).

Slidetechnik, vgl. S. 39

Blues-Stilistik 3: Slow Blues

Beim Wechsel zur **IV. Stufe** gibt es zwei Möglichkeiten:

Entweder verschieben wir die Griffe jeweils fünf Bünde höher oder wir nehmen die unten gezeigten Griffe. Der *Zeigefinger* greift einen kleinen Barré über drei Saiten. Das Rutschen mit diesem Barré ist anfangs gar nicht so leicht! Die V. Stufe ist jeweils noch einmal zwei Bünde höher als die IV. Stufe.

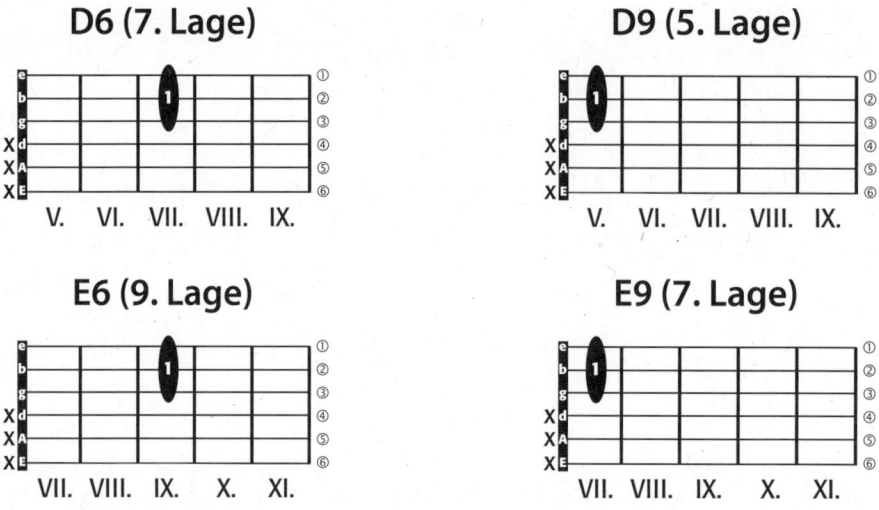

Eine beliebte **zweitaktige Variante** des 6/9-Slide-Riffs sieht so aus:

Blues Riff 92 (6/9-Slide Riff – zweitaktige Variante)

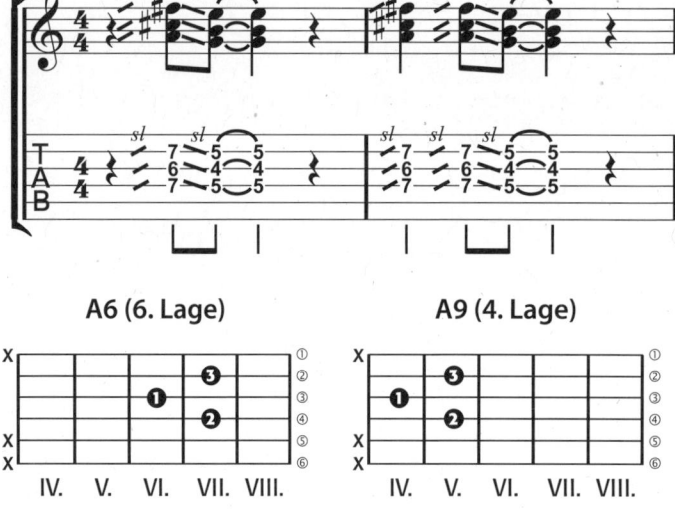

Beachte: Nur der erste Akkord wird angeschlagen und von dort aus zum zweiten Akkord gerutscht. Nochmal langsam: Den unteren Akkord greifen, anschlagen und sofort zwei Bünde hochrutschen und dann nach einer Achtelnote ohne neuen Anschlag wieder runterrutschen.

Zweistimmige Variante vom 6/9-Slide Riff

Sehr beliebt ist auch die zweistimmige Variante. Dazu werden die beiden äußeren Töne gespielt und der *Zeigefinger greift nicht*. Die mittlere Saite wird abgedämpft, indem man den *Mittelfinger* der Greifhand etwas flacher zum Griffbrett hält, damit er die Saite leicht berührt und sie nicht mehr schwingen kann. **Steve Cropper** ist ein Meister dieser zweistimmigen Riffs und hat sie auf etlichen Soul-Klassikern eingesetzt.

Blues-Stilistik 3: Slow Blues

Aufgabe

- *Probiere auch einmal die beschriebene zweistimmige Variante.*
- *Wieviele Rhythmen fallen dir noch ein? (Hörbeispiele siehe unten.)*

Diskographie	Tonart	Kapodaster	Anmerkungen
Paying The Cost To Be The Boss – **BB King** „His Definite Greatest Hits"	B	2. Bund	Hier wird der 2. Anschlag schon auf der Zählzeit „2und" gespielt. Während des Solos kommen noch ein paar Variationen dazu.
Off The Hook – Earl Hooker „Do You Remember The Great Earl Hooker" / „There´s A Fungus Amung Us" ab 0:25	C	3. Bund	Die Aufnahme ist ungefähr einen Viertelton zu hoch gestimmt. Auch hier wird der 2. Anschlag schon auf der Zählzeit „2und" gespielt. Viele schöne rhythmische Variationen zum Raushören... Viel Spaß und Erfolg!
Let It Rock – Chuck Berry „The Best Of" ab 0:20	Bb	1. Bund	Bei dieser Aufnahme wird das Pattern mit ein paar anderen Rhythmen als Begleitung zum Piano-Solo gespielt.
Let Me Stir In Your Pot – Carey Bell „Deep Down" / „Crucial Chicago Blues" (Sampler von Alligator Records)	G	10. Bund	Bei dieser Aufnahme gibt es viele interessante Variationen vom gezeigten Pattern.
Empty Arms – Stevie Ray Vaughan „Soul To Soul"	C#	4. Bund	In den Strophen spielt Stevie Ray Variationen dieses Pattern in den Gesangspausen.
Lights Out – Little Walter „Confessin´ The Blues"	D	5. Bund	4 Takte Intro „*from the five*", dann Quick Change-Schema.

from the five, vgl. S. 56ff

Kombination verschiedener Patterns

Kombination verschiedener Patterns

Im Folgenden möchte ich ein paar Anregungen geben, wie man aus der Kombination von verschiedenen Patterns neue erfinden kann.

Wenn wir den eben gelernten 6/9-Slide Riff mit einem der Bassläufe verbinden, könnte zum Beispiel so etwas dabei herauskommen:

Blues Riff 93 – Kombination verschiedener Patterns 1

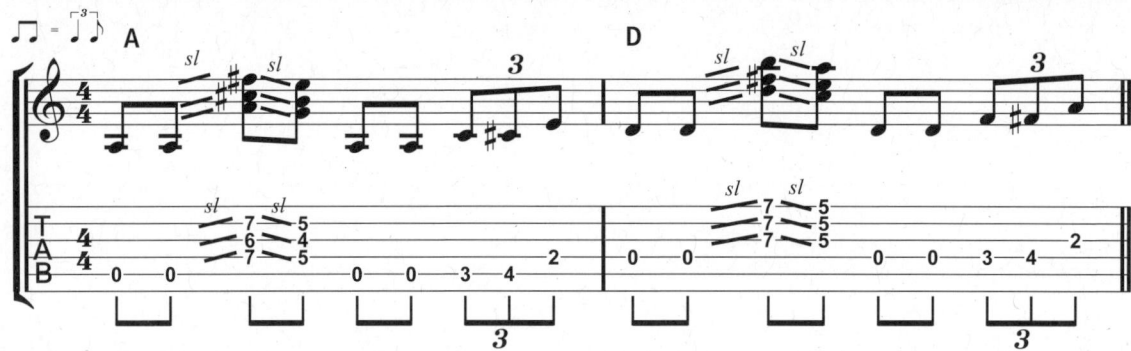

Hammer On, vgl. S. 45

Für das E-Pattern spielt man die E-Saite als Bass und schiebt den D6/D9 zwei Bünde höher. Im Basslauf kann man einen *Hammer On* vom 3. zum 4. Bund einbauen.

Diskographie	Tonart	Kapodaster	Anmerkungen
Poor Boy – Paul Butterfield „The Original Lost Elektra Sessions"	G	10. Bund	Diese Aufnahme verwendet das Standard Blues-Schema und etwas andere Akkordgriffe.

Den folgenden Rhythmus brauchen wir für das nächste Beispiel:

Vorübung zu Blues Riff 94

Beachte die Anschlagsrichtung: Nur der zweite Anschlag ist ein Abschlag, die anderen drei Anschläge sind Aufschläge. Das gilt sowohl für Plektrum-Anschlag als auch für den Anschlag mit dem Zeigefinger, falls du ohne Plektrum spielst.

Wechselschlag, vgl. S. 168

Bei Achtelnoten werden die Zählzeiten (also „1", „2", „3" und „4") mit Abschlägen gespielt, die „und" werden mit Aufschlägen gespielt. Näheres steht im Anhang *„Wechselschlag"*.

Kombination verschiedener Patterns

Jetzt kombinieren wir dieses Akkord-Pattern mit dem Standard Blues Riff in einzelnen Noten:

Blues Riff 94 – Kombination verschiedener Patterns 2

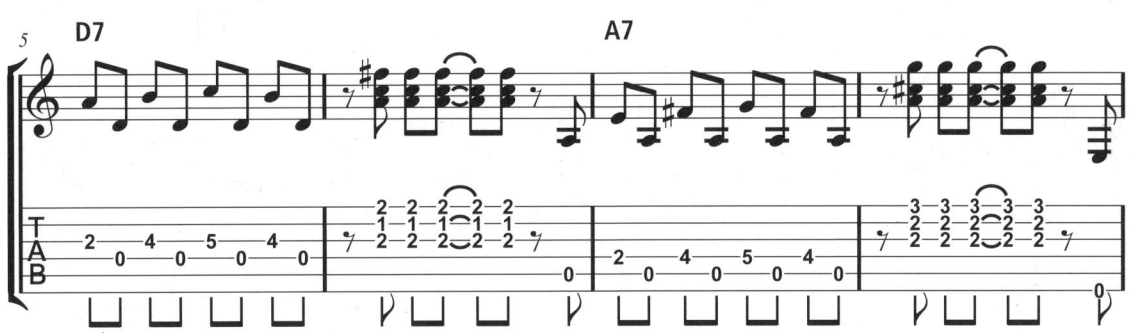

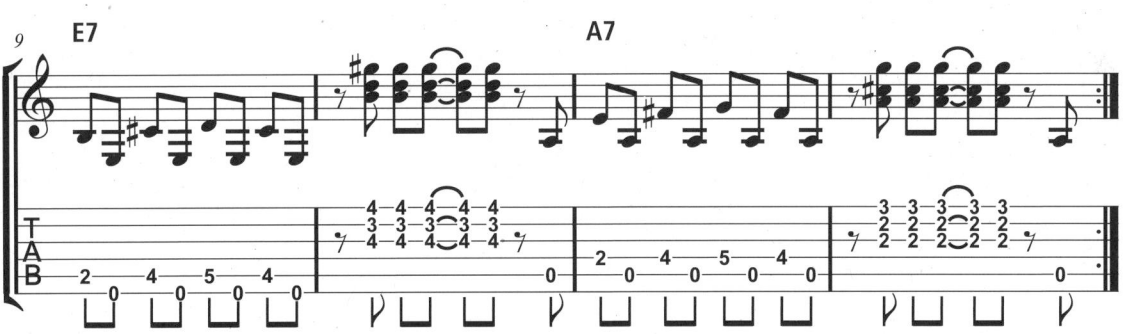

Diskographie	Tonart	Kapodaster	Anmerkungen
Shake Your Moneymaker – Elmore James „King Of The Slide Guitar"	D	5. Bund	

Turnarounds 2

Turnarounds, vgl. S. 47ff

Turnarounds mit Akkorden

Man kann auch <u>Turnarounds</u> mit den dreistimmigen Akkordgriffen spielen. Bei den folgenden Beispielen bewegen sich jeweils zwei Melodien gleichzeitig abwärts. Auch wenn nicht alle Saiten des Akkordgriffs angeschlagen werden, macht es Sinn, den Akkord jeweils komplett zu greifen. Wenn man aus Versehen mal eine andere Saite anschlägt als geplant, erklingt dann nämlich trotzdem ein passender Ton.

Die nächsten Beispiele sind in der Tonart E, in der sie üblicherweise auch gespielt werden. Danach zeige ich noch, wie man diesen Turnaround in anderen Tonarten spielen kann.

Turnaround 4 (mit Akkordgriffen)

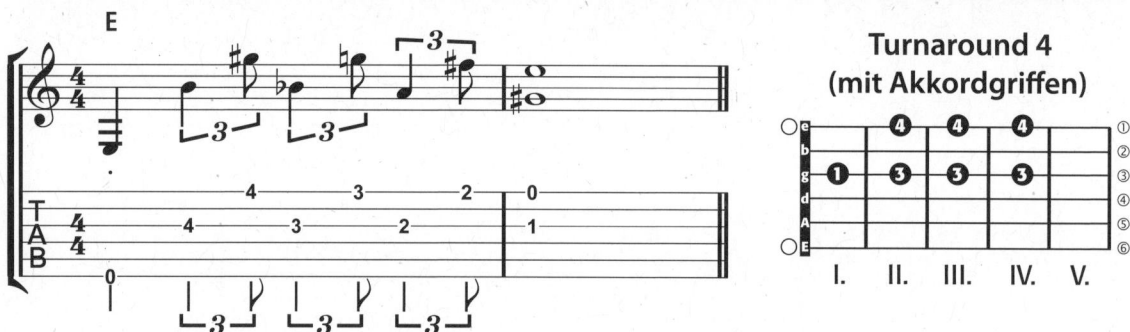

Umspielungen, vgl. S. 52ff

Im zweiten Takt kann man die „<u>Umspielung von oben</u>" oder die „<u>Umspielung von unten</u>" anhängen. Das demonstriere ich im nächsten Beispiel.

Dieselben Töne, aber mit Triolen gespielt, klingen so:

Turnaround 5 (mit Akkordgriffen)

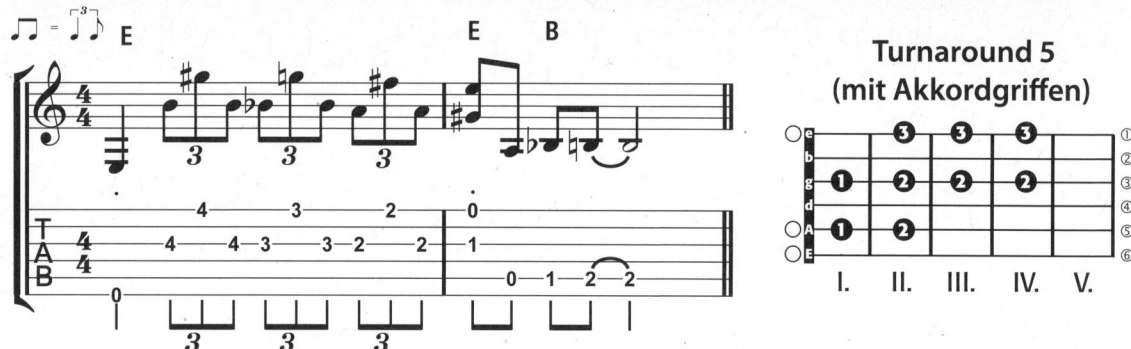

Staccato, vgl. S. 82

Hier habe ich die „Umspielung von unten" angehängt. Am besten klingt es, wenn man die Zählzeit „1" in beiden Takten sehr kurz (<u>staccato</u>) spielt. Spiele die Triolen entweder mit *Plek* (G-Saite) und *Mittelfinger* (hohe E-Saite) oder mit *Daumen* (G-Saite) und *Mittelfinger* (hohe E-Saite).

Diskographie	Tonart	Kapodaster	Anmerkungen
Sweet Home Chicago – The Blues Brothers „Original Soundtrack Recording" ab 0:04	E	7. Bund	
Blues With A Feeling – Paul Butterfield „The Paul Butterfield Blues Band" ab 0:59	G	10. Bund	Strophe Quick Change-Schema, Soli Standard Blues-Schema

Turnarounds 2

Natürlich kann man auch andere Ton-Kombinationen aus dem Akkordgriff spielen:

Turnaround 6 (mit Akkordgriffen)

230 CD-Track

Auf der Zählzeit „1" des zweiten Taktes habe ich dieses Mal drei Saiten angeschlagen. Ich schlage dabei mit dem *Daumen* alle drei Saiten an. Man kann aber auch mit drei verschiedenen Fingern jeweils eine der Saiten anschlagen. Auch diese Variation kann man mit Triolen spielen.

Wie spielt man diese Turnarounds in anderen Tonarten?

Wenn man es schafft, die Töne der ungegriffenen Saiten mit gegriffenen Tönen zu spielen, kann man diese Turnarounds in alle Tonarten, sprich in alle Bünde verschieben.

Turnaround 5 (mit Akkordgriffen – verschiebbar)

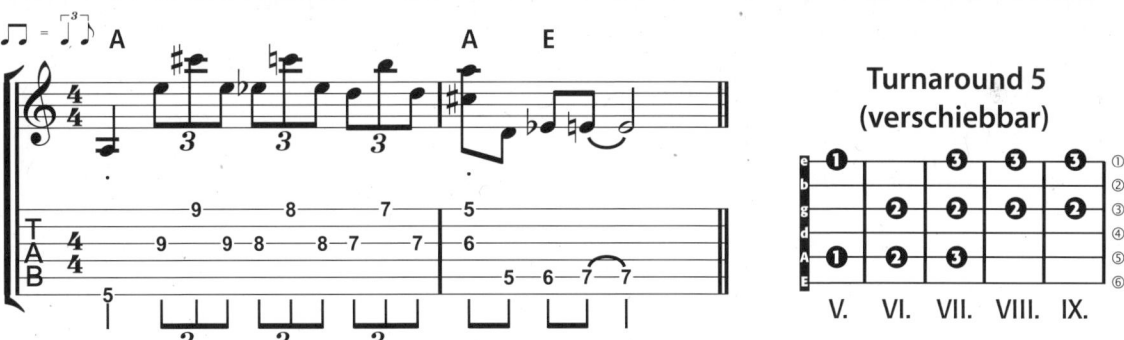

231 CD-Track

Den ersten Ton kann man mit dem *Daumen* oder dem *Zeigefinger* der Greifhand greifen. Die ersten beiden Töne im zweiten Takt greife ich mit *Zeige-* und *Mittelfinger*.

Aufgabe

- *Spiele auch die anderen gezeigten Variationen in der verschiebbaren Version.*
- *Baue diese Turnarounds ins Blues-Schema ein und spiele zu CDs mit.*

GESCHAFFT!!!

Herzlichen Glückwunsch! Dies war das letzte Beispiel in diesem Buch, und du hast bereits einen großen Abschnitt deines Weges zum Bluesgitarristen hinter dich gebracht. Auf der folgenden Seite gebe ich dir noch ein paar Tipps, wie es weitergehen könnte...

232 CD-Track

Wie geht es weiter?

Wie geht es weiter?

Musikern steht heute mehr Lehrmaterial zur Verfügung als jemals zuvor:

Wir haben Zugang zu den seltensten Blues-Alben, die wir problemlos über das Internet als CD-Wiederveröffentlichung bestellen können. Es gibt zu jedem Thema Lehrbücher und Lehr-DVDs. Über das Internet können wir alle nur erdenklichen Informationen bekommen. Man kann Unterricht nehmen, mit Freunden oder in Kneipen Sessions machen und und und …

Wenn dir das Durcharbeiten dieses Buches genauso viel Spaß gemacht hat wie mir das Schreiben, dann erkundige dich doch mal nach dem nächsten Band. Dies ist nämlich der erste Teil einer umfassenden Lehrmethode für Bluesgitarre und der nächste Band wird nahtlos an diesem anknüpfen.

„CD-Empfehlungen", vgl. S. 191

Jetzt ist es erst einmal wichtig, dass du das Gelernte auch anwendest. Das heißt konkret: Nimm deine Gitarre und spiele die Riffs zu verschiedenen Blues-CDs mit. Dadurch lernst du, wie sich die Riffs in verschiedenen Tonarten und Geschwindigkeiten anfühlen. Hör dir CDs an und entdecke die Riffs wieder. Entdecke neue Variationen auf den CDs. Denk dir selbst neue Variationen aus. Schau dir Blues-Konzerte live und auf DVD an. Geh doch mal auf eine Blues-Session und schau dir an, wie Musiker spontan miteinander spielen. Suche dir ein paar Musiker und gründe eine Band oder mach einfach eine Jam-Session mit ihnen. Oder triff dich mit einem befreundeten Gitarristen und tauscht eure Kenntnisse aus. Am meisten lernt man von Musikern, die etwas besser sind als man selbst, also keine falsche Scheu …

Es gibt verschiedene Möglichkeiten, Gleichgesinnte zu finden: Anzeigen in lokalen Zeitungen (Printausgabe oder online), Aushänge im örtlichen Musikladen oder in der Musikschule oder bei quoka.de. Oder frag deinen Gitarrenlehrer nach anderen interessierten Schülern. Vielleicht spielt auch jemand in deinem Bekanntenkreis ein Instrument?

Wenn du einen neuen Riff oder Song herausgehört oder aus einem Buch oder von einem Bekannten oder woher auch immer gelernt hast, versuch ihn einzuordnen:

- Wo ist der Grundton?
- Ist es ein Moll- oder ein Dur-Pattern?
- Werden die Achtel als Shuffle oder als gerade Achtelnoten gespielt?
- Welches Schema liegt dem Song zugrunde?
- Kannst du das Pattern in anderen Tonarten spielen?
- Fallen dir Variationen ein? (Töne austauschen, Rhythmus ändern, Synkopen einbauen …)
- Spiel den neuen Riff zu anderen Aufnahmen mit.

Viel Erfolg auf deinem weiteren Weg als Bluesgitarrist! Vielleicht lernen wir uns ja mal auf einem meiner Konzerte oder Workshops persönlich kennen? Ich würde mich freuen!

Blues & Gruß

Andi Saitenhieb

Inhaltsverzeichnis der Anhänge

235 CD-Track
Übersicht zu den Anhängen

Die Teile der Gitarre 150
- Allgemeines 150
- Namen der Saiten 150
- Akustische Gitarre 150
- Elektrische Gitarre 150

Gitarrentypen 152
- Elektrische Gitarren 152
- Westerngitarren 154
- Klassische Gitarren 155
- Resonatorgitarren 155

Verstärkertypen 156

Sonstiges Zubehör 158
- Gurt 158
- Kabel 158
- Saiten 158
- Effektgeräte 159
- Kapodaster (Kapo) 160
- Plektren/Daumen- & Fingerpicks . 162

Anschlag (Daumen, Finger, Plek) 163

Stimmen der Gitarre 164
- 1. Stimmen mit einem Stimmgerät . 164
- 2. Stimmen mit gegriffenen Tönen . 165
- 3. Stimmen mit einem Klavier 165
- 4. Stimmen mit Flageolett-Tönen 166

Wechselschlag 168

Greifen ohne Scheppern 169

Artikulation / Dämpftechniken 170

Dynamik (Lautstärke) 173

Zusammenspiel mit anderen Instrumenten 174

Wie man die Tonart eines Songs findet ... und zur CD mitspielt 175

Wie übe ich „richtig"? 177
- Laaaaangsam und fehlerfrei 177
- Üben mit rotierender Aufmerksamkeit 177
- Automatisieren 178
- Auswendiglernen 178

Erklärung Tabulatur & Griffbilder 179

Musiktheorie & Notenschrift 180
- Die 12 Notennamen 180
- Die Intervallbezeichnungen 180
- Was bedeuten die Zahlen, mit denen die Riffs manchmal benannt werden? 181

Alle Töne auf dem Griffbrett finden 182

Weitere Blues-Schemata 184
- 16-taktiges Blues-Schema 184
- 24-taktiges Blues-Schema 185
- 8-taktige Blues-Schemata 185
- „Rollin´ & Tumblin´"-Schema 187
- Alternatives Rock´n´Roll-Schema (oder nicht ganz so einfaches „Einfaches Blues-Schema") 188
- Moll-Blues 188
- One-Chord Vamps (Groove-Songs ohne Akkordwechsel) 189
- Wechsel zwischen verschiedenen Schemata 190

Empfehlungen 191
- CDs 191
- Bücher 193
- DVDs 195
- Musik-Fachgeschäfte 195
- Lehrmaterial 195
- Software 196
- Radio 196
- Fachzeitschriften 196

The Blues or not The Blues? 197

Glossar 198

CD-Trackliste 202

Die Teile der Gitarre

Allgemeines

Die Gitarre lässt sich in drei Hauptbestandteile einteilen: **Kopf**, **Hals** und **Korpus**.

Am **Kopf** befinden sich die **(Stimm-)Mechaniken**. Durch drehen lässt sich die Tonhöhe jeder Saite nach oben und nach unten verändern. Gitarren sollten vor jedem Spielen gestimmt werden.

Auf dem **Gitarrenhals** befindet sich das **Griffbrett**, und darauf befinden sich die **Bundstäbchen**. Diese sind so am Griffbrett befestigt, dass der Abstand von einem Bundstäbchen zum nächsten jeweils genau einen Halbton beträgt. Beachte, dass die Bundstäbchen immer näher zusammenliegen, je höher man sich auf dem Hals befindet. Als Bünde bezeichnet man die Stellen zwischen den Bundstäbchen. Sofern man nicht spezielle Spieltechniken anwendet (Saitenziehen [engl. „bending"], Sliderröhrchen [engl. „Bottleneck"], Vibratohebel ...) ist der kleinste Abstand zwischen zwei Tönen auf einer Gitarre der Halbtonschritt.

Die *Saiten* schwingen vom **Sattel** (das ist das Teil zwischen Kopf und Hals, auf dem die Saiten aufliegen) bis zum **Steg** (das ist das Teil am anderen Ende der Gitarre, auf dem die Saiten aufliegen). Berührt man die Saite irgendwo zwischen Sattel und Steg, hört sie auf zu schwingen. Macht man das aus Versehen, würgt man den Ton ab (also Vorsicht mit langen Haaren, Halsketten und weiten Ärmeln). Macht man das absichtlich mit der rechten oder linken Hand, kann man so effektiv die Töne abstoppen und Pausen erzeugen oder dafür sorgen, dass Töne einzeln und nicht ineinander klingen. Greift man mit der Greifhand auf dem Griffbrett, verkürzt man den klingenden Teil der Saite und der Ton wird höher (siehe auch Anhang „*Greifen ohne Scheppern*").

„Greifen ohne Scheppern", vgl. S. 169

Die Namen der Saiten

In der Standard-Stimmung ist die Gitarre folgendermaßen gestimmt (tief nach hoch, oder dickste zur dünnsten Saite):

$$E - A - d - g - b - e'$$

„Internationale Schreibweise", vgl. S. 6

Die unterschiedliche Benennung der Saiten (z.B. groß E, kleines g, eingestrichenes e) verrät etwas über die genaue Tonhöhe.

Es gibt noch einige andere Stimmungen, zum Beispiel Open G, Open A, Open D, Open E, Dropped D, Eb-Tuning, DADGAD etc. Bei Interesse einfach mal in die Suchmaschine eingeben ...

Akustische Gitarre

Aus dem Schallloch kommt der Schall, der durch die Saitenschwingung und das Mitschwingen des Gitarrenkorpus erzeugt wird. Bei elektrisch verstärkten Akustikgitarren kann es sehr schnell zu einem sogenannten Feedback kommen. Abhilfe schafft hier ein kleiner runder Gummi-Einsatz (gibt es von verschiedenen Herstellern unter verschiedenen Namen), den man in das Schallloch steckt.

Elektrische Gitarre

Der Tonabnehmer

Der **Volume-Regler** ist ein stufenlos verstellbarer Widerstand, mit dem die Gitarre leiser gedreht werden kann. Man kann diesen Regler auch zur Steuerung der Verzerrung nutzen: Wenn man den Lautstärke-Regler zurückdreht, kommt weniger Signal am Verstärker an und die Verzerrung wird geringer. Oft wird der Klang auch dumpfer, wenn man die Lautstärke zurückdreht. Dies kann man auf Wunsch durch einen kleinen Kondensator ändern, den ein Fachmann einlöten kann.

Die Teile der Gitarre

Da Gitarren normalerweise passiv sind (im Gegensatz zu elektrischen Bassgitarren, wo aktive Systeme gleichberechtigt neben passiven Systemen existieren), kann man mit dem **Tone-Regler** nur etwas wegnehmen, aber nichts hinzufügen. Der Tone-Regler wirkt wie ein Höhen-Bedämpfer, der den Klang der Gitarre dumpfer macht. Es gibt verschiedene Möglichkeiten, die Elektronik zu verlöten, zum Beispiel kann ein Tone-Regler entweder nur bei einem Tonabnehmer wirken oder bei mehreren.

Mit einem **Klinkenkabel** verbindet man die (Ausgangs-)Buchse der Gitarre mit der **Input-Buchse** des Verstärkers.

Mit dem **Vibrato-Hebel** (fälschlicherweise oft auch „Tremoloarm" genannt) kann man die Tonhöhe aller Saiten gleichzeitig verändern.

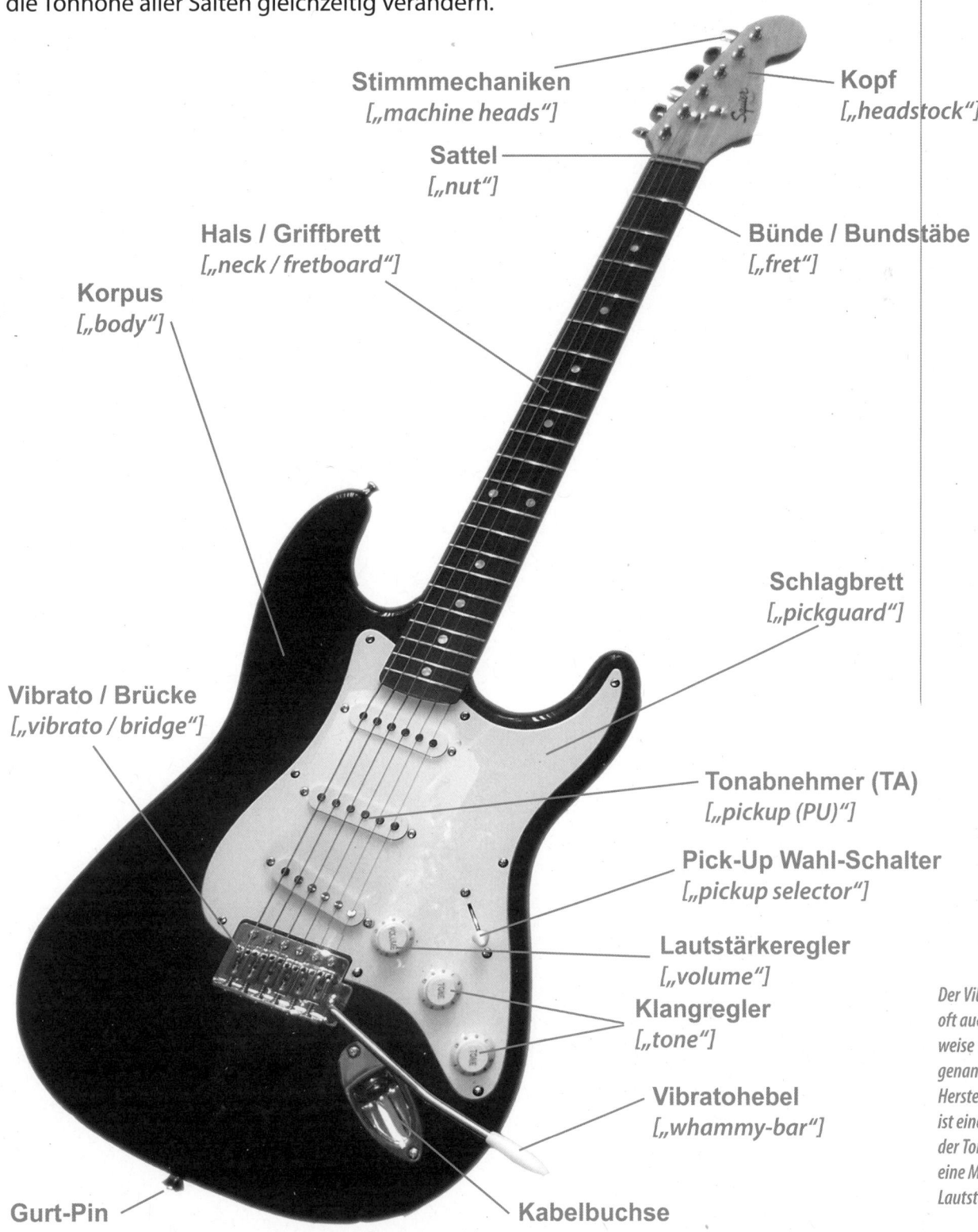

Stimmmechaniken
[„machine heads"]

Kopf
[„headstock"]

Sattel
[„nut"]

Hals / Griffbrett
[„neck / fretboard"]

Bünde / Bundstäbe
[„fret"]

Korpus
[„body"]

Schlagbrett
[„pickguard"]

Vibrato / Brücke
[„vibrato / bridge"]

Tonabnehmer (TA)
[„pickup (PU)"]

Pick-Up Wahl-Schalter
[„pickup selector"]

Lautstärkeregler
[„volume"]

Klangregler
[„tone"]

Vibratohebel
[„whammy-bar"]

Gurt-Pin
[„strap button"]

Kabelbuchse
[„jack socket"]

Der Vibratohebel wird oft auch fälschlicherweise Tremolo-Arm genannt, sogar von Herstellern. Vibrato ist eine Modulation der Tonhöhe, Tremolo eine Modulation der Lautstärke.

Gitarrentypen

Gitarrentypen

Grundsätzlich kannst du auf fast jeder Gitarre Blues spielen. Ich stelle hier die vier grundsätzlich unterschiedlichen Bauarten vor: Die elektrische Gitarre, die Westerngitarre, die klassische Gitarre und die Resonatorgitarre.

Elektrische Gitarren

80-90% des Sounds kommen aus den Fingern. Beliebte Bemerkungen meiner Schüler und von Workshop-Teilnehmern sind: „Das geht auf meiner Gitarre nicht!", „Das liegt an der Gitarre!" (wahlweise auch am Verstärker oder Effektgerät) oder „deine Gitarre ist halt viel besser".

Ich antworte darauf gerne: „Dann lass uns mal tauschen ..." Und natürlich klinge ich mit der Gitarre und dem Verstärker des Schülers immer noch wie ich.

Fazit: Das Equipment unterstützt nur das, was aus den Fingern kommt (oder gemein formuliert: Lieber mehr üben als neues Equipment kaufen ☺). Natürlich spiele ich über eine *Stratocaster* anders als über eine *Les Paul*, aber das Zauberwort heißt hier „anders" und nicht „schlechter" oder „besser".

Nachdem das gesagt ist, hier eine kurze Vorstellung der wichtigsten Gitarrentypen, ihrer typischen Sounds und einiger wichtiger Musiker, die dieses Instrument hauptsächlich spielen.

Angefangen hat alles Anfang der 50er Jahre, als **Leo Fender** die *Fender Broadcaster* erfand. Aus rechtlichen Gründen musste er sie in *Fender Telecaster* umbenennen. Kurz darauf stellte er eine Weiterentwicklung vor: *Die Fender Stratocaster*. Bis heute ist dies der mit Abstand meistverkaufte Gitarrentyp aller Zeiten. Die Firma **Gibson**, bis dahin eigentlich für hervorragende akustische Instrumente bekannt, brachte ein Design des großartigen Gitarristen **Les Paul** zur Serienreife, und der dritte Klassiker war geboren. Die **Halbresonanz-Gitarre** (auch **Semi-Hollowbody**) ist eine Mischform aus akustischer und elektrischer Gitarre. Sie ist im Gegensatz zu den anderen drei genannten Typen nicht aus massivem Holz, sondern teilweise hohl. Das bekannteste Modell ist die *Gibson ES 335*.

Fender Telecaster

Typische Merkmale:

2 Single-Coils (einspulige Tonabnehmer). Sehr spitzer, höhenbetonter Klang, anfällig für Brummen. Angeschraubter Hals.

Bekannte Tele-Spieler:

Albert Collins, Muddy Waters, Andi Saitenhieb ☺

Gitarrentypen

Fender Stratocaster

Typische Merkmale:

3 Single-Coils (einspulige Tonabnehmer).
Sehr spitzer, höhenbetonter Klang,
anfällig für Brummen.
Angeschraubter Hals. Vibrato-Hebel.

Bekannte Strat-Spieler:

Jimi Hendrix, Stevie Ray Vaughan,
Eric Clapton, Buddy Guy, Ritchie Blackmore

Gibson Les Paul

Typische Merkmale:

2 Humbucker (zweispulige Tonabnehmer), seltener P90
(fette Single Coils, klanglich zwischen Humbuckern
und „normalen" Single Coils)
Mittiger Klang, brummt nicht (gilt nur für Humbucker,
nicht P90).
Eingeleimter Hals.

Bekannte Paula-Spieler:

Gary Moore, Jimmy Page, Billy Gibbons (ZZ Top)

Gibson ES 335

Typische Merkmale:

2 Humbucker (zweispulige Tonabnehmer).
Mittiger Klang, brummt nicht.
Eingeleimter Hals. Wegen der hohlen Kammern
anfälliger für Feedback (Rückkopplungen).

Bekannte ES 335-Spieler:

BB King, Chuck Berry

Fast alle anderen elektrischen Gitarrenmodelle sind mehr oder weniger offensichtliche Kopien dieser Modelle. Es ist halt schwierig, etwas fast perfektes noch grundsätzlich zu verbessern ... Die als revolutionäre Neuerungen vermarkteten Verbesserungen sind in der Regel nur kleine Detailverbesserungen.

Gitarrentypen

Preiswerte Alternativen bekommt man zum Beispiel von *Ibanez* oder *Yamaha*, aber auch *Fender* (unter dem Namen *„Fender Squier"*) und *Gibson* (unter dem Namen *„Epiphone"*) haben preisgünstigere, nicht in den USA gebaute Modelle. Von *Fender* gibt es außerdem noch in Mexiko oder Korea gebaute Modelle, auf denen auch *„Fender"* steht. Auf der Kopfplatte steht bei den deutlich teureren USA-Modellen unter dem großen *Fender*-Logo klein *„Made in USA"*. Die Topmodelle von *Fender* und *Gibson* kommen aus deren Custom Shops und kosten deutlich über 2000,- Euro.

Westerngitarren

Westerngitarren sind **akustische Gitarren mit Stahlsaiten**. Dies ist die typische Gitarre für den akustischen Blues. Das Saitenziehen (*Bending*), die wichtigste Verzierungstechnik der elektrischen Bluesgitarre, ist aufgrund der dickeren Saiten nur bedingt möglich, aber ansonsten gibt es keine Einschränkungen.

Bendings, vgl. S. 116

Westerngitarren gibt es in verschiedenen Größen und Formen: *Dreadnought, Jumbo, Grand Auditorium, Auditorium* und *Parlour*. Es gibt verschiedene **Tonabnehmersysteme** für Westerngitarren, zum Beispiel *Piezo-Tonabnehmer* (druckempfindliche Kristalle unter dem Steg), ein bis zwei *Mikrofone* im Gitarrenkorpus oder Tonabnehmer, die man ins Schallloch einbaut. Westerngitarren sind verstärkt anfällig für Rückkopplungen. Wenn man nicht auf der Bühne umherlaufen möchte, kann man auch ein Mikrofon vor die Gitarre stellen.

Da der Hals einer Westerngitarre einem wesentlich höheren Saitenzug als der einer klassischen Gitarre mit Nylonsaiten standhalten muss, ist er mit einem **Metallstab** (*Trussrod*) verstärkt, der dem Saitenzug entgegenwirkt. Deshalb kann man auch keine Nylonsaiten auf eine Westerngitarre aufziehen: Fällt der hohe Saitenzug weg, kann der Hals beschädigt werden. Außerdem arbeiten die Tonabnehmersysteme mit Nylonsaiten nicht korrekt.

Bekannte Hersteller hochwertiger Westerngitarren sind *Martin, Gibson, Lakewood*. Preiswerte Alternativen findet man bei *Sigma* (Tipp!), *The Loar, Yamaha, Ibanez, Cort ...*

Bekannte Westerngitarren-Spieler:
Robert Johnson, Big Bill Broonzy, Blind Blake

Gitarrentypen

Klassische Gitarren

Klassische Gitarren sind **akustische Gitarren mit Nylon-Saiten**. Die drei tiefen Saiten sehen aus, als wären sie aus Metall, sie sind aber auch aus *Kunststoff* und mit Metall umwickelt.

Für den Blues eignen sich diese Gitarren nur bedingt. Zwar können wir alle Beispiele in diesem Buch auch auf einer klassischen Gitarre spielen, allerdings entsteht der typische Blues-Sound durch Metallsaiten.

Der *Hals* einer Klassikgitarre ist für einen wesentlich geringeren Saitenzug als der einer Westerngitarre ausgelegt und hat deshalb keinen Metallstab. Daher kann man keine Metallsaiten auf eine Klassikgitarre aufziehen. Der hohe Saitenzug würde den Hals beziehungsweise das ganze Instrument zerstören.

Resonatorgitarren

Ein **Resonator** ist eine Metall-Membran, ähnlich einem Lautsprecher. Man unterscheidet zwei Varianten von Resonatorgitarren nach der Anzahl der Resonatoren:

Die einen haben *drei* kleinere Resonatoren (*Tricone*), die anderen haben *einen* großen Resonator (*Single Cone*). Im Blues findet vor allem die Single Cone-Version Verwendung. Es gibt dabei zwei unterschiedliche Bauweisen: Beim *Biscuit Cone* zeigt die Spitze des Resonators nach oben. Beim *Spider Cone* liegt der Resonator andersherum.

Alle drei Varianten der Resonatorgitarre unterscheiden sich erheblich im **Klang**. Der Korpus einer Resonatorgitarre kann aus *Holz* (oft auch „Dobro" genannt) oder aus Metall (oft auch „National" genannt) sein.

Wie bei den Westerngitarren gibt es auch hier verschiedene **Tonabnehmersysteme**. Einige Modelle sind sogar elektrische Gitarren mit Resonator (*National Resolectric, Amistar Amicaster*). Diese kann man auch akustisch spielen, weil sie deutlich lauter als „normale" E-Gitarren sind.

Bekannte Hersteller hochwertiger Resonator-Instrumente sind *National Resophonic, Amistar* und *Continental*.

Bekannte Reso-Spieler:

Son House, Bob Brozman, Blind Boy Fuller

Verstärkertypen

Verstärkertypen

Für eine elektrische Gitarre braucht man einen Verstärker, sonst ist sie zu leise. Grundsätzlich kann man mit fast jedem Verstärker [engl. *Amp*, Kurzform von *Amplifier*] den Blues spielen.

Es gibt *drei* grundsätzlich unterschiedliche *Bauarten* für Gitarrenverstärker:

1. **Röhren-Verstärker**
2. **Transistor-Verstärker**
3. **Verstärker mit digitalen Simulationen** von klassischen Verstärker-Sounds („*Modelling-Amp*")

Außerdem wird unterschieden zwischen

Combo, vgl. S. 198
Head, vgl. S. 199
Box, vgl. S. 198

a) *Combo* (Verstärker und Lautsprecherbox in einem Gehäuse)

b) *Head* (*Topteil*) & *Box*-Kombinationen (Verstärker und Lautsprecherbox getrennt).

Vollröhren-Head & Box von Marshall

Vollröhren-Combo Fender The Twin

Die wichtigsten Merkmale, über die man sich **vor dem Kauf** Gedanken machen sollte, sind:

1. Preisvorstellung
2. Lautstärke (Das ist nicht dasselbe wie die Wattzahl! Siehe unten.)
3. Größe & Gewicht (Transport!)
4. Clean Sound / Verzerrter Sound
5. Anzahl Kanäle
6- Anschluss für Fußschalter vorhanden? (Kanal-Umschaltung, Hall an/aus)
7. Effekt-Loop vorhanden?

Zum Thema **Lautstärke** muss man wissen:

Ein Röhrenverstärker ist bei gleicher Wattzahl deutlich lauter als ein Verstärker ohne Röhren-Endstufe! Mit einem 30 Watt Röhren-Combo kann man es sich ohne Probleme mit der gesamten Nachbarschaft verscherzen. Daheim reicht ein Röhreverstärker mit 1 Watt oder weniger.

Verstärkertypen

Röhrenverstärker – Pro und Kontra

- Röhrenverstärker sind schwerer.
- Röhrenverstärker sind empfindlicher und brauchen mehr Wartung (Röhren können beim Transport zerbrechen und verschleißen selbst bei sachgemäßem Gebrauch).
- Röhrenverstärker sind teurer.
- Röhrenverstärker klingen aber (noch?) etwas besser als Digitalverstärker. Die Ansprache ist direkter.

Die meisten Profis spielen auch heute noch Röhrenverstärker. Gerade im Bluesbereich, wo nicht die Maxime „schneller, lauter, höher" gilt, sondern wo es auf Ton ankommt, ist dieses Quäntchen besser anscheinend immer noch das entscheidende Argument, sich für einen bestimmten Verstärker zu entscheiden. Allerdings muss man fairerweise sagen, dass die digitalen Verstärker immer besser werden und eine immer größere Verbreitung finden.

Ich habe im Laufe der Zeit verschiedenste Verstärker gekauft und wieder verkauft:

Marshall 100 Watt Head mit 4x12" Box, *Fender Twin*, *Vox AC30*, *Peavey Classic 30* ...

Alle waren mir nach kurzer Zeit zu laut und / oder zu schwer.

Einige Jahre habe ich einen *Carvin Vintage 16* mit 16 Watt gespielt. Der wiegt ca. 20kg und ist für Proben und kleinere Club-Gigs laut genug (wir reden hier ja über Blues, nicht über Death Metal). Der Klang passt sehr gut zum Blues, und zu Hause kann man den Verstärker auf 5 Watt runterschalten. Für *Marshall*-Sounds liebe ich den *Marshall 1974x Combo* (18 Watt). Der *Marshall Bluesbreaker Combo* (30 Watt) klingt auch exzellent (Clapton hat ihn auf dem Bluesbreakers-Album gespielt, daher der Name), er ist mir aber schon zu schwer und zu laut.

Mittlerweile gibt es auch kleine Röhren-Übe-Combos mit 1 Watt Leistung (z. B. *Blackstar HT1*). Eine weitere Möglichkeit zur Lautstärkereduzierung sind sogenannte *Power Soaks*, die einen Teil der Leistung aufnehmen und den Rest an die Box weitergeben. Bei manchen Verstärkern ist so ein *Power Soak* schon eingebaut (z. B. *Bugera Vintage 5*: 5W, 1 W oder 0,1W!). Meine persönlichen Favoriten sind mittlerweile der Verstärker von *Realtone* in der 18 Watt-Version und der Reußenzehn EL34 Mark III (umschaltbar 10 W / 19 W).

Verstärker klingen in einer Band anders als zuhause. Das liegt daran, dass Schlagzeug, Bass und eventuell weitere Instrumente große Frequenzspektren abdecken und sich dann Frequenzen überlagern. Beim Gitarrensound sind vor allem die Mitten wichtig, denn dort findet man die Frequenzen, die sich durchsetzen. Lange Rede, kurzer Sinn: Hör dir deinen Verstärker auch im Bandkontext an!

Die meisten großen Musikgeschäfte bieten eine Geld-zurück- oder Umtausch-Garantie für x Tage an. Wenn man online bestellt, hat man ohnehin *14 Tage Rückgaberecht* (*Fernabnahmegesetz*). Vielleicht kannst du dir den Testkandidaten ja auch von einem befreundeten Gitarristen mal für eine Probe ausleihen?

Fazit

Informiere dich (Internet-Foren, *Fachzeitschriften* ...), hör dir deine Favoriten an, sowohl alleine als auch im Proberaum mit Band (bei befreundeten Bands, beim *Musik-Fachgeschäft* vor Ort ...), überleg dir eine Obergrenze für Gewicht und Preis und triff deine Entscheidung nicht aus Ego-Gründen, sondern nach Bedarf. Das spart viel Geld!

Fachzeitschriften, vgl. S. 196
Musik-Fachgeschäfte, vgl. S. 195

Sonstiges Zubehör

Gurt

Normalerweise spielt man bei Auftritten und Proben eher im Stehen, zu Hause übt man eher im Sitzen. Je nach Gewicht der Gitarre sollte der *Gurt* nicht zu schmal sein. Bei einer klassischen Gitarre und einer Westerngitarre ist das egal, bei einer elektrischen Gitarre merkt man das Gewicht recht schnell und eventuell schmerzt nach einiger Zeit sogar die Schulter oder das Kreuz.

Wenn man sich für den etwas teureren *Ledergurt* entscheidet, dann bleibt die Gitarre in Position und verrutscht nicht so schnell wie bei den günstigeren *Nylongurten*. Speziell bei kopflastigen Instrumenten kann das Verrutschen ganz schön nerven!

Die richtige *Höhe* hat das Instrument, wenn man mit beiden Händen bequem spielen kann: Das Handgelenk der Greifhand sollte möglichst gerade bleiben, das heißt der Kopf der Gitarre sollte sich ungefähr in Schulterhöhe befinden. Da die Anschlagshand eher in Bauchhöhe anschlägt, hängt das Instrument also schräg. Die Poser-Höhe „Gitarre in den Kniekehlen" sieht zwar cool aus, ist aber völlig ungeeignet zum Spielen.

Ein sehr beliebter Fehler ist das Kippen des Instrumentes, um das Griffbrett besser zu sehen. Dadurch muss man das Handgelenk der Greifhand stärker abknicken. Deshalb sollte der Gitarrenkorpus senkrecht gehalten werden.

Kabel

Hier bringt der Griff in die Wühlkiste definitiv nichts: Die sehr dünnen Billigkabel gehen schnell kaputt (Knackgeräusche oder gar kein Signal mehr). Auf Dauer sind hochwertigere Kabel günstiger. Ab ca. 10,- Euro bekommt man brauchbare Instrumentenkabel, ab ca. 30 bis 40 Euro bekommt man professionelle Kabel und audiophile Kabel kosten über 100,- Euro. Optimal ist eine Länge von 6 Metern, bei 3 Metern hat man zu wenig Bewegungsfreiheit, bei 9 Metern klingen Kabel meist recht dumpf.

Kabel sind elektrische Widerstände, die Höhen schlucken. Je länger das Kabel ist, desto höher ist der Widerstand.

Tipp

- Man vermeidet das unschöne, laute Knackgeräusch, wenn man das Kabel erst an der Gitarre einsteckt, bevor man es am Verstärker anschließt. Beim Rausziehen macht man es umgekehrt: Erst am Verstärker, dann an der Gitarre rausziehen.

Saiten

Saiten gibt es in unterschiedlichsten Stärken und aus diversen Materialien. Hier hilft nur eins: *Ausprobieren und genau hinhören!* Grundsätzlich gilt: Frische Saiten klingen besser als gebrauchte. Hier ein grober Überblick:

Bei der klassischen Gitarre verwendet man *Nylonsaiten* in den Stärken „Hard Tension" oder „Medium Tension".

Bei der Westerngitarre verwendet man normalerweise *Bronzesaiten* oder *Phosphor-Bronzesaiten*, meist in der Stärke 012-054. Dünnere Saiten sind einfacher zu spielen, klingen aber auch dünner.

Diese Angaben zur Stärke sind in Tausendstel-Zoll und nennen die hohe E-Saite (kleinere Zahl) und die tiefe E-Saite.

Bei der elektrischen Gitarre verwendet man *Stahlsaiten* oder *Nickelsaiten*, da magnetische Tonabnehmer auf Bronzesaiten nicht gut ansprechen. Stahlsaiten klingen etwas brillanter, aggressiver und rockiger, Nickelsaiten klingen eher mittiger („Vintage"). *Nickelplated Steel* liegt irgendwo dazwischen. Die Standard-Stärke ist 010-046, die dünneren 009-042 lassen sich besser ziehen (*Bending*), klingen aber auch nicht ganz so fett. Wenn man dickere Saiten verwendet, kann man die Gitarre auch einen Halbton herunterstimmen wie z.B. *Jimi Hendrix* oder *Stevie Ray Vaughan*. Letzterer hat angeblich 013er-Saiten gespielt ...

Bending, vgl. S. 116

Sonstiges Zubehör

Effektgeräte

Es gibt unzählige Effektgeräte für Gitarre. Beim Blues verwendet man eher weniger Effekte. Effektgeräte bekommt man in Form von einzelnen Bodentretern (digital oder analog) und Multieffektgeräten (digital).

a) Overdrive

Verzerrung. Die Bezeichnungen sind nicht ganz einheitlich, aber in der Regel meint man mit „*Overdrive*" eine warme, röhrenverstärkerähnliche Verzerrung. Beim Blues *nicht* so angesagt sind „*Distortion*" und „*Fuzz*", die deutlich aggressiver klingen und eher in härteren Rockbereichen verwendet werden.

b) Wah-Wah

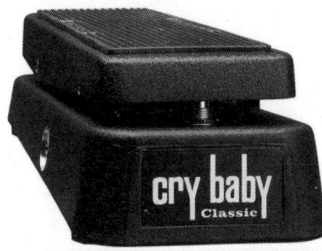

Ein **Filter,** der mit dem Fuß gesteuert wird. Der Effekt klingt so, wie er heißt, und wird in fast allen Musikstilen verwendet. Hören kann man diesen Effekt sehr gut beim Intro von „*Voodoo Child (Slight Return)*" von **Jimi Hendrix**, dem letzten Song auf dem Album „*Electric Ladyland*" und bei „*When The Sun Goes Down*" auf dem **Gary Moore**-Album „*Scars*". Im Blues-Kontext hat **Earl Hooker** diesen Effekt oft eingesetzt, unter anderem auf „*Sweet Home Chicago*" (ab 1:15), „*Universal Rock*" (ab 1:29), „*Hookin´*", „*Come To Me Right Away, Baby*", „*You Got To Lose*" (allesamt auf dem Album „*Simply The Best*").

c) Reverb

Reverb ist die Bezeichnung für einen Hall-Effekt. Verstärker haben diesen Effekt oft schon fest eingebaut.

d) Tremolo

Tremolo ist die Bezeichnung für einen Effekt, der die Lautstärke moduliert (so, als würde man den Lautstärkeregler in einem gleichmäßigen Tempo auf- und zudrehen). Manche Verstärker haben diesen Effekt schon fest eingebaut.

Hörbeispiele: Rhythmusgitarren von „*Crush With Eyeliner*" (**REM** – *Monster*) und "*Boulevard Of Broken Dreams*" (**Green Day** – *American Idiot*).

e) Uni-Vibe / Rotary

Dieser Effekt simuliert den wabernden Klang, den man meist bei Orgel-Aufnahmen hört (gemeint ist hier natürlich die *Hammond B3*, keine Kirchenorgel). Dieser Effekt ist zum Beispiel bei dem kompletten Song „*Cold Shot*" auf dem Album „*Soul To Soul*" von **Stevie Ray Vaughan** zu hören.

f) Delay

Dieser Effekt produziert ein **Echo** und wird gerne im Rockabilly oder bei Rock-Soli eingesetzt.

Andere Effekte wie *Chorus*, *Phaser* und *Flanger* werden im Blues so gut wie gar nicht eingesetzt.

Bei **Multieffektgeräten** sind mehrere Effekte in einem Gerät untergebracht. Beim Blues verwendet man eher wenig Effekte, daher kauft man sich lieber einen richtig guten Verzerrer und ein Wah-Wah anstelle eines Multieffektgerätes.

Sonstiges Zubehör

Kapodaster (Kapo)

Closed Position, vgl. S. 83ff

In dem Kapitel „*Closed Position – verschiebbare Pattern*" wird das *Verschieben* von Riffs in andere Tonarten gezeigt. Damit du aber von Beginn an zu bekannten Hits (die leider nicht alle in der Tonart A aufgenommen wurden ☺) mitspielen kannst, brauchst du ein kleines Hilfsmittel. Es heißt **Kapodaster** oder kurz **Kapo**. Das ist ein Teil, das man am Gitarrenhals befestigt und das alle sechs Saiten um die gleiche Anzahl Halbtöne erhöht. Es wirkt so, als hätte man den *Sattel* der Gitarre um diese Anzahl Bünde / Halbtöne verschoben. Ein Kapodaster kann die Stimmung der Gitarre nur nach oben verändern!

Dieses Verschieben nennt man „Transponieren", vgl. S. 88 / 201

Sattel, vgl. S. 151

Verwendung des Kapos

Und wie verwendet man nun einen Kapo? Ganz einfach: Bei den angegebenen Songbeispielen verrate ich jeweils die Tonart der erwähnten Originalaufnahme (das brauchen wir, wenn wir später die verschiebbaren Patterns spielen können) und die Kapo-Angabe (diese Angabe verrät uns, auf den wievielten Bund man den Kapo klemmen muss, um in der richtigen Tonart zu spielen).

Nehmen wir als Songbeispiel folgende Angabe:

Diskographie	Tonart	Kapodaster	Anmerkungen
Hound Dog – Elvis Presley „The Complete 50's Masters"	C	3. Bund	Der Kapo wird am 3. Bund angebracht.

Der Kapo muss an den dritten Bund kurz hinter den Bundstab, genau an die Stelle, an der man auch seinen Finger der Greifhand platzieren würde (manche Gitarristen klemmen den Kapo auch in die Mitte zwischen zwei Bundstäbchen). Wenn man den Kapo am 3. Bund aufsetzt, erklingen die ungegriffenen Saiten drei Halbtöne höher. Beim Spielen stellt man sich nun einfach den Kapo als den Sattel vor und zählt die Bünde vom Kapo aus. Ist der Kapo am 3. Bund befestigt, und man will den ersten Riff in der neuen – um drei Bünde verschobenen – Tonart spielen, dann spielt man zuerst die ungegriffene A-Saite (die jetzt ja eigentlich eine C-Saite ist, denn es erklingt der Ton C am 3. Bund der A-Saite). Dann spielt man den Ringfinger am 4. Bund *vom Kapo aus* (also tatsächlich am 7. Bund, da der 4. Bund jetzt ja drei Töne höher ist), und dann den Zeigefinger am 2. Bund vom Kapo aus (also tatsächlich am 5. Bund).

„Transponieren", vgl. S. 88

Beachte, dass ein Kapo nur nach oben *transponieren* kann. Wenn man einen Riff in der Tonart A spielen kann und die CD-Aufnahme, zu der man mitspielen möchte, in der Tonart G ist, dann müsste man den Kapo auf den 10. Bund setzen. Das hat zwei Nachteile:

1. Die meisten (Rhythmus-) Riffs klingen dort oben nicht fett, sondern eher piepsig.
2. Es ist relativ unbequem, den Kapo so hoch zu spielen.
   Bis ungefähr zum 7. Bund kann man den Kapo problemlos benutzen.

Kapodaster-Griffbrettübersicht

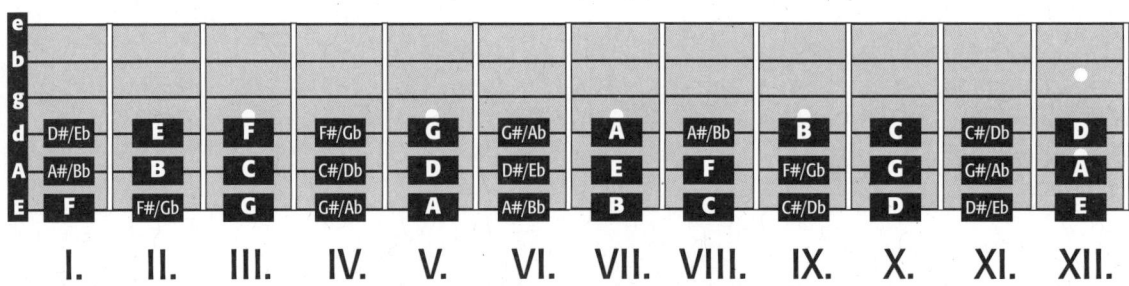

Sonstiges Zubehör

Kaufempfehlungen

Der von Profis meistgebrauchte Kapo dürfte wohl der *Shubb-Kapo* sein. Mittlerweile gibt es auch gute Modelle von *Planet Waves* und *G7th*. Wichtig ist, dass man den Druck des Kapos stufenlos justieren kann (Einstellschraube oder ähnliches), denn bei zu starkem Druck verstimmt der Kapo die Gitarre hörbar. Und dann muss man bei jedem Umsetzen des Kapos die Gitarre nachstimmen.

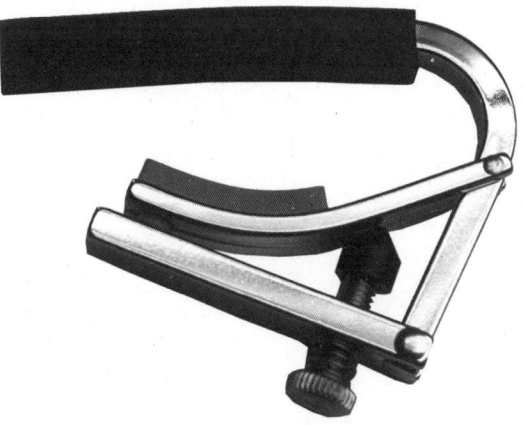

Kapo von Shubb

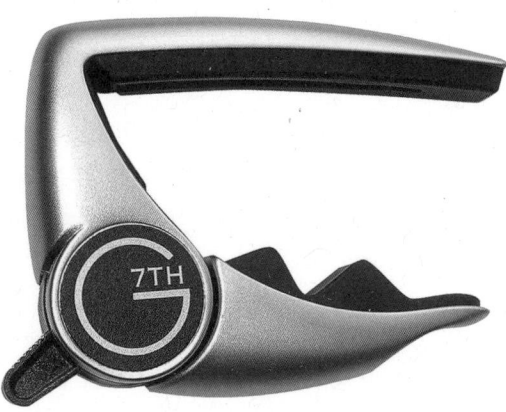

Kapo von G7th

Unterschiedliche Modelle für unterschiedliche Gitarren!

Beachte, dass es unterschiedlich stark gewölbte und unterschiedlich breite Griffbretter gibt. Deshalb gibt es auch verschiedene Kapos:

- für klassische Gitarre (gerades Griffbrett)
- für elektrische Gitarre und für Westerngitarre (gewölbtes Griffbrett) und
- für elektrische Gitarren mit besonders stark gewölbten Griffbrettern.

Wenn man den falschen Kapo verwendet, dann scheppern einige Saiten, weil sie nicht fest genug auf das Griffbrett gedrückt werden.

Sonstiges Zubehör

Plektren / Daumen- & Fingerpicks

Man kann entweder mit den nackten Fingern spielen oder mit *Plektren*. Eine Mischform sind *Daumen- & Fingerpicks*. Das Ergebnis klingt nach Plektren, aber die Spieltechnik ist eher *Fingerstyle*. Mit den Fingern gespielte Töne klingen dumpfer, aber auch „fetter". Mit Plektren (*Pleks*) kann man schneller spielen, mit den Fingern kann man auch nicht nebeneinanderliegende Saiten gleichzeitig anschlagen oder Saiten auf das Griffbrett knallen lassen.

Plektren, Daumenpicks und Fingerpicks sind in unterschiedlichen Größen und Formen erhältlich.

Plektren gibt es in den unterschiedlichsten Größen und Formen

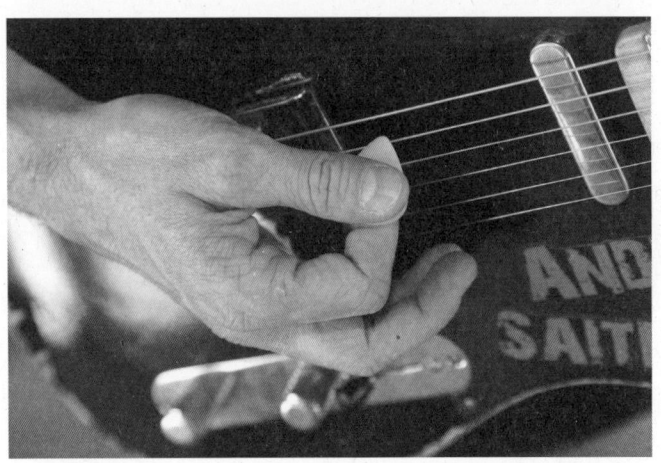
Das Plek hält man so zwischen Daumen und Zeigefinger, dass die Spitze zur Gitarre zeigt.

Daumen- & Fingerpicks

Einen *Daumenpick* steckt man so auf den Daumen, dass die Spitze des Daumenpicks zur Gitarre zeigt, wenn man den Daumen parallel zu den Saiten hält.

Ein *Fingerpick* wird so aufgesteckt, dass die Fingerkuppe bedeckt ist, nicht der Fingernagel. Man schlägt die Saiten also nicht mehr mit der Haut an, sondern mit dem *Daumen-* oder *Fingerpick*.

Die Spitze der Fingerpicks ist in der Regel abgerundet, damit sie gut über die Saiten streicht. Bei den Fingertone Picks von ProPik spürt man die Saite beim Anschlag an der Fingerkuppe.

Anfänger machen häufig den Fehler, die Picks falsch herum aufzuziehen. Die Spitze sitzt auf der Fingerkuppe, nicht auf dem Fingernagel.

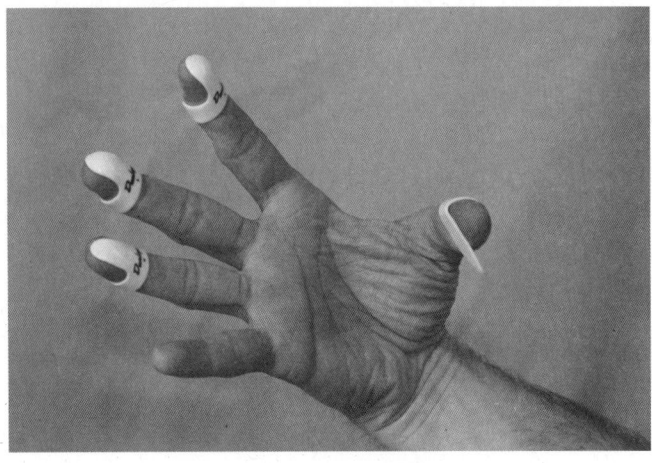
Daumen- und Fingerpicks

*Fingertone-Pick (links)   Standard Fingerpick (rechts)
Daumenpick (Mitte)*

Anschlag (Daumen, Finger, Plek)

Anschlag (Daumen, Finger, Plek)

Ob man die Saite(n) mit dem *Daumen*, den *Fingern* oder einem *Plek* anschlägt, ist davon abhängig, welcher Sound erzeugt werden soll. Darüber hinaus gibt es noch die Möglichkeit, ein *Thumbpick* (*Daumenpick*) am Daumen zu tragen oder *Fingerpicks* an den Fingern.

Wichtig ist, dass man „aus der Luft" anschlägt, also die Anschlagsbewegung kurz über der Saite beginnt. Wenn man den *Finger* beziehungsweise das *Plektrum* erst auf der anzuschlagenden Saite ablegt und von dort aus anschlägt (das machen fast alle Anfänger erst mal automatisch so), dann entstehen zwischen den Tönen kleine Pausen. Schau doch mal in den Anhang „*Artikulation (Tonlänge) / Dämpftechnik*", dort erkläre ich Übungen zu dieser Thematik. Versuche außerdem, die Saite nur zu streifen, also fast an ihr vorbeizuschlagen. Ansonsten passiert es sehr schnell, dass der Rhythmus holprig und verkrampft klingt oder dass die Saite so fest angeschlagen wird, dass unschöne Scheppergeräusche entstehen. Am einfachsten ist es, erst mal bewusst leise zu spielen, dann macht man es fast automatisch richtig. Es ist kein Problem, anschließend mit der einmal gelernten korrekten Anschlagstechnik die Lautstärke zu steigern.

Pick oder Finger?

Ganz klar, die überwiegende Mehrheit der „elektrischen" Gitarristen spielt mit einem Plektrum. Aber gerade im Blues, wo es nicht so sehr auf Geschwindigkeit, sondern mehr auf „Feeling" ankommt, gibt es einige nennenswerte Ausnahmen. Wenn man die Saite mit dem Daumen anschlägt, hat man eine sehr hohe Dynamik („*Dynamik (Lautstärke)*").

Gitarristen, die mit den Fingern spielen

Sehr viele Akustikgitarristen spielen mit den Fingern, denn hier existieren die Varianten „nur Finger", „Thumb Pick und nackte Finger", „Thumb Pick und Finger Picks" und „Plek" gleichberechtigt nebeneinander. Zum Beispiel die wundervolle **Rory Block** spielt ausschließlich mit Fingern, und sie baut den „*Thumb Snap*" (Saite mit dem Daumen hochziehen und auf das Griffbrett knallen lassen) oft in Ihr Spiel ein. Sehenswert ist auch die ungewöhnliche Anschlagstechnik von **Son House** (das lässt sich nicht beschreiben, dass muss man sehen!). **Lonnie Johnson** spielt akustischen Blues mit Plektrum.

Auf der E-Gitarre ist Fingeranschlag eher selten. Nennenswerte Ausnahmen sind **Mark Knopfler** (Dire Straits), **Albert King**, **Albert Collins** (auch ein großer Freund des oben erwähnten „*Thumb Snap*") und **Hubert Sumlin** (Gitarrist von **Howlin´ Wolf** und kurzzeitig auch bei **Muddy Waters**). Interessanterweise hat Hubert Sumlin lange mit Pick gespielt, und dann hat er seine Technik auf Fingeranschlag umgestellt, weil ihm der Sound und die dynamischen Möglichkeiten („**Dynamik**") besser gefielen. **Muddy Waters** und **John Lee Hooker** haben akustisch angefangen und ihre Technik später auf elektrische Gitarren übertragen, deshalb spielen sie auch *ohne Pick* (John Lee Hooker) beziehungsweise *mit Daumenpick und nacktem Finger* (Muddy Waters). **Buddy Guy** wechselt fließend zwischen beiden Anschlagsarten, auch innerhalb eines Solos. Wenn er mit den Fingern anschlägt, hält er das Plektrum mit dem *Mittelfinger*. Das Plektrum zwischen normaler Spielposition und „Wartehaltung" im Mittelfinger hin und her zu bewegen, erfordert einige Übung (man kann ja nicht die Greifhand zu Hilfe nehmen, weil sonst Pausen entstehen würden).

Fazit: Gerade im Blues gibt es keine Regeln. Mit der Art, wie man die Saiten anschlägt, hat man großen Einfluss auf den Sound, den man produziert, deshalb lohnt sich hier das Experimentieren!

Daumenpick und Fingerpicks sind besondere Plektren, die auf den Daumen beziehungsweise die Fingerkuppen geklemmt werden. Der Vorteil eines Daumenpicks ist, dass man nicht noch einen zweiten Finger zum Halten des Pleks braucht und dass man Fingerstyle mit Plektrum-Klang spielen kann. Außerdem sind Picks lauter als nackte Finger (vgl. S. 162).

Artikulation, vgl. S. 170/171

Dynamik, vgl. S. 173

Stimmen der Gitarre

Stimmen der Gitarre

Es gibt verschiedene Möglichkeiten, die Gitarre zu stimmen. Im Folgenden stelle ich vier Arten vor, sortiert nach aufsteigendem Schwierigkeitsgrad:

1. Das Stimmen mit einem Stimmgerät,
2. das Stimmen mit gegriffenen Tönen,
3. das Stimmen mit einem Klavier und
4. das Stimmen mit Flageolett-Tönen.

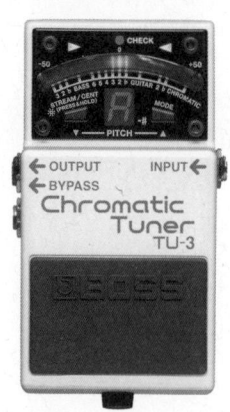

1. Stimmen mit einem Stimmgerät

Verschiedene Typen von Stimmgeräten

Am leichtesten ist das Stimmen der Gitarre sicherlich mit einem *Stimmgerät*. Brauchbare Stimmgeräte gibt es schon ab ungefähr 10,– Euro. Zum Stimmen akustischer Gitarren, nehmen viele Gitarristen ein *Stimmgerät mit eingebautem Mikrofon*. Der Nachteil dieser Stimmmethode ist, dass immer nur ein Instrument gleichzeitig gestimmt werden kann (da die Töne der anderen Instrumente ja auch vom Stimmgerät „gehört" werden). Das ist in einer Gruppe ziemlich unpraktisch. Besser sind da die Stimmgeräte, die an der Kopfplatte des Instrumentes angeklemmt werden und die Schwingungen aufnehmen (unterschiedliche Töne schwingen unterschiedlich oft pro Sekunde ...). Für elektrische Instrumente eignen sich sowohl die *Stimmgeräte zum Anklemmen* als auch Stimmgeräte, an die man ein *Kabel* anschließen kann.

Stimmgeräte zum Anklemmen funktionieren bei so ziemlich allen Saiteninstrumenten inklusive Banjo, Ukulele, Mandoline ...

Beim Stimmen mit einem Stimmgerät kommt das andere Ende des Kabels natürlich in die Ausgangsbuchse der Gitarre.

Für den Bühnenalltag empfiehlt sich ein Stimmgerät mit *Metallgehäuse*, das über einen Fußschalter aktiviert werden kann. Meist gibt es auch eine optional zuschaltbare Funktion, dass das Gerät den Ausgang während des Stimmens stummschaltet. Das ist praktisch, denn dann belästigt man nicht das Publikum mit den Stimmgeräuschen. Außerdem ist die Elektronik in solchen Geräten meist so hochwertig, dass man das Gerät ohne spürbare Soundverluste in der Signalkette lassen kann. Somit muss man zum Stimmen kein Kabel umstecken. Hier geht es bei ungefähr 75,– Euro los.

Es gibt sowohl *chromatische Stimmgeräte* als auch *diatonische*. Chromatische Stimmgeräte erkennen alle 12 Töne, diatonische nur die Töne der ungegriffenen Saiten (also E, A, D, G und B). Da der Preisunterschied minimal ist, empfehle ich dringend ein chromatisches Stimmgerät zu nehmen. Irgendwann will man die Gitarre garantiert mal umstimmen (Stichwort *Open Tuning, Dropped D Tuning, Halbton tiefer stimmen* ...).

Funktionsweise:

Allen Stimmgeräten gemeinsam ist die Funktionsweise: Heutzutage erkennen fast alle Stimmgeräte automatisch den gespielten Ton, früher musste man per Hand einstellen, welche Saite gerade gestimmt wird. Der gespielte Ton wird angezeigt und ein Display (Lämpchen, Zeiger ...) zeigt an, ob die Saite zu hoch, zu tief oder richtig gestimmt ist. Wenn die Anzeige „links" anzeigt, ist die Saite zu tief gestimmt. Dementsprechend steht „rechts" für eine zu hohe Stimmung. Meist wird der richtige Ton durch eine andersfarbige LED oder bei Stimmgeräten mit Zeiger durch ein zusätzliches Lämpchen angezeigt.

Wenn man Saiten einige Töne zu hoch stimmt, dann reißen sie. Also: Erst mal den Ton kontrollieren und dann auf den Zeiger schauen.

Bekannte Hersteller von Stimmgeräten sind zum Beispiel BOSS und KORG.

Stimmen der Gitarre

2. Stimmen mit gegriffenen Tönen

Was tun, wenn man auf einer Feier plötzlich eine Gitarre in die Hand gedrückt bekommt und etwas vorspielen soll, aber die Gitarre völlig verstimmt ist? Ein Stimmgerät ist natürlich nicht greifbar ...

1. Stimme die ungegriffene A-Saite nach dem 5. Bund der E-Saite.
2. Stimme die ungegriffene D-Saite nach dem 5. Bund der A-Saite.
3. Stimme die ungegriffene G-Saite nach dem 5. Bund der D-Saite.
4. Stimme die ungegriffene B-Saite nach dem **4.(!) Bund** der G-Saite.
5. Stimme die ungegriffene hohe e-Saite nach dem 5. Bund der B-Saite.

Die 6 Saiten heißen der Reihe nach (von der dicksten zur dünnsten Saite): E, A, d, g, b und e'.

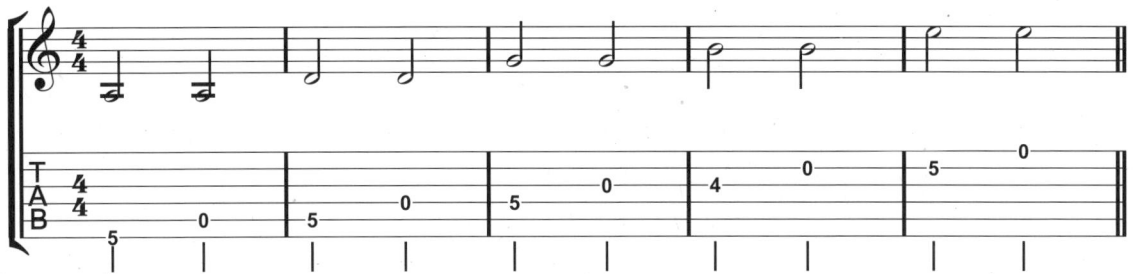

Wichtig:

1. Die beiden zu stimmenden Töne sind dann gleich, wenn keine Schwingung bzw. Schwebung mehr zu hören ist. Beginne mit der tiefsten Saite und arbeite dich Saite für Saite hoch. Drehe dabei immer an der jeweils höheren Saite, da die jeweils tiefere ja bereits gestimmt ist.

2. Die Gitarre stimmt jetzt in sich, aber eventuell nicht zu anderen Instrumenten (das hängt davon ab, ob die tiefe E-Saite, nach der die anderen Saiten gestimmt wurden, richtig gestimmt war oder eben nicht). Das ist aber egal, solange man alleine spielt und eventuell dazu singt. Ansonsten muss man den ersten Ton nach einem Stimmgerät oder nach einem anderen Instrument stimmen.

3. Stimmen mit einem Klavier

Wenn ein Klavier vorhanden ist, kann man auch danach stimmen:

Man lässt sich der Reihe nach ein E, ein A usw. vorspielen und stimmt die Saiten entsprechend.

Hier findet man die Töne der sechs ungegriffenen Saiten auf dem Klavier:

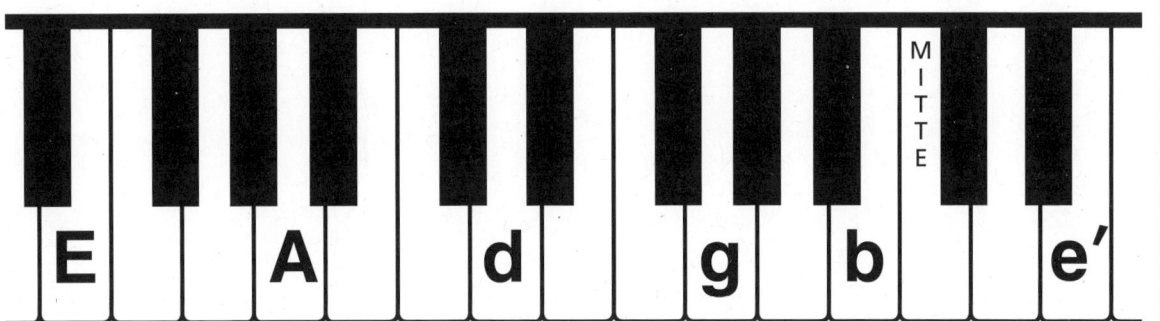

Stimmen der Gitarre

Stimmen mit gegriffenen Tönen, vgl. S. 165

Wichtig:

1. Die beiden zu stimmenden Töne sind dann gleich, wenn keine Schwebung mehr zu hören ist.

2. Auch ein Klavier kann verstimmt sein! Kontrolliere deshalb auf jeden Fall noch mal nach der Methode „*Stimmen mit gegriffenen Tönen*". Ein Digital-Piano kann sich übrigens nicht verstimmen.

3. Wenn man sich die Stimmtöne selbst am Klavier vorspielen muss: Solange man das rechte Pedal mit dem Fuß gedrückt hält, klingt der jeweilige Ton weiter und man hat beide Hände frei, um mit der einen Hand die Saite anzuschlagen und mit der anderen Hand an der entsprechenden Stimmmechanik zu drehen. Natürlich muss man das Pedal jeweils kurz loslassen, wenn man zum nächsten Ton wechselt.

4. Stimmen mit Flageolett-Tönen

Diese Stimmmethode ist bei einer korrekt eingestellten Gitarre die genaueste. Sie ist aber auch die schwierigste Methode und erfordert einige Übung.

Töne bestehen immer aus Grundton und mitschwingenden Obertönen. Je nachdem, welche *Obertöne* wie laut mitschwingen, erhält ein Instrument seine spezifische Klangfarbe. Deshalb kann man Geigen, Gitarren, Klaviere etc. voneinander unterscheiden, selbst wenn auf allen der gleiche Ton gespielt wird.

Mit **Flageolett-Tönen** kann man die Obertöne hörbar machen. Man erzeugt Flageoletts, indem man die Saite während des Anschlags leicht mit einem Finger der Greifhand über dem entsprechenden Bundstäbchen berührt und diesen Finger sofort nach dem Anschlag wegnimmt.

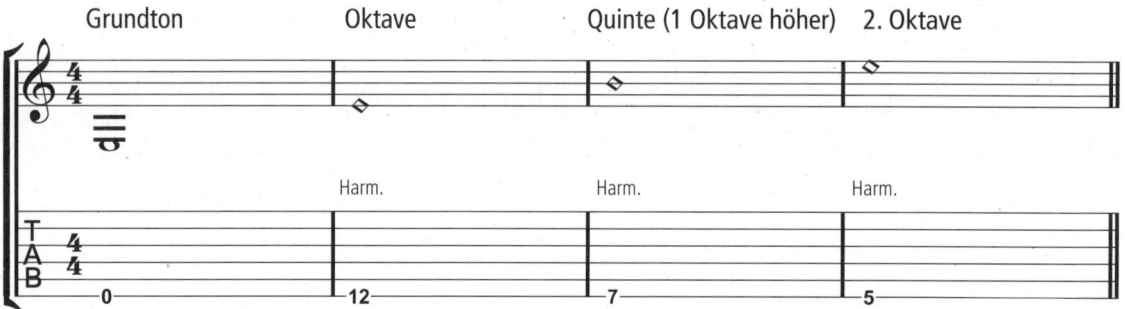

Die Flageolett-Töne werden der Reihe nach immer leiser, da erst der Grundton und dann immer mehr Obertöne wegfallen und die verbleibenden höheren Obertöne selbst immer leiser klingen.

Am **12. Bund** erklingt die Oktave der ungegriffenen Saite (also derselbe Ton wie der gegriffene am 12. Bund). Am **7. Bund** erklingt die Quinte der ungegriffenen Saite (also derselbe Ton wie der gegriffene am 7. Bund), aber eine Oktave höher. Am **5. Bund** erklingt wieder derselbe Ton wie die ungegriffene Saite (dieses Mal aber zwei Oktaven höher; dieser Ton hat also nichts mit dem gegriffenen Ton zu tun!).

Stimmvorgang

1. Tiefe E-Saite und A-Saite:
Stimme den Flageolett-Ton am **7. Bund der A-Saite** nach dem Flageolett-Ton am **5. Bund der tiefen E-Saite** *oder* nach dem Flageolett-Ton am **12. Bund der E-Saite**.

Stimmen der Gitarre

2. **A-Saite und D-Saite:**
   Stimme den Flageolett-Ton am **7. Bund der D-Saite** nach dem Flageolett-Ton am **5. Bund der A-Saite** *oder* nach dem Flageolett-Ton am **12. Bund der A-Saite**.

3. **D-Saite und G-Saite:**
   Stimme den Flageolett-Ton am **7. Bund der G-Saite** nach dem Flageolett-Ton am **5. Bund der D-Saite** *oder* nach dem Flageolett-Ton am **12. Bund der D-Saite**.

4. **B-Saite und tiefe E-Saite:**
   Stimme die **ungegriffene B-Saite** *oder* den Flageolett-Ton am **12. Bund der B-Saite** nach dem Flageolett-Ton am **7. Bund der tiefen E-Saite**.

5. **Hohe E-Saite und A-Saite:**
   Stimme die **ungegriffene hohe E-Saite** *oder* den Flageolett-Ton **am 12. Bund der hohen E-Saite** nach dem Flageolett-Ton am **7. Bund der A-Saite**.

6. **B-Saite und hohe E-Saite:**
   Kontrolliere, ob der Flageolett-Ton am **7. Bund der hohen E-Saite** mit dem Flageolett-Ton am **5. Bund der B-Saite** übereinstimmt.

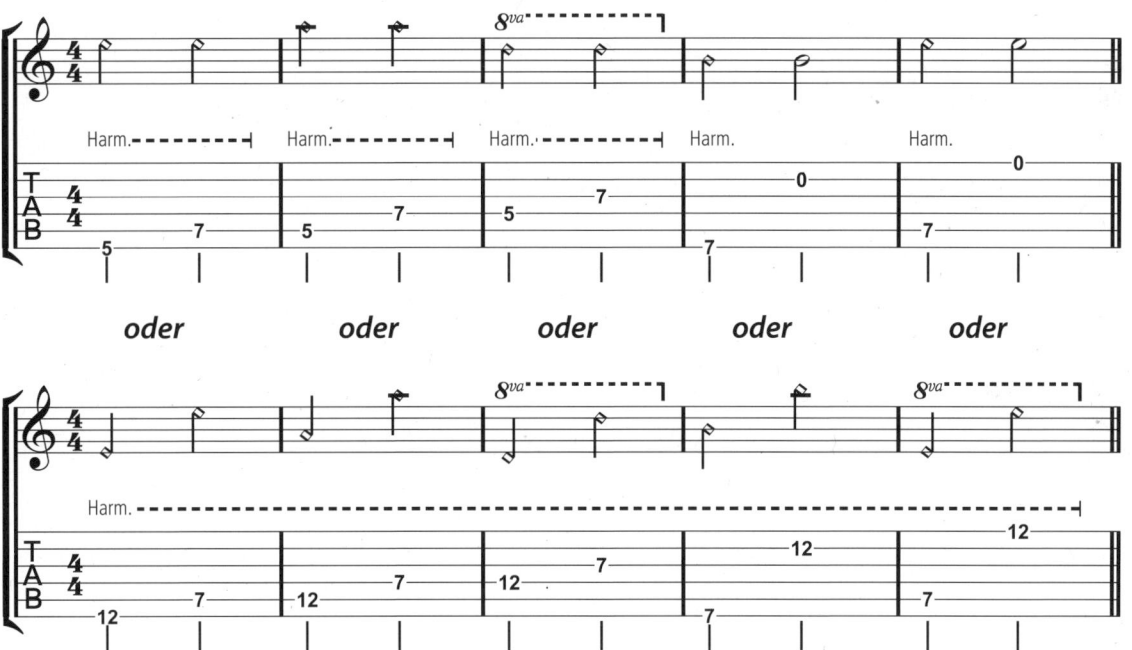

Wichtig:

1. Die Flageolett-Töne werden genau über dem entsprechenden Bundstäbchen berührt, nicht wie bei den gegriffenen Tönen zwischen den Bundstäbchen.

2. Die Töne werden nicht gegriffen, sondern die Saite wird nur leicht mit der Anschlagshand über dem Bundstäbchen berührt und sofort nach dem Anschlag losgelassen.

3. Die beiden zu stimmenden Töne sind dann gleich, wenn keine Schwebung mehr zu hören ist. Beginne mit der tiefsten Saite und arbeite dich Saite für Saite hoch. Drehe dabei immer an der jeweils höheren Saite, da die jeweils tiefere ja bereits gestimmt ist.

4. Die Gitarre stimmt jetzt in sich, aber eventuell nicht zu anderen Instrumenten (das hängt davon ab, ob die tiefe E-Saite, nach der die anderen Saiten gestimmt wurden, richtig gestimmt war oder eben nicht). Das ist aber egal, solange man alleine spielt und eventuell dazu singt. Ansonsten muss man den ersten Ton nach einem Stimmgerät oder nach einem anderen Instrument stimmen.

Wechselschlag

Wechselschlag (Plek)

Ab einem gewissen Tempo stößt man mit Abschlägen an die natürliche Grenze. Dann benutzt man den sogenannten **Wechselschlag**, das heißt man schlägt die Saiten abwechselnd von oben und von unten mit dem Plek an.

Auf- und Abschlag

 *Dieses Zeichen gibt an, dass das Plektrum einen **Abschlag** spielt [engl. „Downstroke"], also in Richtung Boden anschlägt, von der tiefen E-Saite zur hohen E-Saite.*

 *Dieses Zeichen gibt an, dass das Plektrum einen **Aufschlag** spielt [engl. „Upstroke"], also in Richtung Zimmerdecke anschlägt, von der hohen E-Saite zur tiefen E-Saite.*

Ganz wichtig hierbei: Eine gleichmäßige, fließende Bewegung! Man zählt zum Beispiel bei einem **Achtelpuls** folgendermaßen:

„Eins und zwei und drei und vier und eins und zwei und ..."

Bei den *Zahlen* macht man eine Abschlagsbewegung, bei den *„und"* eine Aufschlagsbewegung, EGAL OB MAN DIE SAITEN ANSCHLÄGT ODER NICHT! Die Anschlagshand ist also immer in Bewegung, und längere Noten werden dadurch erzeugt, dass man die Saiten klingen lässt, indem man an den Saiten vorbeischlägt, aber nicht, indem man die Bewegung der Anschlagshand stoppt. Das erfordert einige Übung, aber anders ist ein gleichmäßiger Rhythmus kaum zu realisieren. Die Belohnung? Wenn ich mir einen Rhythmus vorstellen kann, kann ich ihn auch spielen. Über die Anschlagsbewegung mache ich mir keine Gedanken, das macht die Hand automatisch (ähnlich wie zum Beispiel beim Auto fahren: Da schaltet die Hand auch automatisch in den nächsten Gang, wenn ich beschleunige).

Bei einem **Sechzehntelpuls** verdoppelt man die Anschlagsgeschwindigkeit. Man zählt die Sechzehntelnoten zum Beispiel so:

„Eins-e-und-a zwei-e-und-a drei-e-und-a vier-e-und-a"

und spielt bei den *Zahlen* und den *„und"* Abschläge und bei den *„e"* und *„a"* Aufschläge.

Ich persönlich zähle lieber so:

„EINS zwo drei vier ZWEI zwo drei vier DREI zwo drei vier VIER zwo drei vier"

Zusammenfassend gilt für „gerade" Aufteilungen (Viertel, Achtel, Sechzehntel):
Man ordnet den Silben abwechselnd Auf- und Abschlag zu.

Anders sieht das bei **Triolen** aus. Hier gibt es zwei Möglichkeiten:
Entweder man spielt abwechselnd (wie bei den geraden Aufteilungen), dann dreht sich aber die Bewegung bei jeder zweiten Zählzeit um! Zähle:

„Ei-ner-lei zwei-er-lei drei-er-lei vier-er-lei"

und spiele bei jeder Silbe abwechselnd Ab- und Aufschlag ... Auf den Zählzeiten „zwei" und „vier" beginnt man mit einem Aufschlag!

Das hat sich für mich immer komisch angefühlt, deshalb beginne ich auf *jeder* (Haupt-) Zählzeit mit einem Abschlag. Dadurch macht die Hand aber eine etwas komische holprige Bewegung (ab auf ab - ab auf ab - ab auf ab - ab auf ab). Dafür macht man automa-

Spieltechniken Greifhand und Anschlagshand

tisch die Betonungen richtig (nämlich bei „eins", „zwei", „drei" und „vier"). Beides fühlt sich anfangs merkwürdig an. Am besten probierst du selbst aus, was dir besser liegt.

Beim zweiten Beispiel in Kapitel „*Blues-Stilistik 3: Slow Blues*" habe ich alle drei Anschlagsmöglichkeiten aufgeschrieben (*Blues Riff 90*).

Slow Blues, vgl. S. 140

Auch wenn man ohne Pick spielt, kann man trotzdem **Wechselschlag** spielen: Man schlägt einfach abwechselnd mit dem Daumen (Abschlag) und dem Zeigefinger (Aufschlag) an. Manche Gitarristen wechseln auch zwischen Daumen (Abschlag) und dem Mittelfinger (Aufschlag).

Wechselschlag oder Abschläge?

Wie so oft gilt auch hier: Wechselschlag ist weder besser noch schlechter als Abschläge, das Klangergebnis ist ein anderes. Bei reinen Abschlägen klingt der Rhythmus gleichmäßiger, viele sagen, er „treibt", „drückt", ist „heavier". Dieser Effekt ist noch deutlicher hörbar, wenn man mehr als eine Saite gleichzeitig anschlägt (siehe zum Beispiel „*Der Standard Blues-Riff*"). Neben dem Blues werden auch im Hardrock, Metall und Punk meistens Abschläge für die Rhythmusgitarre verwendet. Wenn das Tempo einfach zu hoch ist für Abschläge, dann muss man eben mit Wechselschlag spielen.

Der Standard Blues-Riff, vgl. S. 76

Es gibt nicht wirklich eine Alternative, man muss einfach beide Techniken lernen.

Greifen ohne Scheppern

Beim Gitarrespielen gibt es nicht „die eine korrekte Handhaltung". Vielmehr gibt es die richtige Handhaltung für einen bestimmten Moment, in dem eine bestimmte Spieltechnik angewendet wird. Zum Beispiel beim Saitenziehen und beim Vibrato ist die Handhaltung eine völlig andere als beim „normalen" Greifen. Ich beschreibe hier die Grundhaltung der Hand, auf die fortgeschritteneren Spieltechniken Saitenziehen und Vibrato und die entsprechenden Handhaltung gehe ich in einem Folge-Band dieser Blues-Methode ein.

- Der Finger drückt mit der Fingerspitze die jeweilige Saite auf das Griffbrett. Der Finger greift senkrecht zum Griffbrett. Die Saite wird nicht „verzogen", der Abstand der Saiten zueinander ändert sich nicht.

Werden die Saiten „verzogen", ändert sich die Spannung und somit auch der Ton. Es klingt verstimmt.

Wenn man den Finger etwas schräg zum Griffbrett hält, kann man benachbarte Saiten berühren und sie dadurch abdämpfen (also vom ungewollten Mitschwingen abhalten). Das ist eine nützliche Technik, aber grundsätzlich muss man auch greifen können, ohne die benachbarten Saiten zu berühren. Zum Beispiel beim Akkordspiel sollen die benachbarten Saiten ja mitschwingen.

- Der Finger greift direkt hinter dem Bundstäbchen (von der Anschlagshand aus gesehen).

- Das Greifen erfordert nicht viel Kraft und Anstrengung, im Gegenteil, man benötigt viel weniger Kraft als die meisten Gitarrenanfänger denken. Eine gute Übung ist es, den Druck immer weiter zu verringern bis die Saite anfängt zu scheppern. Jetzt wieder den Druck minimal erhöhen bis es nicht mehr scheppert. Mehr Kraft braucht man nicht!

- Die Handinnenfläche berührt nicht den Gitarrenhals.

Greifen ohne Scheppern

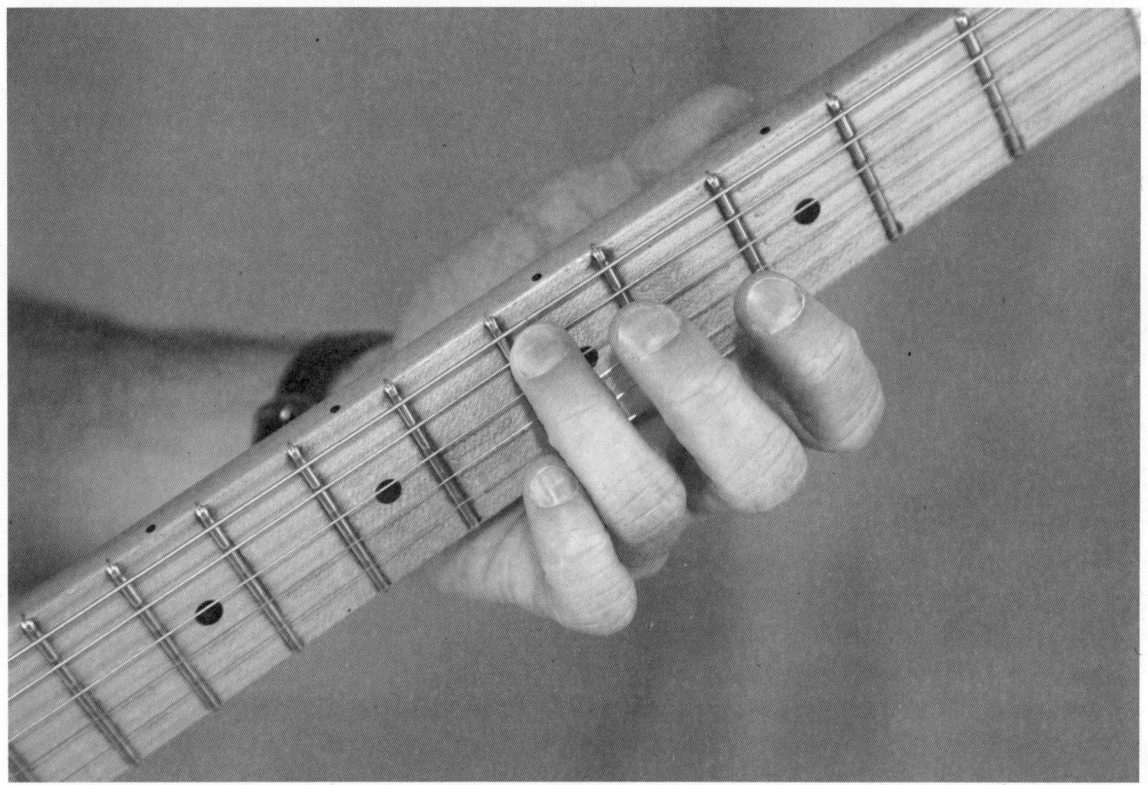

Auf dem **Foto** gut zu erkennen:

Der *Ringfinger* drückt die A-Saite mit wenig Kraftaufwand. Er ist nicht senkrecht, sondern berührt in diesem Fall die D-Saite, um sie zu dämpfen. Soll die D-Saite auch klingen, greift der Finger steiler (senkrecht zum Griffbrett).

Der *Daumen* befindet sich auf der Rückseite des Gitarrenhalses und ist gestreckt. (Nicht das letzte Daumenglied abknicken!)

Die *anderen Finger* fliegen nicht irgendwo in der Gegend herum, sondern befinden sich in der Nähe des Griffbretts, bereit, bald einen Ton zu greifen.

Die gesamte Handhaltung ist *relativ entspannt*, das Handgelenk ist nicht abgeknickt.

Artikulation (Tonlänge) / Dämpftechniken

Lange Töne (gebunden, legato)

Hammer On, vgl. S. 45
Pull Off, vgl. S. 106

Gerade am Anfang ist es nicht so leicht, Töne gebunden (also ohne Pause zwischen den Tönen) zu spielen. Dieses gebundene Spielen nennt man auch „*legato*", wobei man damit auf der Gitarre manchmal auch Töne bezeichnet, die durch Hammer On, Pull Off oder ähnliches miteinander verbunden werden. Ich meine hier aber mit der Bezeichnung „gebunden" beziehungsweise „legato" einfach, dass man zwischen den Tönen keine hörbare Pause spielt.

Staccato, vgl. S. 82
Blues Riff 2, vgl. S. 21

Das Gegenteil von „*legato*" nennt man „*staccato*". Mit staccato bezeichnet man abgehackte Töne. Wir haben diese Spielweise bereits kennengelernt. Spiele einen ganz einfachen Riff und achte einmal darauf, wie es bei dir klingt. Klappt das Legatospiel noch nicht? Kein Problem, so kann man es mit Blues Riff 2 üben:

Artikulation (Tonlänge) / Dämpftechniken

1. Spiele erstmal nur ganze Noten auf der ungegriffenen A-Saite. Lass jeden Ton ganz bewusst jeweils bis zum nächsten klingen.

2. Wenn zwischen den Tönen immer noch kleine Pausen hörbar sind, dann achte mal auf deine Anschlagshand. Der Daumen beziehungsweise das Plektrum dürfen sich nicht jeweils kurz vor dem Anschlag auf der Saite ausruhen, denn dann hört der Ton ja auf zu klingen. Die Anschlagsbewegung beginnt jeweils wenige Millimeter über der Saite, also aus der Luft, und nicht direkt an der Saite!

3. Wenn die vorherige Übung klappt, steigere langsam das Anschlagstempo bis du auch Viertelnoten ohne Pause spielen kannst (immer noch auf der ungegriffenen Saite!)

4. Jetzt kommen die gegriffenen Töne dazu: Wechsele zwischen ungegriffener A-Saite und 4. Bund A-Saite (wie immer mit dem Ringfinger gegriffen), wieder in Ganzen Noten. Achte darauf, dass du genau in dem Moment greifst, in dem du auch anschlägst und dass du genau in dem Moment anschlägst, in dem du greifst.

Wenn man zu früh greift, entsteht eine kleine Pause zwischen den Tönen (weil die Greifhand die Saite schon abgestoppt hat, bevor die Anschlagshand sie wieder anschlägt). Greift man zu spät, sind zwei Töne hörbar (zuerst die ungegriffene Saite, die man schon angeschlagen hat und dann der gegriffene Ton).

Steigere das Tempo wieder in kleinen Schritten.

5. Probiere jetzt die beiden Tönen auf der D-Saite (also Zeigefinger am 2. Bund und Ringfinger am 4. Bund). Der Zeigefinger bleibt die ganze Zeit liegen!

6. Nachdem wir nun sowohl zwischen ungegriffener Saite und gegriffenem Ton als auch zwischen zwei gegriffenen Tönen ohne Pause wechseln können, kommt jetzt noch der Saitenwechsel dazu:

Spiele erst mit dem Ringfinger auf dem 4. Bund der A-Saite und dann mit dem Zeigefinger auf dem 2. Bund der D-Saite. Der Zeigefinger bleibt wieder die ganze Zeit liegen, der Ringfinger berührt beim Aufsetzen auf die A-Saite leicht die D-Saite, um diese zum Verstummen zu bringen.

7. Und zuletzt üben wir wieder alle vier Töne zusammen, also den kompletten _Blues Riff 2_. Wenn das in einem vernünftigen Tempo klappt, können wir wieder die 12-taktige Form mit allen drei Akkorden spielen.

Blues Riff 2, vgl. S. 21

Und, wie klingt´s jetzt?

Kurze, abgestoppte Töne (staccato)

Wenn die langen Töne klappen (und erst dann! ☺), üben wir die Dämpftechnik, um kurze abgehackte Töne zu spielen. Der Grund, dass wir erst das Legato-Spiel beherrschen müssen, ist folgender:

Abgestoppte Töne müssen sehr genau gespielt werden, sonst groovt es nicht. Wenn das Abstoppen eher zufällig aufgrund von mangelhafter Technik passiert (Plektrum berührt zu früh die Saite; Greifhand und Anschlagshand nicht synchron), dann klingt´s nicht gut.

Artikulation (Tonlänge) / Dämpftechniken

Abdämpfen mit der Schlaghand

1. Spiele die ungegriffene A-Saite als halbe Note und spiele dann eine halbe Pause. Die Pause erzeugst du, indem du die Anschlagshand etwas drehst und die Seite der Hand / den Handballen im richtigen Moment auf die Saiten legst. Zähle am besten laut mit:

„Eins zwei drei vier eins zwei drei vier …"

Schlage jeweils auf der „**eins**" an und dämpfe auf der „**drei**" ab. Wie immer gilt:

L a n g s a m anfangen und dann das Tempo langsam steigern.

2. Wenn man dieselbe Übung in *Viertelnoten* spielt, schlägt man auf den Zählzeiten „eins" und „drei" an und stoppt auf den Zählzeiten „zwei" und „vier".

3. Wenn man die Übung in *Achtelnoten* spielst, zählt man

„Eins und zwei und drei und vier und eins und zwei und …"

und schlägt jeweils auf den Zahlen an und stoppt jeweils auf den „**und**".

Abdämpfen mit der Greifhand

Man kann auch mit der Greifhand dämpfen. Dazu legt man im richtigen Moment mehrere Finger über alle Saiten. Wenn man aber auch gegriffene Töne spielt und zwischen Greifen und Dämpfen wechseln muss, wird diese Technik ungleich schwieriger! Ich verwende diese Art des Dämpfens hauptsächlich bei ungegriffenen Saiten (*Open Tunings*).

Open Tunings,
vgl. S. 199

Palm Mute,
vgl. S. 64

Palm Mute (Dämpfen mit dem Handballen)

Eine gänzlich andere Technik ist das sogenannte **Palm Muting** oder *Palm Mute*.

Es erzeugt einen komplett anderen Klang. Beim Palm Mute wird der Handballen beziehungsweise die Handkante der Anschlagshand am Steg wenige Millimeter auf die Saiten gelegt, so dass die Obertöne verloren gehen, wenn die Saiten angeschlagen werden.

Diese Dämpftechnik wird normalerweise in Verbindung mit Abschlägen verwendet und auch hauptsächlich beim Rhythmusspiel auf den tiefen Saiten. Aber auch beim Solo auf den hohen Saiten kann man so einen interessanten Effekt erzielen. Man kann Betonungen erzeugen, indem man zwischen gedämpften und ungedämpften Tönen wechselt. Die ungedämpften Töne treten deutlich hervor.

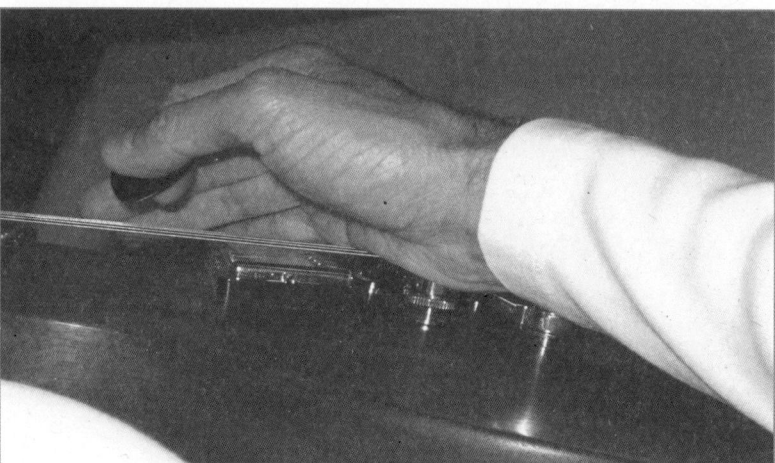

Palm Mute

Dynamik (Lautstärke)

Dynamik (Lautstärke)

Dynamik nennt man das bewusste Einsetzen von Lautstärke beziehungsweise von unterschiedlichen Lautstärken. Wenn man jemandem zuhört, der monoton auf einer Tonhöhe und ohne Betonungen, Pausen oder Lautstärkeschwankungen spricht, dann ist man sehr schnell gelangweilt. Dasselbe gilt für Musik:

Werden alle Töne und alle Songteile gleich laut gespielt, ist das sehr eintönig. Deshalb betont man wichtige Töne mehr als unwichtige und spielt manche Songteile insgesamt lauter als andere. Dazu machen wir ein paar Übungen:

Spiele die folgenden Übungen mit _Blues Riff 2_. Spiele sie anschließend auch mit anderen Patterns und versuche, jeweils das ganze Pattern mit verschiedenen Lautstärken zu spielen oder verschiedene Töne zu betonen.

Blues Riff 2, vgl. S. 21

- Spiele alle Töne gleich laut in mittlerer Lautstärke.
- Spiele alle Töne sehr leise.
- Spiele alle Töne sehr laut.
- Betone jeweils den ersten Ton im Takt.
- Übe das Betonen auch mit den anderen Tönen als dem ersten. Man kann auch mehr als einen Ton pro Takt betonen.
- Beginne sehr leise und werde im Laufe eines Taktes immer lauter. Beginne den nächsten Takt wieder leise.
- Beginne sehr laut und werde im Laufe eines Taktes immer leiser. Beginne den nächsten Takt wieder laut.
- Übe das Lauterwerden (Fachbegriff „_crescendo_") und das Leiserwerden (Fachbegriff „_decrescendo_") auch über zwei oder vier Takte.

crescendo, vgl. S. 198
decrescendo, vgl. S. 198

Wenn man seinen Mitmusikern zuhört, kann man relativ leicht die Betonungen und die unterschiedlichen Lautstärken der Songteile hören und mitspielen. Dadurch erzielt eine Band ein deutlich interessanteres und professionelleres Klangergebnis!

Zusammenspiel mit anderen Instrumenten

Zusammenspiel mit anderen Instrumenten

Egal ob man alleine oder zusammen mit anderen Musikern spielt:

Der Groove ist das Wichtigste! Man kann noch so schnell und kompliziert spielen, wenn es nicht groovt, dann reißt es keinen mit. Andererseits kann ein relativ einfach zu spielender Rhythmus die Zuhörer vom Hocker reißen, wenn der Rhythmus richtig groovt. Hier nun ein paar Tipps für den Anfang, worauf man beim Zusammenspiel achten sollte.

Die Hörbeispiele befinden sich auf **CD Track 240**:

- Grundsätzlich muss man sich natürlich zuallererst über die Taktart klar sein. Beim Blues ist das ziemlich sicher ein 4/4-Takt, seltener ein 6/8-Takt.

binär, vgl. S. 28
ternär, vgl. S. 31

- Wie werden die Viertelnoten aufgeteilt? Meist werden die Viertelnoten in Achtelnoten (_binär_ oder _ternär_) unterteilt, seltener in Sechzehntelnoten.

Lass dir doch mal die einzelnen Instrumente des Schlagzeugs von deinem Drummer zeigen / vorspielen.

- Sowohl die Achtelnoten als auch die Sechzehntelnoten können entweder *gerade* oder *geshuffelt* gespielt werden. Hier hilft die HiHat, auf der der entsprechende Rhythmus normalerweise ziemlich deutlich gespielt wird. Manchmal wird auch das Ridebecken anstelle der HiHat gespielt.

Backbeat, vgl. S.198

- Auf der Snare Drum werden normalerweise die Zählzeiten „2" und „4" gespielt. Das nennt man den „_Backbeat_". Wenn die Snare Drum laut gespielt wird, also normal oder mit Rimshot, dann sollten wir auch eher etwas Rockigeres, Lebhaftes und Lautes spielen. Spielt die Snare hingegen leise, also zum Beispiel Rim Clicks, dann sollte auch der Gitarrenteil entsprechend ruhiger sein.

- Betonungen und Synkopen, die der Schlagzeuger mit Bass Drum und Crashbecken spielt, werden normalerweise von den anderen Musikern mitgespielt.

- Wenn eine Bläsergruppe mitspielt, sollte man eher nicht die Akkord-Kicks spielen, die eine Bläsergruppe imitieren sollen. Wahrscheinlich klingen tiefe Rhythmusparts wie das Standard Blues-Riff besser.

- Wenn ein Klavier, ein E-Piano oder eine Orgel mitspielen, sollte man genau hinhören, was auf diesem Instrument gespielt wird und etwas anderes spielen. Werden auf dem Tasteninstrument eher Akkorde gespielt, doppelt man mit der Gitarre den Bass oder spielt eine Melodie. Wenn das Piano eher Melodien und Fills spielt, spielt man lieber Akkorde.

- Grundsätzlich gilt: Lieber zu wenig als zu viel spielen. Je mehr Instrumente mitspielen, desto weniger spielt der einzelne, sonst gibt es einen einzigen Soundbrei.

- Häufig klingt es gut, die Basslinie zu doppeln. Das geht natürlich nur, wenn der Bassist ein festes Pattern spielt.

Wie man die Tonart eines Songs findet ...

... und zur CD mitspielt

Wie findest du heraus, in welcher Tonart ein Song auf CD gespielt wird? Das ist gar nicht so schwierig. Es gibt ja nur 12 verschiedene Töne. Ich demonstriere die Grundtonsuche auf **CD Track 241**.

Zusätzlich gebe ich hier noch ein paar Tipps und Anregungen:

Schluss-Akkord

Der letzte gespielte Ton oder Akkord einer Aufnahme ist in der Regel der Grundakkord / Grundton.

Intros beachten

Ein Song beginnt nicht zwangsläufig mit dem Grundton beziehungsweise dem entsprechenden Akkord. Oft gibt es vorher ein Intro. Im Kapitel „*Das Salz in der Blues-Suppe 2 – Intros*" (*vgl. S. 57ff*) stelle ich die typischen Intros vor.

Welches Formschema liegt dem Song zugrunde?

Neben dem Standard Blues-Schema gibt es noch etliche Abwandlungen, von denen ich die gebräuchlichsten im Anhang „*Weitere Blues-Schemata*" vorstelle. Nicht jedes Blues-Schema beginnt mit dem Grundton. Folgende Fragen helfen, das zugrundeliegende Schema zu erkennen:

- Wieviele Takte umfasst das Solo oder die Strophe?

Üblich sind 12 Takte, oft kommen aber auch 8 oder 16 Takte vor, selten 24 Takte. Manchmal gibt es auch zwei oder mehr Songteile (wie *Strophe* und *Refrain*). Die Soli werden meist über das *Standard Blues-Schema* oder das *Quick Change-Schema* gespielt.

- Wird im zweiten Takt schon zur IV. Stufe gewechselt?

Diese Frage entscheidet, ob das Quick Change-Schema oder das Standard Blues-Schema gespielt wird.

Grundton finden

Wenn das zugrundeliegende Schema klar ist, weiß man auch, wann der Grundton auf der CD gespielt wird. In dieser Zeit (also beim Standard Blues-Schema zum Beispiel in den ersten vier Takten) spielt man erst die ungegriffene tiefe E-Saite, dann den 1. Bund, den 2. und so weiter. Dabei achtet man darauf, ob der Ton passt. Wenn die Aufnahme zum nächsten Akkord wechselt, spult man zurück und probiert die nächsten Töne aus, bis man den Grundton gefunden hat. Spätestens am 11. Bund der E-Saite muss man ja fündig werden, denn dann hat man alle 12 Töne durchgespielt, die es gibt.

---

241 CD-Track

Natürlich kann man jeden der 12 Töne in verschiedenen Oktaven spielen. Aber bei der Suche nach der richtigen Tonart ist es egal, ob ich zum Beispiel ein hohes A oder ein tiefes A nehme. Wenn der gesuchte Ton ein A ist, dann ist er ein A, und ich kann so hoch oder tief zur CD spielen wie ich will, solange ich in der Tonart A spiele.

Weitere Blues-Schemata, vgl. S. 184ff

Standard Blues-Schema, vgl. S. 26
Quick Change-Schema, vgl. S. 30

Ab dem 12. Bund wiederholen sich die Töne eine Oktave höher (der 12. Bund entspricht der ungegriffenen Saite, der 13. Bund dem 1. Bund etc.).

Wie man die Tonart eines Songs findet ...

Der Ton direkt neben dem richtigen klingt besonders dissonant

Wenn man Ton für Ton durchprobiert und den richtigen Ton nicht findet, liegt das oft daran, dass man direkt vor dem richtigen Ton aufgibt. Es klingt immer dissonanter bis man denkt: *„Jetzt kann der richtige Ton nicht mehr kommen"*. Man muss nur wissen, dass die beiden Töne direkt neben dem gesuchten Grundton die dissonantesten sind. Also wenn es ganz krumm klingt: *Nicht aufgeben, wahrscheinlich ist der nächste Ton der richtige!*

„Die beiden Töne direkt neben dem gesuchten Grundton" meint den Halbton über und den Halbton unter dem Grundton.

Verwechslungsgefahr 1: I oder V?

Probiere anfangs auch die restlichen Töne durch, selbst wenn du glaubst, den richtigen Ton schon gefunden zu haben. Es gibt nämlich einen Ton, den man sehr oft für den Grundton hält. Es ist die Quinte, also der Grundton des V-Akkordes (zum Beispiel das E in der Tonart A).

Verwechslungsgefahr 2: I oder IV? (Wo ist der Grundton?)

Wenn man das *Mannish Boy*-Pattern in der Tonart A spielt, dann besteht er aus den Tönen A, C und D (A-Saite ungegriffen, 3. Bund und 5. Bund). Der Grundton ist das A.

Wenn man das *Hoochie Coochie Man*-Pattern mit denselben drei Tönen spielt, dann ist der Grundton D.

Dasselbe gilt für die Patterns von "I Loved Another Woman" (Gary Moore – "Blues For Greeny") und "All Your Love" (Gary Moore – "Still Got The Blues"), die im Kapitel "Riffs in Moll" (vgl. S. 115) besprochen werden.

Warum ist das wichtig, wenn die verwendeten Töne doch sowieso dieselben sind? Der Song *Mannish Boy* bleibt die ganze Zeit auf ein und demselben Akkord. Aber wenn man ein solches Pattern spielt und der Song hat die üblichen drei Akkorde, dann muss man die Akkorde wechseln. Wenn der Grundton A ist, wechsele ich zu einem D-Pattern. Ist der Grundton aber D, muss ich zu einem G-Pattern wechseln. Dasselbe gilt später beim Solo: Ich muss wissen, ob ich mein Solo in der Tonart A oder in der Tonart D spiele, da ich wahrscheinlich noch weitere Töne als A, C und D verwenden will und diese weiteren Töne sich in den beiden Tonarten unterscheiden.

Grundton gefunden! Und jetzt?

Jetzt starten wir zusammen mit der CD auf dem Grundton und wechseln an den entsprechenden Stellen zum IV- und zum V-Akkord (das heißt wir spielen das gewählte Pattern auf dem entsprechenden Grundton der IV. beziehungsweise V. Stufe). Im Kapitel *"Die vier Grundton-Muster"* zeige ich mehrere Möglichkeiten, wo diese beiden Grundtöne im Verhältnis zum Ausgangston auf dem Griffbrett liegen.

Grundton-Muster, vgl. S. 99

Ausprobieren!

Viel Spaß beim Ausprobieren! Man lernt Raushören und Mitjammen nämlich am besten beim Raushören und beim Mitjammen ... Lies bitte auch das Kapitel *"Kapodaster (Kapo)"*!

Kapodaster (Kapo), vgl. S. 160ff

Wie übe ich richtig?

Wie übe ich richtig?

Laaaaangsam und fehlerfrei ...

Ich habe noch keinen Schüler gehabt, der am Anfang richtig geübt hat. (Bei mir selbst war das damals natürlich etwas völlig anderes ... ☺) „Richtig üben" heißt, so langsam zu spielen, dass man richtig spielt. Richtig heißt nicht, die *meisten* Töne richtig zu spielen, sondern *alle*. Und das mit dem richtigen Fingersatz. Wenn nach ein paar mal durchspielen die Fingerbewegungen klar sind, übt man am besten gleich auch den korrekten Rhythmus.

Es gibt immer ein Tempo, in dem man fehlerfrei spielen kann. Wenn ich eine halbe Minute pro Ton brauche, um fehlerfrei zu spielen, dann ist das eben erst mal das richtige Tempo. Es hilft dem Rhythmusgefühl sehr, mit Metronom oder Schlagzeug-Computer zu üben. (TIPP: Bei Werten unter 60 Zählzeiten pro Minute (auch „beats per minute" oder BPM) wird es auch wieder schwierig, weil der Abstand zwischen den Klicks dann so lang ist. Hier hilft es, das Tempo des Metronoms zu verdoppeln und die Klicks als Achtelnoten zu betrachten.)

Rhythmus ist das Verhältnis der Tonlängen zueinander. Das ist unabhängig vom Tempo, auch in Zeitlupe ist eine Halbe Note immer noch doppelt so lang wie eine Viertelnote. Und auch die Pausen müssen ihrer Länge entsprechend gespielt werden.

Um das richtige Starttempo zu finden, hilft eine Technik namens *„Visualisieren"*. Dabei schließt man die Augen und stellt sich den Bewegungsablauf genau vor – ohne ihn tatsächlich auszuführen! Welcher Finger schlägt welche Saite an? Welcher Finger greift welchen Ton? In dem Tempo, in dem man visualisiert hat, spielt man dann auch. Das ist viel langsamer, als man vorher denkt!

Wenn man ein Beispiel in diesem Anfangstempo fehlerfrei spielen kann, steigert man LANGSAM das Tempo, also zum Beispiel jeweils um 3 oder 4 Schläge pro Minute (<u>bpm</u>). Wenn das Tempo so schnell wird, dass man sich unsicher oder gehetzt fühlt, ist das Höchsttempo für diese Übe-Session erreicht. Jetzt ist eine kurze Pause angebracht. Wichtig: Nach der Pause macht man mit etwas anderem weiter.

bpm, vgl. S. 198

Bei der nächsten Übungsstunde spielt man wieder das Beispiel von oben, und fängt auch wieder mit demselben Starttempo an (ich notiere mir das immer mit Bleistift in den Noten, genauso wie das erreichte Höchsttempo). Wieder wird bis zum persönlichen „Höchsttempo-an-diesem-Tag" gesteigert, das aller Wahrscheinlichkeit nach über dem Höchsttempo vom letzten Mal liegt. Nach einigen Tagen erreicht man das Zieltempo (in diesem Fall war es ja das Tempo der CD, um dazu mitspielen zu können). Steigere zur Sicherheit dein Höchsttempo ruhig noch etwas weiter, damit das Zieltempo nicht das gerade machbare Höchsttempo ist, sondern locker von der Hand geht.

Pausen sind sehr wichtig für die Konzentration, siehe unten „Üben mit rotierender Aufmerksamkeit".

Nochmal: Das Ziel ist es, locker und problemlos zu spielen! Wenn das gewünschte Tempo heute noch nicht erreicht wird, dann ist das halt so. Nicht das Tempo ist wichtig, sondern die richtige Ausführung!

Üben mit rotierender Aufmerksamkeit

Die normale Aufmerksamkeitsspanne eines Menschen beträgt ungefähr 30 Sekunden. (Deshalb sind Werbespots auch selten länger als 30 Sekunden: Danach passt keiner mehr auf...) Üben mit rotierender Aufmerksamkeit ist ein sehr gutes Konzept, um die Konzentration länger aufrechtzuerhalten. Wenn man einen Riff ein paar mal gespielt hat, konzentriert man sich beim Spielen auf einen bestimmten Aspekt der Übung: Setze ich die Finger der Greifhand nahe genug am Bundstäbchen auf? Oder ich achte auf den Druck der Greifhand, der ja nicht zu hoch sein soll (gerade so, dass die Töne nicht schnarren, aber nicht fester, um nicht zu verkrampfen (siehe Anhang *„Greifen ohne Scheppern"*)). Wie laut schlage ich an? Verschiedene Möglichkeiten werden in dem

Greifen ohne Scheppern, vgl. S. 169

Wie übe ich richtig?

Dynamik (Lautstärke), vgl. S. 173

Artikulation (Tonlänge) / Dämpftechniken, vgl. S. 170ff

Anhang „*Dynamik (Lautstärke)*" vorgestellt. Dann kann man zum Beispiel ein paar mal abgehackt, und danach ein paar mal gebunden spielen (siehe Anhang „*Artikulation (Tonlänge) / Dämpftechniken*"). Schon hat man den Riff ein paar Minuten lang gespielt, ohne dass die Aufmerksamkeit nachgelassen hat, weil man sich immer wieder auf etwas anderes konzentriert hat. Das Geniale dabei ist, dass man unterbewusst die vorher geübten Punkte auch bei den folgenden Durchgängen mit anderen Schwerpunkten noch beachtet und damit weiter festigt!

Automatisieren

Der Grund für das langsame Üben ist der, dass wir die meisten Riffs im Originaltempo gar nicht mehr bewusst Note für Note mitdenken können. Der Bewegungsablauf läuft ab einem gewissen Tempo automatisch ab. Und damit das fehlerfrei klappt, muss man diesen Bewegungsablauf richtig automatisieren, indem man ihn etliche Male fehlerfrei spielt. Bei einem Fehler hat man ja einen anderen Bewegungsablauf gemacht. Wenn man diesen falschen Bewegungsablauf ein paar mal gemacht hat, dann hat man ganz schnell einen Fehler automatisiert! Den Fingern ist es nämlich egal, ob der Bewegungsablauf der gewünschte ist oder nicht, was wiederholt wird, wird gespeichert. Wie langsam das Tempo für bewusstes Ausführen einer Bewegung wirklich ist (viel langsamer als die meisten denken!), hast du schon festgestellt, wenn du das oben angesprochene Visualisieren probiert hast. Die Expertenmeinungen gehen auseinander, wie oft man eine Bewegung ausführen muss, um sie wirklich zu automatisieren. Die Zahlen, die ich gelesen habe, schwanken zwischen 500 und 2000 Mal (auch das dürfte wieder nicht mit dem übereinstimmen, was sich die meisten so vorstellen. Ich war jedenfalls erst mal geschockt!). Da wir es kaum schaffen werden, einen Riff 2000 Mal innerhalb unserer Aufmerksamkeitsspanne von 30 Sekunden zu spielen, müssen wir uns etwas anderes überlegen. Auf der einen Seite hilft uns das oben vorgestellte Konzept der rotierenden Aufmerksamkeit, mit der wir die Aufmerksamkeitsspanne etwas verlängern können. Auf der anderen Seite hilft ein Übeplan, mit dem man seine Übeeinheiten über einen längeren Zeitraum einteilt (ungefähr für einige Wochen). Wenn man sich auf diesem Plan aufschreibt, welche Songs / Riffs / Tonleitern / Akkorde / Techniken man gerade übt und welches Tempo man jeweils erreicht hat, kann man sich bei jedem Üben wieder daran orientieren und die notwendige Anzahl Wiederholungen auf einige Tage oder Wochen verteilt erreichen. Ohne Übeplan ist das Üben bei den meisten Musikern wesentlich unkoordinierter und die eine oder andere Übung wird des öfteren „vergessen" (vorzugsweise die nicht so gerne gespielten ...).

Auswendiglernen

Wenn man etwas auswendig lernen will, ist es wichtig, dass man sich nicht zu viele Töne auf einmal merkt. Bei Anfängern sind das ungefähr vier bis fünf, bei Fortgeschrittenen einige wenige mehr, da sich das Gedächtnis trainieren lässt. Wenn man versucht, sich zu viele Töne auf einmal zu merken, schleichen sich Fehler ein. Das liegt an der Funktionsweise des menschlichen Gehirns: Es gibt ein Kurzzeit- und ein Langzeitgedächnis. Das Kurzzeitgedächnis funktioniert ähnlich wie der Arbeitsspeicher eines Computers, es wird ständig überschrieben und mit neuen Daten gefüllt. Wenn man versucht, sich zu viele Töne auf einmal zu merken, „überschreibt" man die ersten Töne wieder. Das Langzeitgedächnis funktioniert so ähnlich wie die Festplatte eines Computers, hier werden Daten mehr oder weniger dauerhaft gespeichert. Um etwas dauerhaft in das Langzeitgedächnis zu bekommen, braucht man die oben genannte Anzahl von Wiederholungen.

Erklärung Tabulatur (Tab) & Griffbilder

Tabulatur (Tab)

Da die meisten Töne mehrfach auf der Gitarre vorkommen (im Extremfall bis zu sechs mal), ist das reine Notenbild nicht eindeutig. Unter den Noten befindet sich die Tabulatur, kurz auch Tab genannt. Diese gitarrenspezifische Schreibweise ist sehr gebräuchlich, da sie genau angibt, auf welcher Saite und an welchem Bund ein bestimmter Ton gegriffen wird.

Jede *Zahl* steht für einen Ton. Die Zahlen stehen jeweils auf der Saite, auf der an dem angegeben Bund gegriffen wird. Der Fingersatz ist nicht erkennbar. Eine „0" steht für eine ungegriffene Saite.

Es werden nur die Saiten angeschlagen, auf denen eine Zahl steht.

Töne und Zahlen, die *übereinander* notiert sind, werden gleichzeitig gespielt.

Töne, die *nebeneinander* stehen, werden von links nach rechts nacheinander gespielt.

Ein *Bogen* zwischen zwei Zahlen zeigt an, dass der zweite Ton nicht angeschlagen wird, sondern mit der Greifhand erzeugt wird (<u>Hammer On</u> oder <u>Pull Off</u>).

Die kursiv geschriebene "3" (manchmal auch mit eckiger Klammer) steht für eine <u>Triole</u>.

Der Punkt in den Noten über der Note gibt eine kurz gespielte Note an (<u>staccato</u>).

Hammer On, vgl. S. 45
Pull Off, vgl. S. 106
Staccato, vgl. S. 82
Triole, vgl. S. 44

Griffdiagramme

Der **Name des Akkordes** ist *über dem Griffbild* angegeben.

Die *senkrechten* Linien stellen die **Bünde** dar.

Die *waagerechten* Linien stellen die **Saiten** dar.

Die *untere Linie* stellt die **tiefe E-Saite** (⑥) dar.

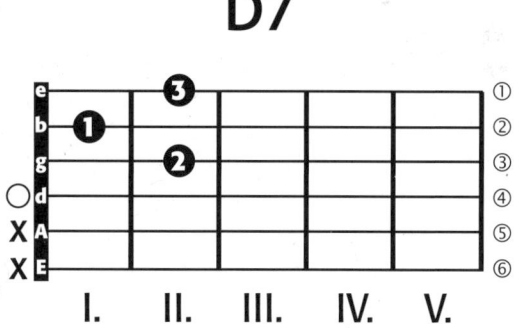

Ein *Kreuz* links neben einer Saite bedeutet, dass diese Saite *nicht* angeschlagen wird.

Ein *nicht ausgefüllter Kreis* links neben einer Saite bedeutet, dass diese Saite angeschlagen wird, ohne dass ein Ton auf ihr gegriffen wird (*ungegriffene Saite*).

Ein *ausgefüllter Kreis* zeigt, dass auf diesem Bund auf dieser Saite ein Ton gegriffen wird.

Sind mehrere solcher Kreise zu einem *Balken* verbunden, greift ein Finger mehrere Saiten gleichzeitig. Das nennt man **Barré**.

Die *Zahlen in einem ausgefüllten Kreis* geben an, mit **welchem Finger** die Töne auf der jeweiligen Saite gegriffen werden:

❶ = *Zeigefinger* ❷ = *Mittelfinger* ❸ = *Ringfinger* ❹ = *Kleiner Finger*

Die *römischen Ziffern unterhalb* des Griffdiagramms geben an, um welchen Bund es sich handelt.

Musiktheorie & Notenschrift

Die Namen der 12 Töne

Es gibt *12 verschiedene Töne*:

Die sieben Stammtöne: **A B C D E F G**

und dazwischen **fünf Töne mit Versetzungszeichen**, deren Namen aus den anderen sieben abgeleitet sind:

F# (gesprochen „Fis"), C# („Cis"), G# („Gis"), D# („Dis"), A# („Ais")

Die fünf Töne mit Versetzungszeichen können also auf zwei Arten bezeichnet werden. Vergleiche mit der Abbildung „Die Griffbrettübersicht" auf Seite 183.

Die fünf Töne mit dem # (gesprochen „Kreuz") im Namen liegen jeweils zwischen zwei Stammtönen. Mit dem Kreuz ist ihr Name von dem nächsttieferen Ton abgeleitet. Man kann diese Töne auch anders bezeichnen, nämlich mit einem b (gesprochen „Be") im Namen, abgeleitet von dem nächsthöheren Ton:

F# = Gb (gesprochen „Ges"); **C# = Db** (gesprochen „Des"); **G# = Ab** (gesprochen „As")
D# = Eb (gesprochen „Es"); **A# = Bb** (gesprochen „Bi flät" [engl.]) das deutsche „Bes" ist unüblich).

Die deutsche und internationale Schreibweise (Ton B)

*In Deutschland wird der **Ton B** oft auch H genannt.*
*Ich verwende in diesem Buch die **international übliche Bezeichnung B**.*
In Deutschland gibt es auch einen Ton „B", dieser ist einen Halbton tiefer als das deutsche „H", bzw. als das internationale „B". Das internationale Bb [engl. „Bi flät"] entspricht dem deutschen "B".
***Praxistipp**: Wenn man von „H" oder „Bb" spricht, gibt es keine Verwechslungen, da nur die Bezeichnung „B" doppeldeutig ist.*

Zwischen den Tönen **B und C** befindet sich kein Ton, das heißt diese beiden Töne liegen auf dem Gitarrengriffbrett direkt auf benachbarten Bünden. Das gleiche gilt für die Töne **E und F**.

Alle 12 Töne lauten der Reihe nach also folgendermaßen:

A – A# – B – C – C# – D – D# – E – F – F# – G – G#

Nach dem G# geht es wieder von vorne los mit dem nächsthöheren A.

Die Töne mit Vorzeichen haben jeweils zwei Namen. Siehe Griffbrettübersicht im Kapitel Alle Töne auf dem Griffbrett finden, vgl. S. 182/183.

So, jetzt wissen wir, welche Töne es gibt, wie sie heißen, in welcher Reihenfolge sie vorkommen, etc. Aber wo findet man sie auf der Gitarre? Das verrät der Anhang „*Alle Töne auf dem Griffbrett finden*".

Die Intervall-Bezeichnungen

- **1** steht für den Grundton (*Prime*).
- **2** (*oder* **9**) steht für die *Sekunde/None* (die 9 ist der gleiche Ton, allerdings eine Oktave höher als die 2).
- **3** steht für die *große Terz*, **b3** für die **kleine Terz**.
- **4** (*oder* **11**) steht für die *Quarte* (die 11 ist wieder eine Oktave höher, siehe 2).
- **5** steht für die *Quinte*.
- **6** (*oder* **13**) steht für die *Sexte* (die 13 ist wieder eine Oktave höher, siehe 2).
- **7** steht für die *kleine Septime*.
- **8** steht für die *Oktave*.

Musiktheorie & Notenschrift

Von folgenden Intervallen gibt es jeweils eine *kleine* und eine *große* Version:

Sekunde, Terz, Sexte und *Septime*. In der Umgangssprache sagt man den Intervallnamen oft ohne den Zusatz „klein" bzw. „groß". Streng genommen ist das nicht korrekt. Bei den Intervallen *Sekunde, Terz* und *Sexte* meint man dann normalerweise die *große Sekunde / Terz / Sexte*, bei der *Septime* meint die *kleine Septime*.

Hier noch eine Übersicht über den **Abstand der wichtigsten Intervalle zum Grundton**:

2 Halbtöne – große Sekunde

3 Halbtöne – kleine Terz

4 Halbtöne – große Terz

5 Halbtöne – Quarte

6 Halbtöne – Tritonus (Abstand zwischen großer Terz & kleiner Septime, DAS Blues-Intervall, siehe Kapitel „Akkorde")

7 Halbtöne – Quinte

9 Halbtöne – große Sexte

10 Halbtöne – kleine Septime

12 Halbtöne – Oktave

Dies war nur eine ganz elementare Einführung. Nähere Details finden sich in den im Anhang „Buch-Empfehlungen" genannten Harmonielehrebüchern.

Akkorde, vgl. S. 133ff

Buch-Empfehlungen, vgl. S. 193

Was bedeuten die Zahlen, mit denen die Riffs manchmal benannt werden?

Wenn ich z.B. einen A-Riff mit dem Namen 1–3–5–6 bezeichnet habe, dann besteht er – in der Tonart A – aus den Tönen A – C# – E – F#. Wichtiger als der tatsächliche Name eines Tons ist aber für uns die Funktion oder Klangfarbe im Zusammenklang mit dem jeweiligen Akkord oder Grundton. Und deshalb schreibe ich nicht die Buchstaben (die ja nur für diesen einen Akkord gelten), sondern die allgemeine Formel (die unabhängig von Akkord und Tonart gilt und die Klangfarbe beschreibt).

Nochmal mit anderen Worten:

1. Beim A-Akkord ist der Ton A der Grundton.

2. Beim F-Akkord ist der Ton A die Terz.

3. Beim D-Akkord ist der Ton A die Quinte.

4. Beim B-Akkord ist der Ton A die kleine Septime.

5. Beim C-Akkord ist der Ton A die große Sexte.

Wenn man also den Ton beim Namen nennt, sagt das überhaupt nichts über seine Funktion in der jeweiligen Tonart aus und damit auch nicht über seinen Klang. Denn in der einen Tonart klingt dieser Ton völlig anders als in der anderen, weil der Bezugspunkt (der Grundton des Akkordes beziehungsweise die Tonart) ein anderer ist. Und deshalb spreche ich meist von der Funktion des Tons im Verhältnis zum jeweiligen Grundton (also einem relativen Namen) und nicht vom absoluten Namen. Diesen relativen Abstand nennt man auch „Intervall".

Intervall, vgl. S. 180

Alle Töne auf dem Griffbrett finden

Alle Töne auf dem Griffbrett finden

Musiktheorie & Notenschrift, vgl. S. 180

Lies dir bitte den Anhang „*Musiktheorie & Notenschrift*" durch, bevor du diesen Abschnitt durchliest.

Es gibt 12 verschiedene Töne (jeden davon in verschiedenen Oktaven: Hohes A, hohes B, hohes C, tiefes A, tiefes B ...):

A – A# – B – C – C# – D – D# – E – F – F# – G – G#

Wir wissen, dass der Abstand von einem dieser Töne zum nächsten Ton jeweils einem *Halbtonschritt* entspricht und dass ein Halbtonschritt auf der Gitarre den Sprung von einem *Bund* zum nächsten bedeutet.

Die ungegriffenen Saiten heißen (beginnend bei den tiefen / dicken Saiten):

E – A – D – G – B – E

Mit diesen Informationen können wir alle Töne auf der Gitarre finden! Gesucht wird zum Beispiel der Name des Tones auf dem 3. Bund der A-Saite? Die ungegriffene Saite heißt A, laut unserer Auflistung kommt dann am 1. Bund ein A#, am 2. Bund ein B und am 3. Bund ein C.

Tipps:

- Die Töne auf den beiden E-Saiten sind identisch, zum Beispiel am 3. Bund ist sowohl auf der tiefen E-Saite als auch auf der hohen E-Saite ein G. Man muss sich also nur die Töne von 5 Saiten merken!
- Am 12. Bund befindet sich derselbe Ton wie auf der ungegriffenen Saite (nur eine Oktave höher), das heißt wenn man die unteren 12 Bünde mal auswendig kann, beherrscht man den ganzen Gitarrenhals! (Bei Western- und E-Gitarren gibt es am 12. Bund in der Regel einen besonderen Bundmarker, zum Beispiel zwei Punkte statt einem. Bei klassischen Gitarren mit Nylonsaiten setzt der Korpus am 12. Bund an. Der 12. Bund ist also auch hier leicht zu finden.)

Situation 1: Du stehst im Proberaum / bei der Session und es heißt „Spiel mal 'n E" oder so ähnlich. Du musst also wissen, wo du auf dem Griffbrett die verschiedenen Töne findest.

Aufgabe: „Such den Ton!"

1. Suche dir auf allen 6 Saiten ein E (in den ersten 12 Bünden).
Tipp: Man hört deutlich, wenn man mal einen Bund daneben greift!.
Lösung: E ungegriffenen (oder 12), A 7, D 2, G 9, B 5, E ungegriffen (oder 12).
2. Spiele diese 6 Töne mehrmals langsam und merk sie dir.
3. Wiederhole diese Übung jeden Tag, wenn du mit dem Üben beginnst.
4. Nach ein paar Tagen nimmst du dir das B vor. (Wiederhole auch kurz das E.)
5. Nach einigen Wochen kannst du alle Töne auf dem ganzen Griffbrett auswendig!

Lerne die 12 Töne in dieser Reihenfolge: E, B, F#, C#, Ab, Eb, Bb, F, C, G, D, A.

Mach dir auch die alternativen Namen der fünf Töne mit Vorzeichen klar.

Alle Töne auf dem Griffbrett finden

Situation 2: Du hast eine Melodie komponiert oder von CD herausgehört und willst sie aufschreiben. Du weißt, dass der gesuchte Ton zum Beispiel auf dem 3. Bund der A-Saite liegt. Aber welcher Ton ist das?

Aufgabe: „Wie heißt der Ton?"

1. Tippe willkürlich auf irgendeiner Saite auf einen beliebigen Bund, in diesem Beispiel 3. Bund A-Saite.

2. Zähle nach der oben gelernten Methode ab, wie der Ton heißt.

3. Wiederhole die Übung einige Male mit anderen Saiten / Bünden.

4. Nach einigen Wochen kennst du alle Töne auf dem ganzen Griffbrett auswendig!

Tipp: Wenn du die Töne erst mal auswendig kannst, vergisst du sie auch nicht mehr. Diese Lernarbeit ist also nach einigen Wochen abgeschlossen!

Hier noch eine Griffbrettübersicht zur Kontrolle:

Die Griffbrettübersicht

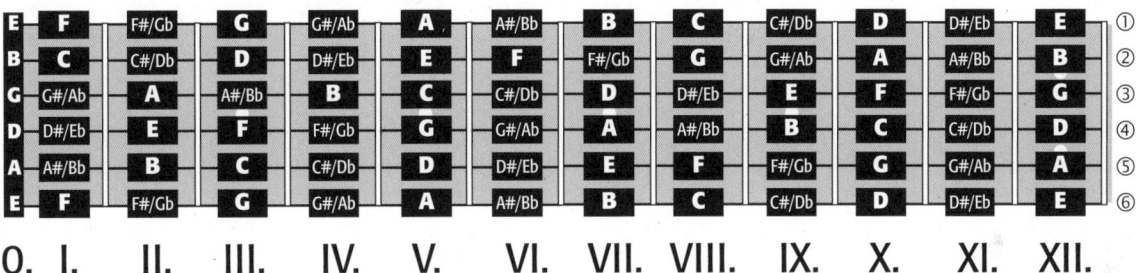

Aufgabe

Zeichne dieses Griffbrett aus dem Kopf auf einen leeren Zettel und kontrolliere anschließend, ob alle Töne richtig sind.

Weitere Blues-Schemata

Das 16-taktige Blues-Schema

Stopp-Chorus, vgl. S. 124ff

Beim 16-taktigen Blues-Schema handelt es sich um ein 12-taktiges Blues-Schema, bei dem die ersten vier Takte zweimal gespielt werden. Diese acht Takte werden oft als _Stopp-Chorus_ gespielt.

In der Tonart A:

A	A	A	A
A	A	A	A
D	D	A	A
E	D	A	A

Schematische Darstellung:

I	I	I	I
I	I	I	I
IV	IV	I	I
V	IV	I	I

Diskographie	Tonart	Kapodaster	Anmerkungen
I´m Ready – Muddy Waters „I'm Ready"	D	5. Bund	Vier Takte Intro, dann Wechsel zwischen Standard Blues-Schema (Refrain & Instrumental-Teile) und 16-taktigem Schema mit Stopps (Strophen).
Jailhouse Rock – The Blues Brothers „Original Soundtrack Recording"	D	5. Bund	16-taktiges Blues-Schema mit Stopps. Jeweils 8 Takte I mit Stopps, ab der IV Rumba.
Don´t Burn Down The Bridge – **Otis Rush** „Ain´t Enough Comin´ In"	A	kein	16-taktiges Blues-Schema.
Be Bop A Lula – Gene Vincent „The Road Is Rocky – The Complete Studio Masters 56-71" / „The Very Best Of"	E	7. Bund	Die Soli und der Refrain sind im Standard-Schema gespielt, die Strophen sind im 16-taktigen Schema als Stopp-Chorus gespielt.
Moving On – Gary Moore „Still Got The Blues"	A	kein	Gary spielt hier im 10. Takt immer erst G und dann D. In den Strophen wird das 16-taktige Blues-Schema gespielt, bei den Solos das Standard Blues-Schema.

Weitere Blues-Schemata

Das 24-taktige Blues-Schema

Das 24-taktige Blues-Schema ist eigentlich ein ganz normales Standard Blues-Schema, aber das zugrundeliegende Riff ist *zwei Takte* lang. Dadurch wird die ganze Form doppelt so lang. Manchmal wird auch ein Quick Change-Schema für das 24-taktige Schema verwendet.

Diskographie	Tonart	Kapodaster	Anmerkungen
Good Morning Little Schoolgirl – Junior Wells „Hoodoo Man Blues"	A	kein	Blues Riff 71, *vgl. S. 116*.
Carol – Chuck Berry „The Best Of"	C	3. Bund	Bei den Solos und dem Refrain wird das einfache Blues-Schema gespielt. In den Strophen wird das einfache Blues-Schema als 24-Takter gespielt.

Das 8-taktige Blues-Schema

Eigentlich gibt es DAS 8-taktige Blues-Schema überhaupt nicht. Vielmehr gibt es eine Vielzahl unterschiedlicher 8-taktiger Blues-Schemata. Ich nenne hier ein paar absolute Blues-Klassiker.

Key To The Highway

In der Tonart A:

| A | E | D | D |
| A | E | A | E |

Schematische Darstellung:

| I | V | IV | IV |
| I | V | I | V |

Diskographie	Tonart	Kapodaster	Anmerkungen
Key To The Highway – Freddie King „Getting Ready…" / „King Of The Blues"	C#	4. Bund	
Key To The Highway – BB King & Eric Clapton „Riding With The King"	A	kein	
Cryin' – Eric Clapton „Blues"	A	kein	Der Song beginnt mit einem 4-taktigen Intro. Der Turnaround bei dieser Aufnahme ist: | A E | A | bzw. | I V | I |

Weitere Blues-Schemata

It Hurts Me Too

Eigentlich gibt es DAS 8-taktige Blues-Schema überhaupt nicht. Vielmehr gibt es eine Vielzahl unterschiedlicher 8-taktiger Blues-Schemata. Ich nenne hier ein paar absolute Blues-Klassiker.

In der Tonart A:

| A | A | D | D |
| A | E | A | E |

Schematische Darstellung:

| I | I | IV | IV |
| I | V | I | V |

Diskographie	Tonart	Kapodaster	Anmerkungen
It Hurts Me Too – Tampa Red „It Hurts Me Too" / „Complete Recorded Works Vol. 11"	Bb	1. Bund	
It Hurts Me Too – Elmore James „King Of The Slide Guitar"	C#	4. Bund	
It Hurts Me Too – Eric Clapton „From The Cradle"	C#	4. Bund	

How Long Blues

In der Tonart A:

| A | A | D | D |
| A | E | A | A |

Schematische Darstellung:

| I | I | IV | IV |
| I | V | I | I |

Diskographie	Tonart	Kapodaster	Anmerkungen
How Long Blues – Leroy Carr „Complete Recorded Works Vol. 1"	Eb	6. Bund	
How Long Blues – Eric Clapton „From The Cradle"	E	7. Bund	
Worried Life Blues – Chuck Berry „Blues"	C#	4. Bund	Nach vier Takten Intro beginnt die 8-taktige Form. Die letzten 2 Takte (Turnaround) werden so gespielt: | A D | A E | bzw. | I IV | I V |

Weitere bekannte 8-Takter sind "The Stumble" (Freddie King) mit zwei verschiedenen je 8-taktigen Teilen, "Promised Land" (Chuck Berry), "Ain´t No Sunshine" (Bill Withers), „Things About Comin´ My Way" (Tampa Red), "Sittin´ On Top Of The World" (Mississippi Sheiks), "St. James Infirmary" (Joe Primrose), "Aint Nobody´s Business" (Porter Grainger), "Nobody Knows You When You´re Down And Out" (Jimmy Cox).

Weitere Blues-Schemata

„Rollin´ & Tumblin´"-Schema

Dieses Schema ist vor allem aus dem Song *Rollin´ & Tumblin´* bekannt. Es ist dem Standard 12-Takter und dem Quick Change-Schema sehr ähnlich, aber es beginnt auch in der ersten Zeile mit dem IV-Akkord. Wer mitspielen möchte: Bei manchen Aufnahmen sind A-Takte jeweils 5/4-Takte!

In der Tonart A:

D	D	A	A
D	D	A	A
E	D	A	A

Schematische Darstellung:

IV	IV	I	I
IV	IV	I	I
V	IV	I	I

Diskographie	Tonart	Kapodaster	Anmerkungen
Rollin´ & Tumblin´ – **Hambone Willie Newbern** „Back To The Crossroads – The Roots Of Robert Johnson"	G	10. Bund	
I Had Possession Over Judgement Day **Eric Clapton** „Me And Mr Johnson"	G	10. Bund	
Ain´t Superstitious – Howlin´ Wolf „The Chess Box"	D	5. Bund	Dieser Song wird in Moll gespielt.
Ain´t Superstitious – Howlin´ Wolf „The London Howlin´ Wolf Sessions"	G	10. Bund	Dieser Song wird in Moll gespielt.
Before You Accuse Me – Eric Clapton „Blues"	A	5. Bund	Auf dieser Doppel-CD gibt es zwei verschiedene Versionen des Songs. Bei „Version 1" beginnt das Schema nach 46 Sekunden auf der I. Stufe. Bei „Version 2" beginnt das Schema sofort.

Weitere Blues-Schemata

Alternatives Rock'n'Roll-Schema
(oder nicht ganz so einfaches „Einfaches Blues-Schema")

Beim Rock'n'Roll-Schema wird manchmal auch die folgende Akkordfolge verwendet. Die sogenannte II-V-I-Verbindung (gesprochen „zwei fünf eins-Verbindung") in den ersten drei Takten der letzten Zeile ist die wichtigste Akkordverbindung im Jazz. Die II. Stufe wird meist als Moll- oder Moll7-Akkord gespielt.

In der Tonart A:

A	A	A	A
D	D	A	A
Bm	E	A	A

Gemeint ist hier das englische Bm, also das deutsche Hm.

Schematische Darstellung:

I	I	I	I
IV	IV	I	I
IIm	V	I	I

Diskographie	Tonart	Kapodaster	Anmerkungen
Shake, Rattle & Roll – Bill Haley auf jeder „Best Of" (z.B. „Rock Around The Clock [Original Studio Versions]")	F	8. Bund	Vier Takte auf der I als Intro, dann wird das alternative Rock'n'Roll-Schema immer wieder wiederholt.
Choo Choo Ch' Boogie – Louis Jordan „Number Ones" / „All Hits"	F	8. Bund	

Moll-Blues

Grundsätzlich können natürlich alle möglichen Blues-Schemata als Mollblues gespielt werden. Ein Blues in Moll ist aber selten. Wenn jemand von einem „Moll-Blues" spricht, meint er normalerweise das folgende Schema:

„DAS" Moll-Schema

In der Tonart A:

Am	Am	Am	Am
Dm	Dm	Am	Am
F7	E7	Am	Am / E7

Schematische Darstellung:

Im	Im	Im	Im
IVm	IVm	Im	Im
bVI7	V7	Im	Im / V7

Im letzten Takt kann entweder ein Am oder ein E7 oder jeweils einen halben Takt Am und E7 gespielt werden.

Diskographie	Tonart	Kapodaster	Anmerkungen
The Thrill Is Gone – BB King „His Definite Greatest Hits" (Doppel CD)	Bm	2. Bund	

Weitere Blues-Schemata

Hin und wieder wird in der letzen Zeile auch diese Variation gespielt:

| | E7 | F7 E7 | Am | Am |

Diskographie	Tonart	Kapodaster	Anmerkungen
We´re Ready – Junior Wells „Hoodoo Man Blues"	Am	kein	

Manchmal wird auch das Standard Blues-Schema mit Moll-Akkorden gespielt.

Diskographie	Tonart	Kapodaster	Anmerkungen
Green Onions – Booker T & The MGs auf jeder „Best of"	Fm	8. Bund	
All Your Love – Otis Rush „The Essential Otis Rush – The Classic Cobra Recordings 1956 – 1958"	F#m	9. Bund	Der Song wechselt zwischendrin vom Rumba-Riff in Moll zum Shuffle in Dur und später wieder zurück zur Rumba in Moll! Die Aufnahme ist etwas tiefer als F# gestimmt.
All Your Love – Gary Moore „Still Got The Blues"	Am	kein	Der Song wechselt zwischendrin vom Rumba-Riff in Moll zum Shuffle in Dur und später wieder zurück zur Rumba in Moll!
Bad Love – Luther Allison „Bad Love"	Dm	5. Bund	Standard Blues-Schema in Moll.

One-Chord Vamps (Groove-Songs ohne Akkord-Wechsel)

Es gibt einige Bluessongs, die ganz oder hauptsächlich nur aus einem Akkord beziehungsweise Pattern bestehen.

Diskographie
Crossfire – Stevie Ray Vaughan „In Step"
Smokestack Lightnin´ – Howlin´ Wolf „Howlin´ Wolf / Moanin´ In The Moonlight"
Mannish Boy – Muddy Waters „The Chess Box"
Messin´ Around With The Blues – Earl Hooker „Simply The Best"
She´s Mine (Keep Your Hands To Yourself) – John Lee Hooker „The Ultimate Collection"
Whole Lotta Love – Led Zeppelin „Led Zeppelin II"
Last Fair Deal Gone Down – Robert Johnson „The Centennial Collection"
Preachin´ Blues – Robert Johnson „The Centennial Collection"

Weitere Blues-Schemata

Wechsel zwischen verschiedenen Schemata

Wenn einem Song ein anderes Schema als das Rock´n´Roll-Schema, das Standard Blues-Schema oder das Quick Change-Schema zugrunde liegt, wechselt es oft im Solo zu einem dieser drei Schemata (um dann mit dem Einsetzen des Gesangs wieder zur anderen Form zurückzuwechseln).

Diskographie	Tonart	Kapodaster	Anmerkungen
I´m Ready – Muddy Waters „I'm Ready"	D	5. Bund	Vier Takte Intro, dann Wechsel zwischen Standard Blues-Schema (Refrain & Instrumental-Teile) und 16-taktigem Schema mit Stopps (Strophen).
She's A Good 'Un – Otis Rush „Ain´t Enough Comin´ In"	D	5. Bund	Vier Takte Intro (letzte Zeile des Standard-Schemas, also „from the five"), dann Wechsel zwischen Standard-Blues-Schema (Refrain & Instrumental-Teile) und 8-taktiger Strophe mit Stopps (8 Takte auf der I).
Moving On – Gary Moore „Still Got The Blues"	A	kein	Strophe 16-taktiges Schema, Solo Standard-Schema.

Manchmal wird auch zwischen Standard-Schema und Quick Change-Schema gewechselt.

Diskographie	Tonart	Kapodaster	Anmerkungen
Crossroads – Cream „Wheels Of Fire" / „The Very Best Of"	A	kein	Wechselt zwischen Standard Blues-Schema (Intro & Instrumental-Teile) und Quick Change-Schema (Gesang).
Forever Lonely – Muddy Waters „I´m A King Bee"	A	kein	Wechsel zwischen Standard-Schema (1. Strophe, 1. Solo-Chorus, 3. Strophe) und Quick Change-Schema (2. Strophe, 2. Solo-Chorus, 4. Strophe).
Dust My Broom – ZZ Top „Degüello"	D	5. Bund	Wechsel zwischen Standard-Schema (Intro, Solo) und Quick Change-Schema (Strophe).

CD-Empfehlungen

CD-Empfehlungen

Streng genommen empfehle ich nicht nur konkrete *Alben*, sondern auch hörenswerte Künstler. Da jeder selbst entscheiden soll/muss, was ihm gefällt, empfehle ich, bei *Amazon* oder *YouTube* die Namen aus der folgenden Auflistung mal einzugeben und die Vorhör-Funktion zu nutzen. Unter *Buch-Tipps* empfehle ich unter anderem den „*All Music Guide To The Blues*". Dort erfährt man, welches Album sich am besten als Einstieg zu dem jeweiligen Künstler eignet und – wenn´s gefällt – welche Alben man von diesem Musiker noch haben muss. Es gibt viel zu entdecken – Viel Spaß!!!

Pre War (also vor dem 2. Weltkrieg):
Delta Blues, Country-Blues und ähnliche Stilarten, in der Regel solo & unplugged

Sampler / Alben
„Back To The Crossroads – The Roots Of Robert Johnson" (Yazoo 2070)
„The Best There Ever Was – The Legendary Early Blues Performers" (Yazoo 3002)

Musiker:
Robert Johnson, Big Bill Broonzy, Kokomo Arnold, Scrapper Blackwell, Tampa Red (Slide Gitarre), Blind Blake, Blind Lemon Jefferson, Rev. Gary Davis, Charlie / Charley Patton, Skip James, Blind Boy Fuller, Blind Willie McTell, Johnny Shines, Blind Willie Johnson, Lonnie Johnson.

Es gibt Plattenlabels, die sich entweder dem Blues im Allgemeinen oder speziell den ganz alten Blues-Aufnahmen verschrieben haben. Bei *Yazoo* (www.yazoorecords.com) und *Document Records* (www.document-records.com) findet man die ganz alten Aufnahmen, während man bei *Crosscut Records* in Bremen (www.crosscut.de) alle möglichen Blues-Alben findet. *Crosscut Records* gehört mittlerweile zu *Bear Family* (www.bear-family.de), die immer wieder sehr schön aufgemachte Box-Sets veröffentlichen (Bill Haley, Freddie King etc.). Aber auch umfangreiche Box-Sets von Blind Willie McTell, Blind Blake, Blind Boy Fuller, Blind Lemon Jefferson ... findet man hier. Diese Box-Sets enthalten teilweise alle erhaltenen Aufnahmen des jeweiligen Künstlers. Ansonsten findet man seltene CDs bei den üblichen Verdächtigen: www.amazon.de, www.amazon.com, www.ebay.de, www.ebay.com.

Hintergrundwissen:

Bis in die frühen 60er Jahre wurden *Schellack-Platten* hergestellt. Diese Vorläufer der *Vinyl-Schallplatte* liefen mit 78 Umdrehungen pro Minute und hatten eine maximale Spielzeit von etwas über drei Minuten. Es gab also noch keine Langspielplatten, sondern nur Singles. Wenn man heutzutage einen *CD-Sampler* von diesen alten Aufnahmen eines Künstlers hört, dann klingen viele dieser Songs sehr ähnlich, um es mal vorsichtig zu formulieren. Elmore James hat seinen *Dust My Broom*-Riff immer wieder recycelt, Muddy Waters oder Tampa Red fangen etliche Songs mit demselben Intro an, J. B. Lenoir beendet so ziemlich jeden Song mit demselben Schlusslick. Auch vor Modern Talking gab es also schon Künstler, die ein und denselben Song immer wieder mit einem neuen Text veröffentlicht haben ☺. Damals haben diese Ähnlichkeiten für einen gewissen Wiedererkennungswert gesorgt. Da es keine Alben gab, fielen die Wiederholungen nicht ganz so ins Gewicht.

Aktuelle Musiker, die sich dieser Musik verschrieben haben:
Willie Salomon, Paul Rishell, Abi Wallenstein, Rory Block

Pre War, später mit Band:

Musiker: Muddy Waters, John Lee Hooker

Die Angabe bezieht sich auf die damals üblichen 10 Zoll-Schellack-Platten (ca. 25 cm). Die eher für klassische Stücke verwendeten 12-Zoll-Schellack-Platten (ca. 30 cm) kamen auf etwas über 4 Minuten Spielzeit.

CD-Empfehlungen

Chicago Blues, ältere Aufnahmen, mit Band:

Sampler / Alben
„Chess Blues Classics 1947 – 1956" (Hier gibt´s wirklich nur die absoluten Klassiker!)
„Chess Blues Classics 1957 – 1967" (Hier gibt´s wirklich nur die absoluten Klassiker!)
„Chess Blues" (4 CD-Box von 1993 mit den Großmeistern – großartiger Einstieg in den Blues! Nicht nur gitarrenlastig.)
„Chess Blues Guitar – Two Decades Of Killer Fretwork 1949 – 1969" (Doppel-CD des Chess Labels)
„The Chess Blues-Rock Songbook" (Doppel-CD)
„Sun Records – The Ultimate Blues Collection" (3 CD-Box)
Junior Wells – „Hoodoo Man Blues" (mit Buddy Guy)
Otis Rush – „The Essential Otis Rush – The Classic Cobra Recordings 1956-1958"
BB King – „His Definite Greatest Hits" (Doppel-CD)
Albert King – „King Of The Blues Guitar" (Enthält das komplette Album „Born Under A Bad Sign" und weitere Songs)
Jimmy Rogers (nicht verwechseln mit Jimmie Rodgers) – „His Best", „Chicago Blues Masters Vol. 2" (enthält seine kompletten Shelter Recordings), „Complete Chess Recordings"
Freddie King – „Hide Away: The Best Of Freddy King" (ob mit „y" oder später mit „ie": Meine persönliche Nummer Eins!)
Earl Hooker – „Simply The Best" (fantastischer Slide-Gitarrist)
The Paul Butterfield Blues Band – „Original Album Series" (5 CD-Box mit den Elektra-Alben)

Musiker:
Buddy Guy, Junior Wells (oft mit Buddy Guy), BB King, Albert King, Freddie King, Albert Collins (funky), Elmore James (Slide Gitarre), T-Bone Walker (jazzig, älter), Robben Ford (jazzig, moderner), Howlin` Wolf, Hound Dog Taylor, Clarence Gatemouth Brown, Magic Sam, Guitar Slim, Earl Hooker (Slide Gitarre), Otis Rush, Peter Green, J B Lenoir, Billy Boy Arnold, Jimmy Rogers

Modern Blues, Bluesrock:

Sampler / Alben
„Alligator Records 30th Anniversary Collection" (Doppel-CD)
Von Alligator Records gibt es eine Serie namens „Crucial XY Blues", wobei man für XY folgende Wörter einsetzen kann: „Slide Guitar", „Chicago", „Texas", „Rockin´", „Acoustic", „Live!", „Harmonica" oder „Guitar"
Eric Clapton – „From The Cradle" (fantastische Cover-Versionen von 16 Blues-Klassikern)
Gary Moore – „The Best Of The Blues" (Doppel-CD)
Buddy Guy – „Buddy´s Baddest: The Best Of"
Stevie Ray Vaughan – „The Collection" oder „The Real Deal: Greatest Hits" (Volume 1 & 2)
Otis Rush – „Ain´t Enough Comin´ In" (Großartiges Spätwerk einer Legende)

Musiker:
Eric Clapton, Stevie Ray Vaughan, Popa Chubby, Eric Sardinas (Slide Gitarre), Joe Bonamassa, Henrik Freischlader (BRD), Jens Filser (BRD), Johnny Winter, Julian Sas, Sherman Robertson, Jimi Hendrix, Robin Trower, Roy Rogers (Slide Gitarre), Gregor Hilden (BRD), Allman Brothers, Gary Moore, Rick Vito, ZZ Top, BBM (Jack Bruce, Ginger Baker, Gary Moore – nur eine CD, aber die ist der Hammer: "Around The Next Dream"), Luther Allison, Duke Robillard, Rory Gallagher, Cream

CD-/Buch-Empfehlungen

Nicht unbedingt ganz so gitarrenlastig, aber trotzdem grandios:
Rod Piazza, Sonny Boy Williamson I, Sonny Boy Williamson II, Little Walter, Paul Butterfield (alle Harp)
Koko Taylor, Big Joe Turner, Bobby "Blue" Bland (alle Vox)
Otis Spann, Memphis Slim (beide Piano)

Verwandte Stile (Rockabilly, Rock`n`Roll …):
Great Rockabilly – Just As Good As It Gets Vol. 1 – 4 (Sampler, jeweils Doppel-CD)
Bill Haley, Carl Perkins [Rock ´n´ Roll], Brian Setzer [Rockabilly]
Elvis Presley [Rock ´n´ Roll, Rockabilly – speziell die ganz frühen Aufnahmen (Sun-Sessions)]
Led Zeppelin (vor allem auf den Alben „I", „II", „III" und „IV"), AC/DC, Deep Purple (vor allem in der Besetzung von 1970 bis 1973 auf den Alben „In Rock", „Machine Head", „Fireball" und „Who Do We Think We Are") [alle drei Bands spielen Hardrock, der seine Wurzeln im Blues hat]

Bücher

Eine Recherche bei Amazon.de oder Amazon.com ist immer sehr interessant und ergiebig, da man dort eine ausgereifte Suchfunktion, unabhängige Kundenbewertungen und teilweise sogar eine Vorschau von einigen Seiten hat. Außerdem bekommt man dort teils gebrauchte Bücher oder CDs, die nicht mehr im Handel erhältlich sind (teils über „andere Händler", nicht über Amazon direkt, aber das ist aufgrund der Amazon-Garantie auch risikolos …). Zum reinen Kaufen ist Ebay (bei englischsprachigen Sachen vor allem Ebay.com) auch immer einen Versuch wert, sowohl von neuen als auch von gebrauchten CDs / DVDs (aber nur, wenn man schon weiß, was man will).

Hier sind ein paar Tipps von mir zum Einstieg:

- **All Music Guide To the Blues**
  Vladimir Bogdanov, Chris Woodstra, Stephen Thomas Erlewine
  Backbeat Books, 3. Auflage (2003), 754 Seiten, englisch
  ISBN 0879307366
  Biographien & CD-Rezensionen. Zum Preis von einer CD erspart man sich zukünftige CD-Fehlkäufe.

- **BLUES – Geschichte, Stile, Musiker, Songs & Aufnahmen**
  Bill Wyman
  Zweitausendeins, 400 Seiten, deutsch
  ISBN 3861507706
  Der Titel sagt alles…

- **Talkin´ to Myself (Blues Lyrics, 1921 – 1942)**
  Michael Taft
  Routledge, New Edition (2005), 744 Seiten, englisch
  ISBN 0415973783
  Enhält 2000 Songtexte aus der genannten Zeitspanne.

- **The Language Of The Blues**
  Debra DeSalvo
  Billboard Books, 174 Seiten, englisch
  ISBN 0823083896
  Mojo, Killing Floor, Hobo, Dust My Broom … hier werden die typischen Blues-Ausdrücke unterhaltsam erklärt.

- **Elwood´s Blues – Interviews With The Blues Legends & Stars**
  Dan Aykroyd and Ben Manilla
  Backbeat Books, 260 Seiten, englisch
  ISBN 0879308095
  Der Titel sagt alles…

Buch-Empfehlungen

- **Die neue Harmonielehre**
  Frank Haunschild
  AMA-Verlag, erweiterte Neuauflage (1997), 133 Seiten, deutsch
  ISBN 3927190004
  Kompakt. Enthält fast alles Wissenswerte.
- **Die neue Jazz-Harmonie-Lehre – verstehen, hören, spielen**
  Frank Sikora
  Schott (2003), 608 Seiten, deutsch
  ISBN 3795751241
  Sehr umfangreich.
- **Arrangement & Orchestration – Das A & O für Arrangeure und alle, die es werden möchten**
  Bernhard Hofmann
  Alfred Music Publishing GmbH (2002), 320 Seiten, deutsch
  ISBN 9783933136145
  Umfangreiches Werk des Musikalischen Leiters der Jazz & Rock Schule, Freiburg
- **Hearing & Writing Music: Professional training For Today´s Musician**
  Ron Gorow
  September Publishing, 2nd Edition (2002), 448 Seiten, englisch
  ISBN 0962949671
- **Niemand ist unmusikalisch**
  Daniel Cerny
  Aura (2006), 239 Seiten, deutsch
  ISBN 3952310301

Gitarrenbücher

- **Stefan Grossmann-Reihe: Early Masters of American Blues Guitar (mit CD)**
  Faszinierende Reihe zu den frühen Meistern der Bluesgitarre mit zum Teil historischen
  Aufnahmen auf der beiliegenden CD. Erschienen bei Alfred Music Publishing, englisch
  - Anthology of Country Blues Guitar
    ISBN 9780739043288
  - Delta Blues Guitar
    ISBN 9780739042809
  - Blind Boy Fuller
    ISBN 9780739043318
  - Lonnie Johnson
    ISBN 9780739043325
  - Country Blues Guitar
    ISBN 9780739042816
  - Blind Blake
    ISBN 9780739043332
  - John Hurt
    ISBN 9780739043301
  - Reverend Gary Davis
    ISBN 9780739043295

DVD-Empfehlungen

DVDs

Sollte jemand tatsächlich die beiden BLUES BROTHERS Filme noch nicht kennen: Nachholen! Jetzt! SOFORT!

Der großartige Regisseur Martin Scorsese hat ein Projekt names „The Blues" geleitet, bei dem sieben verschiedene Regisseure sieben verschiedene Filme über den Blues gemacht haben. Das Ganze gibt es als Einzelfilme oder in einer 7-DVD-Box. Wer Glück hat, bekommt noch die wunderschöne Sammler-Box, bei der die sieben DVDs in einer großen Pappschachtel stecken, die aussieht wie eine Akustik-Gitarre. Zusätzlich gibt es unter dem Titel „Martin Scorsese Presents The Blues" einige CDs, auf denen jeweils ein Künstler vorgestellt wird. Tolle Sound-Qualität (angesichts der teilweise historischen Aufnahme-Qualität), tolle Songauswahl... Sammlerherz, was willst du mehr?

- DVD-Reihe American Folk Blues Festival (Original-Aufnahmen der alten Meister)
- Legends Of Country Blues Vol. 1 – 3 / Legends Of Delta Blues Guitar, Legends Of Slide Guitar

Und dann gibt es da noch den Film CROSSROADS (der mit dem legendären Gitarrenduell ...)

Musik-Fachgeschäfte

Beim Instrumentenkauf rate ich von Ebay und reinen Online-Händlern ab, weil man dort die Instrumente nicht vor dem Kauf ausprobieren kann.

Es gibt mehrere große Musik-Fachgeschäfte in Deutschland, die mittlerweile fast alle einen tollen Service bieten: Neben der großen Auswahl (teilweise über 2000 Gitarren vorrätig!) und fairen Preisen gibt es normalerweise auch eine 30-Tage-Money-Back-Garantie und teilweise eine verlängerte Garantie von 3 Jahren. Vor dem Kauf solltest du das Instrument ausprobieren, am besten in Begleitung eines erfahrenen Gitarristen oder Gitarrenlehrers. Die Preise kannst du bequem im Internet vergleichen. Ordentliche Gitarren müssen nicht teuer sein ... wenn man weiß, worauf man achten muss (siehe auch Kapitel „*Gitarrentypen*")!

↑ *Gitarrentypen, vgl. S. 152*

Lehrmaterial

DVDs, Bücher mit CDs, Transkriptionen etc.

Nach dem Durcharbeiten dieses Buches kannst du mit den meisten anderen Werken arbeiten. Bei den Riff-Sammlungen lernst du ab jetzt nicht einfach stupide ein paar Riffs auswendig, sondern du weißt jetzt, wie du sie anwendest, wie du eigene Variationen erfindest und wie du die einzelnen Beispiele kategorisieren kannst. Bei anderen Lehrwerken entdeckst du neue Techniken und Riffs. Die wahrscheinlich vorhandenen Sprünge im Schwierigkeitsgrad werden dir keine Probleme bereiten, da du sowohl die nötigen Grundkenntnisse hast, als auch das Wissen, wie man sich Dinge auf der Gitarre vereinfacht (Viertel statt Achtel spielen, Verzierungen weglassen etc.) und wie man effektiv übt (siehe Anhang „*Wie übe ich richtig?*"). Hier also einige Hersteller besonders interessanter weiterführender Lehrmaterialien:

↑ *Eigene Variationen erfinden, vgl. S. 38*

↑ *Wie übe ich richtig?, vgl. S. 177*

- www.alfredverlag.de
  DVDs & Bücher mit CDs; alle möglichen Instrumente und Stile
- www.MelBay.com
  DVDs & Bücher mit CDs; alle möglichen Instrumente und Stile
- www.HalLeonard.com
  DVDs & Bücher mit CDs; alle möglichen Instrumente und Stile
- www.Homespun.com
  Happy Traum, verschiedene Instrumente, vor allem Blues, Swing...
- www.guitarvideos.com
  Stefan Grossman, vor allem Country Blues. Nicht nur Lehrvideos, sondern auch sehr rare Video-Aufnahmen der alten Bluesmeister (natürlich auf DVD).

Software- / Zeitschriften-Empfehlungen

Tipps

- Bei englischsprachigen Büchern und DVDs solltest du die Bewertungen auf amazon.com lesen und die Preise auf ebay.com vergleichen.
- Bei etlichen der oben genannten Websites gibt es kurze Vorschau-Videos, Noten- und Klangbeispiele.

Software

- Transcribe! (www.seventhstring.com)
  Tempo und Tonart von CDs unabhängig voneinander verändern, einfach zu bedienen, tolle Features, sehr günstig (ca. 30,- €). Man kann sogar Videos langsamer laufen lassen!
- Band In A Box (www.pgmusic.de)
  In wenigen Sekunden Playbacks erstellen: Akkorde tippen, Tempo und Stil aussuchen, und schon geht`s los! Tonart und Tempo mit einem Mausklick ändern etc. Das können Playback-CDs nicht...
- EarMaster (www.klemm-music.de/lernen/earmaster)
  Tolles Gehörbildungsprogramm mit hohem Spaßfaktor. Die teure School-Version ist nur dann sinnvoll, wenn es mehrere Nutzer gibt (Schulklassen etc.). Es gibt auch eine abgespeckte Essential-Version zum halben Preis.
- GuitarPro (www.klemm-music.de/notation/guitarpro)
  Einfach zu bedienendes Notationsprogramm für Gitarren-Tabulaturen (die auch in Noten dargestellt werden können).
- Finale (www.klemm-music.de)
  Das amtliche Notationsprogramm, wenn man eigene Noten erstellen will. Preiswertere abgespeckte Versionen und kostenlose Einsteiger-Version verfügbar! Ich ziehe aber Guitar Pro vor.
- Cubase LE
  „Tonstudio im Computer". MIDI & Audio-Spuren, viele Funktionen. Diese abgespeckte Version (absolut ausreichend!) liegt oft kostenlos bei Audio-Interfaces dabei.

Audio-Interfaces sind Wandler, die Audiosignale von Gitarren oder Mikrofonen in digitale Daten für den Computer umwandeln.

Radio

House Of Blues Radio Hour – Der legendäre Elwood Blues (alias Dan Aykroyd) präsentiert seit 1993 wöchentlich eine Stunde lang erstklassigen Blues. Das Ganze kann man über´s Internet als Stream hören. Nähere Infos unter www.thebluesmobile.com.

Fachzeitschriften

- BluesNews (vierteljährlich, im Bahnhofsbuchhandel)
- Guitar (monatlich, im Bahnhofsbuchhandel)
- Akustik Gitarre (zweimonatlich, im Bahnhofsbuchhandel)
- Gitarre & Bass (monatlich, im Bahnhofsbuchhandel)
- Guitar Techniques (monatlich, englisches Magazin)

The Blues Or Not The Blues?

The Blues Or Not The Blues?

1. Den Blues lernt man nicht aus einem Buch.

2. Wenn man bei einer Schießerei oder in einer billigen Absteige verreckt, ist es ein Blues-Tod. Von einem eifersüchtigen Eheman vergiftet oder erstochen zu werden geht genauso durch wie der elektrische Stuhl, weil man einen Typ in Memphis erschossen hat. Ein Herzinfarkt auf dem Tennisplatz ist genausowenig ein Blues-Tod wie das Zerquetscht-werden bei einem Take That-Konzert.

3. Der Blues findet in Memphis statt, in Chicago, St. Louis, Kansas City oder New York. Der Blues ist nicht in Paris, Hawaii oder Köln. Der Blues ist nicht in klimatisierten Räumen.

4. Teenager können nicht den Blues singen. Um den Blues zu singen, muss man mindestens alt genug für den elektrischen Stuhl sein (falls man einen Typ in Memphis erschießt).

5. Der Blues fährt nicht BMW, Volvo und Sportwagen im Allgemeinen. Amtliche Blues-Fortbewegungsmittel sind: Chevy, Ford und Cadillac. Auf der Ladefläche eines Trucks. Die Eisenbahn (nicht 1. Klasse!). Ein Bus (vorzugsweise Greyhound). Und die Nummer eins, quasi DIE amtliche Blues-Fortbewegungsart: Laufen. (Nicht Nordic Walking!!!)

6. Personen, die Karin, Heinz oder Klaus heißen, können nicht den Blues singen, egal wieviele Typen sie in Memphis erschießen.

7. Egal wie dreckig es dir geht: Wenn du einen Organizer besitzt, kannst du nicht den Blues singen.

8. Blues hat nichts mit der Hautfarbe zu tun. Lewis Hamilton zum Beispiel hat genausowenig Mojo wie Angela Merkel. Auf der anderen Seite bekommen manche Menschen schon beim Gedanken an Guido Westerwelle den Blues...

9. Amtliche Blues-Getränke sind Whiskey oder billiger Fusel. Unter gar keinen Umständen geht Champagner, Coca Cola oder Slim Fast.

10. Blues-Klamotten sind eine zerrissene Blue Jeans oder ein schwarzer Anzug, in dem man geschlafen hat. Niemals ein Mini-Rock oder Designer-Sonnenbrillen.

11. Bastel-dir-deinen-amtlichen-Bluesnamen-für-Anfänger-Baukasten:
    a) Körperliche Sub-Optimalität (Little, Big, Blind...)
    b) Vorname (siehe oben) oder Obstsorte
    c) Nachname eines Ex-US-Präsidenten

„Blind Lemon Jefferson" ist schon vergeben, aber wie wäre es mit „Geile Banane Clinton" oder „Dumme Pflaume Bush"?

12. Hast du ein Recht, den Blues zu singen?

    Ja, wenn du
    a) blind bist
    b) einen Typ in Memphis erschossen hast oder
    c) nichts als deine Gitarre und die Klamotten an deinem Körper besitzt.

    Nein, wenn
    a) du noch alle Zähne hast,
    b) du einst blind warst und jetzt wieder sehen kannst,
    c) du einen Aktien-Fond besitzt oder
    d) der Typ in Memphis überlebt hat.

Glossar

Begriff	Bedeutung	Seite
Achteltriolen	→ S. 44 *Triolen*	44
Akkord	• Zusammenklang mehrerer Töne. • Bezeichnung für ein zu spielendes Pattern / Klangfarbe, zum Beispiel „Das Blues-Schema wechselt im 5. Takt zum D-Akkord". Man muss im 5. Takt aber keinen D-Akkord spielen, sondern nur ein Pattern, das auf dem Grundton D basiert.	133
Arpeggio	Die Töne eines Akkordes werden nacheinander gespielt. Man spricht auch von einem „gebrochenen Akkord". Abgeleitet von dem italienischen Wort „arpa" heißt es „harfenartig".	20
Auftakt	Unvollständiger Takt, der zur nachfolgenden „1" hinführt.	
Backbeat	Backbeat nennt man die Zählzeiten „2" und „4", die in Rock, Pop & Blues etc. betont werden (u.a. durch die Snare Drum des Schlagzeugers). → S. 174	29
bpm	Tempoangabe „beats per minute" = Schläge pro Minute	23
Beat	Betonte Zählzeit, also die Zahlen (eins und zwei und drei und vier und). → S. 199 *Offbeat*	29
Bending (String Bending, Saitenziehen)	Die wichtigste Verzierungstechnik der (elektrischen) Gitarre. Wenn man die Spannung einer Saite durch Ziehen erhöht, ändert sich auch die Tonhöhe nach oben. Üblicherweise zieht man einen Viertelton („Bluesbend" oder „Smear Bend"), einen Halbton oder einen Ganzton. Man kann aber auch noch größere *Intervalle* → S. 180 durch Bending erreichen, das Limit ist die eigene Kraft oder das Reißen der Saite. Man kann Töne durch Bending nur erhöhen. Allerdings gibt es einen Trick, um den Sound eines Bendings nach unten zu erzeugen: Saite erst ziehen, dann anschlagen und den Ton wieder zum ungezogenen Ton herunterlassen. Mit dem Vibratohebel sind (je nach Einstellung des Vibratosystems) ebenfalls Bendings nach unten möglich.	116
Boogie / Boogie Woogie	Musik-Stil, anfangs auf dem Klavier gespielt. Entstanden zu Beginn des 20. Jahrhunderts.	68
Box(en)	Lautsprecherbox ohne Verstärker. → S. 199 *Head* (Topteil) → S. 198 *Combo*	156
Chorus	• Ein Durchgang der Akkordfolge eines Songs, beim Blues meist das 12-taktige Blues-Schema. • Bezeichnung eines Effektgerätes für Gitarre. • Englisches Wort für Refrain (Kehrvers).	11 159
Chromatisch	Bewegung in Halbtönen, also ohne Töne auszulassen.	117
Closed Position	Pattern ohne ungegriffene Saite. Kann einfach auf dem Griffbrett verschoben werden, um in anderen Tonarten zu spielen.	83
Combo	• Ein Verstärker, der Vorstufe, Endstufe und Lautsprecher in einer relativ kompakten Einheit kombiniert. → S. 156 *Head* (Topteil) und → S. 156 *Box(en)* • Umgangssprachlich für Musikgruppe.	156
Comping	Abkürzung für Accompanying. Eine Form der Begleitung, bei der Akkorde mit rhythmischen Patterns gespielt werden. Erfahrenere Spieler können das rhythmische Pattern taktweise wechseln.	137
Crescendo	Bezeichnung für *lauter werden*.	173
Decrescendo	Bezeichnung für *leiser werden*.	173
Dominant-Septakkord	Dur-Akkord mit kleiner Septime. Der meistgespielte Akkordtyp im Blues.	138

Glossar

Begriff	Bedeutung	Seite
Fill (auch Fill-In)	Ein Fill oder auch Fill-In [engl.: füllen] bezeichnet das melodische, harmonische oder rhythmische Ausfüllen einer kurzen Passage.	18
Fingersatz (FS)	Bezeichnet eine bestimmte Zuordnung der Finger der Greifhand und der Töne auf dem Griffbrett. → S. 20 Lage / Lagenspiel	20
Full Stack	Kombination aus → S. 156 Head (Topteil) und zwei 4x12"-Boxen (→ S. 156 Box(en)) übereinander gestapelt. → S. 199 Half Stack	
Gerade Achtelnoten	Einteilung von Viertelnoten in zwei gleich lange Teile. Auch „straight", „binär" oder „Rockachtel" genannt. → S. 44 Triolen → S. 31 Shuffle	28
Groove	• Anderes Wort für Pattern, in diesem Fall ein sich wiederholendes Pattern, das als Rhythmus dient und dem Song einen Wiedererkennungswert verleiht. • Mitreißend gespielter Rhythmus.	131
Grundton-Muster	Die Art der Anordnung der Grundtöne der drei benötigten Patterns auf dem Griffbrett. Siehe → S. 99 Kapitel „Die vier Grundton-Muster".	99
Half Stack	Kombination aus S. 199 Head (Topteil) und einer 4x12"-Box (→ S. 198 Box(en)) übereinander gestapelt. → S. 199 Full Stack	156
Hammer On	Spieltechnik, bei der zwei Töne mit einem Anschlag erzeugt werden. Der zweite Ton wird durch Aufhämmern eines Fingers der Greifhand auf einen höheren Bund auf derselben Saite erzeugt. → S. 45 „Hammer On". Oft in Verbindung mit → S. 106 Pull Off.	45
Head (Topteil)	Verstärker ohne (Lautsprecher-)Box. Steht normalerweise oben (on top) auf einer Box, welche extra angeschlossen werden muss. → S. 156/198 Combo. Siehe auch → S. 199 Full Stack und → S. 199 Half Stack.	156
Intervall	Der Abstand zwischen zwei Tönen (z.B. Prime, Sekunde, Terz usw.)	182
Kapo / Kapodaster	Hilfsmittel zum Verändern der Tonart einer Gitarre, ohne die Saiten anders stimmen zu müssen. Siehe → S. 160 Anhang „Kapodaster (Kapo)".	160
Lage / Lagenspiel	Der Zeigefinger spielt normalerweise alle Töne, die auf einen bestimmten Bund fallen, zum Beispiel alle Töne am 1. Bund. Der nächste Finger ist für die Töne am nächsten Bund zuständig, also in unserem Beispiel alle Töne am 2. Bund. Der nächste Finger ist wiederum für den nächsten Bund zuständig (Ringfinger / 3. Bund) und der kleine Finger spielt die Töne auf dem 4. Bund („ein-Finger-pro-Bund-Regel"). Diese Zuordnung nennt man „1. Lage" oder „in der 1. Lage spielen". Wenn die Hand höher rutscht, gibt der Finger am tiefsten Bund (also der Zeigefinger) die Lage an. Sind die vier Finger z. B. über die Bünde 4 bis 7 verteilt, spielt man „in der 4. Lage". → S. 199 Open Position → S. 199 Fingersatz	20
Moll-Pentatonik	Pentatonik bezeichnet eine Tonleiter mit fünf verschiedenen Tönen. Die Moll-Pentatonik ist eine Form der Pentatonik. Sie besteht aus Grundton, kleiner Terz, Quarte, Quinte und kleiner Septime. → S. 180 „Die Intervall-Bezeichnungen" / → S. 199 „Intervall".	61
Offbeat	Unbetonte Zählzeit, also die „und"-Zählzeiten (eins und zwei und drei und vier und). Es gibt auch Sechzehntel-Offbeats. → S. 198 Beat	29
Open Position	Spiel in der ersten Lage (die vier Finger der Greifhand sind also den ersten vier Bünden des Griffbretts zugeordnet) unter Einbeziehung der ungegriffenen Saiten. → S. 20 / 199 Lage / Lagenspiel	
Open Tunings	Umstimmen der Gitarre, so dass die sechs Saiten auch ohne Greifen einen Akkord ergeben. → S. 200 Slide-Röhrchen / Bottleneck	

Glossar

Begriff	Bedeutung	Seite
Pattern	Anderes Wort für _Riff_ (→ S. 200).	
Pull Off	Spieltechnik, bei der zwei Töne mit einem Anschlag erzeugt werden. Der zweite Ton wird durch Abziehen eines Fingers der Greifhand auf einen tieferen Bund auf derselben Saite oder auf die ungegriffene Saite erzeugt. Oft in Verbindung mit → S. 45 _Hammer On_.	106
Riff	Eine bestimmte Anordnung von Tönen in einem bestimmten Rhythmus, die – eventuell mit kleinen Variationen – sehr oft in einem Song wiederholt wird und ihm so einen Wiedererkennungswert gibt. Der bekannteste Riff überhaupt ist wahrscheinlich „_Smoke On The Water_": Da da daaa, dab dab dadaa … Ich schreibe oft auch „Pattern" statt Riff.	11
Rumba (Blues Rumba)	Markanter Rhythmus, bei dem die Zählzeit „2" ausgelassen wird und stattdessen auf der „2 und" gespielt wird. Wird mit → S. 28 _Geraden Achteln_ gespielt, nicht mit → S. 31 _Shuffle_. Beispiele: Siehe Kapitel S. 65 „_Blues-Stilistik 1: Blues Rumba_".	65
Saitenziehen	→ S. 116 / 198 _Bending_.	
Shout Chorus	Ein → S. 11 _Chorus_, in dem mehrere (wenn nicht sogar alle) Instrumente dieselben Betonungen spielen. Bekanntestes Beispiel dürfte Bill Haleys „Rock Around The Clock" sein (ab ca. 1:30 Spielzeit: „_Bap Bap Bap – Bap Bap Badabadap_"…).	132
Shuffle	Einteilung von Viertelnoten in zwei ungleich lange Teile, wobei der erste ungefähr doppelt so lang ist wie der zweite. Auch „Swing-Achtel" oder „ternäre Achtel" genannt. → S. 28 _Gerade Achtel_ → S. 44 _Triolen_.	31
Slide	• Spieltechnik, bei der zwei Töne mit einem Anschlag erzeugt werden. Der zweite Ton wird durch Rutschen des greifenden Fingers auf einen anderen Bund auf derselben Saite erzeugt. Siehe → S. 171 Anhang „_Artikulation (Tonlänge) / Dämpftechniken_". • Auch alternative Kurzbezeichnung für → S. 200 _Slide-Röhrchen / Bottleneck_ (Thema eines späteren Buches von mir)	39 200
Slide-Röhrchen / Bottleneck	Wird über einen Finger der Greifhand gesteckt (meist kleiner Finger oder Ringfinger). Die Töne werden nicht gegriffen, sondern mit dem Slide-Röhrchen erzeugt, das die Saite über dem Bundstäbchen berührt. Ermöglicht das stufenlose Rutschen von Ton zu Ton. Oft in Kombination mit → S. 199 _Open Tunings_. Aus Messing, Glas, Porzellan, Keramik oder ähnlichem, früher oft abgebrochener Flaschenhals (daher der Name „Bottleneck").	
Staccato	Staccato nennt man Töne, die nicht für ihren kompletten Notenwert ausgehalten, sondern abgehackt gespielt werden. Dazu spielt man den entsprechenden Ton und dämpft ihn sofort wieder ab und lässt den Rest des Notenwertes als Pause klingen. Das Zeichen für diese Spielweise ist ein Punkt unter dem Notenkopf. Eine Viertelnote mit Punkt spielt man also zum Beispiel so lang wie eine Sechzehntelnote und „spielt" den Rest dieser Viertelnote als Pause. Siehe Anhang S. 171 ff „_Artikulation (Tonlänge) / Dämpftechniken_".	82

Glossar

Begriff	Bedeutung	Seite
Stopp-Chorus	Ein → S. 11 Chorus, in dem die ersten vier Takte → S. 201 Stopps enthalten. Beim 16-taktigen Schema haben die ersten acht Takte → S. 124ff Stopps. Wird den anderen Musikern vom Sänger, Bandleader oder dem Musiker, der gerade ein Solo spielt, angezeigt, indem eine Hand über den Kopf erhoben und dann ruckartig herunter gerissen wird. Instrumentalisten machen die Geste mit Ihrem Instrument, weil sie sonst ihr Solo unterbrechen müssten.	124ff
Straight	Andere Bezeichnung für → S. 28 Gerade Achtel.	28
Stopps	Die Betonung der Zählzeit „1" eines Taktes, gefolgt von einer Pause. Die Betonung kann mit oder ohne Auftakt gespielt werden. Bei einem → S. 200 Stopp-Chorus werden die ersten vier Takte gleich gespielt und ab dem 5. Takt geht es normal weiter. Stopps können auch an anderen Stellen im Blues-Schema auftauchen, zum Beispiel in Takt 10, Takt 11 oder Takt 12. Siehe Kapitel → S. 124 „Das Salz in der Blues-Suppe 5: Stopp-Chorus" / → S.130 Kapitel „Das Salz in der Blues-Suppe 6: Ungewöhnliche Stopps".	124ff 130 201
Synkope	Eine Synkope, auf deutsch treffenderweise „Vorzieher" genannt, ist das Vorziehen eines Tons (oder eines Akkordes) von einer betonten Zählzeit auf eine unbetonte Zählzeit. Siehe Kapitel S. 107 „Synkopen (Vorzieher)".	107ff
Topteil	Anderes Wort für → S. 156 / 199 Head.	156
Transponieren	Übertragen in eine andere Tonart. Es gibt 12 verschiedene Töne, und jeder dieser 12 Töne kann die Funktion des Grundtons (Bezugspunkt) übernehmen. Dementsprechend kann man jeden Song in 12 verschiedenen Tonarten spielen (die gewählte Tonart richtet sich in der Regel nach der Tonlage des Sängers).	88
Triolen	Einteilung einer Note in drei gleich lange Teile. Achteltriolen bestehen aus drei Achteln, die in der Zeit von einer Viertelnote gespielt werden. Seltener sind Vierteltriolen, die in der Zeit von einer halben Note gespielt werden. Siehe → S. 44 Kapitel „Rhythmus 6: Triolen (Achteltriolen)" und → S. 70 Kapitel „Rhythmus 7: Vierteltriolen". → S. 28 Gerade Achtel → S. 31 Shuffle.	44 70
Voicing	Ein bestimmtes Griffbild bzw. eine bestimmte Art, einen Akkord zu spielen. Man kann die Töne eines Akkordes in unterschiedlichen Reihenfolgen („Umkehrungen") und in unterschiedlichen → S. 20 / 199 Lagen spielen. Es gibt also mehrere Voicings für jeden Akkord.	138
Vorzeichen / Versetzungszeichen	Es gibt zwei Vorzeichen: Ein „#" vor einem Ton erhöht diesen um einen Halbton. Ein „b" vor einem Ton erniedrigt diesen um einen Halbton. Die fünf Töne, die zwischen den Stammtönen (A, B, C, D, E, F, G) liegen, haben also jeweils zwei Namen (den Ton zwischen G und A kann man z. B. „Ab" oder „G#" nennen). Ein Halbton entspricht auf der Gitarre einem Bund. Vorzeichen stehen am Anfang eines Musikstücks und gelten bis zum Ende des Songs; Versetzungszeichen stehen mitten im Song vor einer Note und gelten bis zum nächsten Taktstrich. Siehe Anhang S. 180 „Musiktheorie & Notenschrift".	117 180
Vorzieher	Anderes Wort für → S. 201 Synkope	107
Wechselschlag	Das abwechselnde Anschlagen einer oder mehrerer Saite(n) mit dem Plektrum von oben und von unten. Die Abschläge fallen immer auf die Zählzeiten (also „1", „2", „3" und „4"), die Aufschläge auf die „und". Siehe Anhang S. 168 „Anschlag (Daumen, Finger, Plek)".	168

CD-Trackliste

(1) Intro (Instrumental)
(2) Für wen ist diese Schule geeignet
(3) Keine Lücken, keine Füller
(4) Moderierte CD mit ausführlichen Anleitungen
(5) Aufteilung im Stereo-Panorama, Vorteile dieser CD
(6) Über die Playbacks
(7) Tipps zum Üben
(8) Über die Anhänge
(9) Das 12-taktige Blues-Schema
(10) Chorus
(11) Das einfache Blues-Schema
(12) Bausteine (Pattern, Riffs)
(13) Das einfache Blues-Schema, Ganze Noten
(14) Blues mit Ganzen Noten
(15) Blues mit Ganzen Noten (Playback)
(16) Blues mit Halben Noten (Erklärung)
(17) Blues mit Halben Noten (Playback)
(18) Blues mit Viertelnoten (Erklärung)
(19) Blues mit Viertelnoten (Playback)
(20) Viertelnoten (weitere Tipps)
(21) Riff 1 (Erklärung)
(22) Riff 1
(23) Riff 1 (Playback)
(24) Riff 2 (Erklärung)
(25) Riff 2 – Vereinfachung beim Akkordwechsel
(26) Riff 2 (Playback)
(27) Riff 3, 2-taktige Pattern (Erklärung)
(28) Riff 3 (Playback)
(29) Riff 4 (Erklärung)
(30) Riff 4 mit Grundton D (Erklärung)
(31) Riff 4 (Playback)
(32) Improvisation 1 – Riffs mischen
(33) Das Standard Blues-Schema (Erklärung)
(34) Riff 2 mit Standard Blues-Schema (Playback)
(35) 2-taktiges Riff 3 mit Standard Blues-Schema (Erklärung)
(36) 2-taktiges Riff 3 mit Standard Blues-Schema (Playback)
(37) Gerade Achtelnoten (binäre Achtelnoten, Rock-Achtel, straight)
(38) Riff 5 (Playback)
(39) Riff 6 (Playback)
(40) Das Quick Change Blues-Schema
(41) Shuffle-Achtel (Swing-Achtel, ternäre Achtel)
(42) Riff 5 als Shuffle (Playback)
(43) Riff 6 als Shuffle (Playback)
(44) Riff 7 (Erklärung)
(45) Riff 8 (Erklärung)
(46) Riff 8 (Playback)
(47) Riff 9 (Playback)
(48) Wie man von CDs heraushört
(49) Riff 10 zum Heraushören (ohne Erklärung)
(50) Riff 10 (Erklärung)
(51) Riff 10 (Playback)
(52) Riff 11 (Erklärung)
(53) Riff 12 (Erklärung)
(54) Riff 13 (Erklärung)
(55) Riff 14 (Erklärung)
(56) Riff 14 (Playback)
(57) Riff 15 (Erklärung & Playback)
(58) Spieltechnik Slides (Erklärung)
(59) Übung Slides in Halben Noten
(60) Übung Slides in Viertelnoten

CD-Trackliste

- (61) Übung Slides in Achtelnoten
- (62) Übung Slides als Vorschlagnoten
- (63) Slides – Weitere Anregungen
- (64) Improvisation 2 – Slides nach Lust & Laune
- (65) Riff 16 (Erklärung)
- (66) Riff 17 (Erklärung)
- (67) Riff 18 (Erklärung)
- (68) Riff 19 (Erklärung)
- (69) Riff 20 (Erklärung)
- (70) Improvisation 3 – Aus Viertel mach Achtel (1)
- (71) Improvisation 3 – Aus Viertel mach Achtel (2)
- (72) Achteltriolen
- (73) Riff 21 (und Variation zum Raushören)
- (74) Spieltechnik Hammer On
- (75) Riff 22 (mit Hammer On & Triole)
- (76) Riff 23 (mit Hammer On & Triole)
- (77) Riff 24 (mit Hammer On)
- (78) Riff 24 (Playback)
- (79) Turnaround – erster Teil aufwärts
- (80) Turnaround – erster Teil abwärts
- (81) Turnaround – zweiter Teil Umspielung von unten
- (82) Turnaround – zweiter Teil Umspielung von oben
- (83) Turnaround 1 (aufwärts, von unten)
- (84) Turnaround 2 (abwärts, von oben)
- (85) Anregungen für weitere Turnarounds & Turnaround 3
- (86) Intros & Endings, Ending 1
- (87) Ending 2
- (88) Ending 3
- (89) Ending 4
- (90) Kompletter Blues mit Intro, Turnaround und Ending (Playback)
- (91) Dämpftechnik – Übersicht, Palm Mute und Artikulation / Tonlänge (staccato)
- (92) Blues Rumba – Übersicht, Riff 25 Blues Rumba 1
- (93) Riff 25 Blues Rumba 1 (Playback)
- (94) Riff 26 Blues Rumba 2 (Erklärung & Playback)
- (95) Riff 27 Blues Rumba 3
- (96) Riff 28 Blues Rumba 4
- (97) Riff 29 Shuffle, keine Blues Rumba
- (98) Riff 30 Boogie-Riff 1, Abstoppen mit der Anschlagshand
- (99) Riff 31 Boogie-Riff 2, Zuordnung der Finger der Anschlagshand
- (100) Riff 32 Boogie-Riff 3
- (101) Playback für alle Boogie-Riffs
- (102) Riff 33 Boogie-Riff 4
- (103) Riff 34 Boogie-Riff 5
- (104) Vierteltriolen (Erklärung)
- (105) Vierteltriolen (Playback)
- (106) Übergänge zwischen Akkorden – Von A nach D (aufwärts)
- (107) Übergänge – Von A nach D (aufwärts Vierteltriolen)
- (108) Übergänge – Von A nach D (abwärts)
- (109) Übergänge – Von A nach E (aufwärts)
- (110) Übergänge – Von A nach E (abwärts)
- (111) Übergänge – Von A nach E (abwärts Vierteltriolen)
- (112) Übergänge – Von E nach D
- (113) Riff 35 – Der Standard Blues-Riff (Viertelnoten)
- (114) Riff 36 – Der Standard Blues-Riff (Variation mit Septime)
- (115) Riff 37 – Der Standard Blues-Riff (Achtelnoten)
- (116) Riff 38 – Der Standard Blues-Riff (Achtelnoten, Variation mit Septime)
- (117) Riff 39 – Der Standard Blues-Riff (Achtelnoten in Einzelnoten)
- (118) Riff 40 – Der Standard Blues-Riff (Achtelnoten in Einzelnoten, Variation mit Septime)
- (119) Riff 41 – Variation vom Standard Blues-Riff – Sexte nur auf „2" und „4"
- (120) Riff 42 – Variation vom Standard Blues-Riff mit kleiner & großer Terz (1)

CD-Trackliste

- (121) Riff 43 – Variation vom Standard Blues-Riff mit kleiner & großer Terz (2)
- (122) Riff 44 – Variation vom Standard Blues-Riff mit Triole & Hammer On
- (123) Riff 45 – Variation vom Standard Blues-Riff
- (124) Riff 46 – Variation vom Standard Blues-Riff mit Triolen, Hammer On & Slide
- (125) abgestoppte Töne – staccato
- (126) Fingersatz 2, Riff 2 mit FS 2
- (127) FS 2 – Slides von A nach E und zurück
- (128) Riff 2 FS 2 (Playback)
- (129) Riff 3 FS 2 (Playback)
- (130) Riff 4 FS 2 (Playback)
- (131) Transponieren
- (132) Riff 11 und Riff 12 mit FS 2
- (133) Riff 14 und Riff 13 mit FS 2
- (134) Fingersatz 3, Riff 2 mit FS 3
- (135) Riff 2 FS 3 (Playback)
- (136) Riff 3 FS 3 (Playback)
- (137) Riff 4 FS 3 (Playback)
- (138) Riffs mit kleiner Terz mit FS 3 am Beispiel von Riff 14
- (139) Riff 34 mit FS 3
- (140) Turnaround 1 mit FS 3
- (141) Ending 1 mit FS 3
- (142) Fingersatz 4, Riff 2 mit FS 4
- (143) Riff 3 mit FS 4
- (144) Standard Blues-Riff 37 verschiebbar in alle Tonarten FS 4
- (145) Standard Blues-Riff 38 Variation mit Septime verschiebbar mit FS 4
- (146) Standard Blues-Riff 43 mit FS 4
- (147) Tipps zum Üben eines neuen Pattern
- (148) im Buch lesen – Spielen vs Denken & Die Grundtonmuster
- (149) Kombination verschiedener Fingersätze
- (150) Riff 47 – Buddy Guy bzw Tore Down-Riff
- (151) Playback Buddy Guy bzw Tore Down-Riff ohne Bass (auch für Variationen geeignet)
- (152) Riff 48 – Variation 1 Buddy Guy bzw Tore Down-Riff
- (153) Riff 49 – Variation 2 Buddy Guy bzw Tore Down-Riff
- (154) Riff 50 – 1578 (umgedrehter Buddy Guy bzw Tore Down-Riff)
- (155) Riff 51 – 1578 (Riff 50 in Achtelnoten)
- (156) Riff 52 – 1578 Variation 1
- (157) Riff 53 – 1578 Variation 2
- (158) Riff 54 – 1578 Variation 3
- (159) Spieltechnik Pull Off (Erklärung)
- (160) Riff 55 – Pull Off-Triole
- (161) Synkopen-Riff und 2 Variationen
- (162) Riff 56 – Synkopen-Riff 1
- (163) Riff 57 – Synkopen-Riff 2
- (164) Riff 58 – Synkopen-Riff 3
- (165) Riff 59 – Synkopen-Riff 4
- (166) Riff 59 (Playback)
- (167) Riff 60 – Synkopen-Riff 5
- (168) Riff 61 – Synkopen-Riff 6
- (169) Riff 62 – Moll-Riff 1
- (170) Riff 63 – Moll-Riff 2
- (171) Riff 64 – Moll-Riff 3
- (172) Riff 65 – Der Standard Moll-Riff
- (173) Riff 66 – Der Standard Moll-Riff (Variation 1)
- (174) Riff 67 – Der Standard Moll-Riff (Variation 2)
- (175) Riff 68 & 69 – Riffs mit Quinte, Sept & Oktave
- (176) Riff 70 – Going Down-Basslauf (Erklärung)
- (177) Going Down-Basslauf (Demonstration)
- (178) Riff 71
- (179) Chromatische Durchgangstöne (Erklärung)
- (180) Riff 72 – Der chromatische Standard-Riff

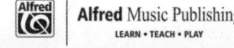

CD-Trackliste

(181) Riff 73 – Der chromatische Standard-Riff (Variation 1)
(182) Riff 74 – 1578-Variation mit chromatischem Durchgangston
(183) Riff 75 – Variation 2 des chromatischen Standard-Riffs
(184) Riff 76 – Rhythmisches Riff mit chromatischem Auftakt
(185) Riff 77 – Achtel Riff mit chromatischem Auftakt
(186) Riff 78 – mit Blue Note & Triole
(187) Riff 79 – mit verminderter Sexte & Triole
(188) Sechzehntelnoten (Erklärung)
(189) Riff 80 – Variation 3 des chromatischen Standard-Riffs
(190) Riff 81 – Sechzentelnoten & Hammer On
(191) Riff 82 – Sechzehntel-Snkope
(192) Stopp-Chorus (Erklärung)
(193) Stopp-Chorus 1 (Kick auf die Zählzeit 1, ohne Auftakt)
(194) Stopp-Chorus Variation (Kicks auf die Zählzeit 1 und 2+, ohne Auftakt)
(195) Stopp-Chorus mit Auftakt 1
(196) Stopp-Chorus mit Auftakt 2
(197) Stopp-Chorus mit Auftakt 3
(198) Stopp-Chorus mit Auftakt 4
(199) Stopp-Chorus mit Auftakt 5
(200) Stopp-Chorus mit Auftakt 6
(201) Rock´n´Roll-Stopp-Chorus
(202) Ungewöhnliche Stopps
(203) Weitere Besonderheiten
(204) Akkorde – Einleitung
(205) Der erste Blues-Akkord – 1 Griff, 3 Akkorde
(206) Akkorde in Ganzen Noten
(207) Akkorde in Halben Noten
(208) Akkorde in Viertelnoten
(209) Akkorde staccato
(210) Rhythmen verbalisieren
(211) Riff 83 – Kicks 1, 2+
(212) Riff 84 – Kicks 1+, 3
(213) Riff 85 – 2-taktiger Rhythmus (Kicks 1+, 3, 1, 2+)
(214) Comping (Erklärung)
(215) Comping Demo & Playback
(216) 3-stimmige Akkorde (Erklärung)
(217) Riff 86 – Chromatische Umspielung
(218) Riff 87 – Chromatische Umspielung, 2-taktige Version
(219) Riff 88 – Chromatische Umspielung
(220) Riff 89 – Slow Blues 1
(221) Riff 90 – Slow Blues 2
(222) Riff 91 – 6/9-Slide-Riff
(223) Riff 92 – 6/9-Slide-Riff, 2-taktige Variante
(224) 69-Slide-Riff, 2-stimmige Variante
(225) Riff 93 (Kombination verschiedener Patterns 1)
(226) Riff 94 Vorübung
(227) Riff 94 (Kombination verschiedener Patterns 2)
(228) Turnaround 4 (mit Akkordgriffen)
(229) Turnaround 5 (mit Akkordgriffen)
(230) Turnaround 6 und weitere Variationsvorschläge (mit Akkordgriffen)
(231) Turnaround 5 verschiebbar
(232) Geschafft, Verabschiedung
(233) Neutrales Playback ohne Bass + Gitarre (Erklärung)
(234) Neutrales Playback ohne Bass + Gitarre
(235) Übersicht über die Anhänge
(236) Anhang – Stimmen mit Stimmgerät
(237) Anhang – Stimmen mit gegriffenen Tönen
(238) Anhang – Stimmen mit einem Klavier
(239) Anhang – Stimmen mit Flageolett-Tönen
(240) Anhang – Zusammenspiel mit anderen Instrumenten
(241) Anhang – Wie man die Tonart eines Songs findet ... und zur CD mitspielt

Early Masters of American Blues Guitar

Die faszinierende Reihe zu den frühen Meistern der Bluesgitarre
von Stefan Grossmann

Delta Blues Guitar
ISBN 9780739042809

Country Blues Guitar
ISBN 9780739042816

Anthology of Country Blues Guitar
ISBN 9780739043288

John Hurt
ISBN 9780739043301

Blind Boy Fuller
ISBN 9780739043318

Lonnie Johnson
ISBN 9780739043325

Blind Blake
ISBN 9780739043332

Reverend Gary Davis
ISBN 9780739043295

Mit Originalaufnahmen auf der beiliegenden CD!

alfredverlag.de

Garantiert Gitarre lernen

Einfach Gitarre lernen mit der Bestseller-Reihe
von Alfred Music Publishing

Garantiert Gitarre lernen
Mit CD: ISBN 9783933136169
Mit DVD: ISBN 9783933136527

**Garantiert Gitarre lernen
DAS SONGBOOK**
ISBN 9783933136589

Garantiert Konzertgitarre lernen
Band 1/CD: ISBN 9783933136312
Band 2/CD: ISBN 9783933136565

Garantiert E-Gitarre lernen
Mit 2 CDs: ISBN 9783933136244
Mit DVD: ISBN 9783933136534

**Garantiert Gitarre lernen
DAS AUDIO-SONGBOOK**
ISBN 9783933136671

**Garantiert E-Gitarre lernen
mit Flunk** (für Kinder ab 6 Jahren)
Mit CD: ISBN 9783933136497

Garantiert Gitarre lernen für Kinder
Band 1/CD: ISBN 9783933136299

Garantiert Gitarre lernen für Kinder
Band 2/CD: ISBN 9783933136718

Arrangement & Orchestration

Das A&O für Arrangeure und alle, die es werden möchten
von Bernhard Hofmann

ARRANGEMENT & ORCHESTRATION
Mit CD: ISBN 9783933136145